Evaluation Report of County Science & Technology Innovation in Jiangxi Province

江西省
县域科技创新能力评价报告

2020年度

邹　慧　王秋林　胡紫祎　熊永丽／著

科学出版社
北　京

审图号：赣S（2022）042号

内 容 简 介

本书在借鉴国内外现有研究成果的基础上，结合江西省情，建立县域科技创新能力评价指标体系，从创新环境、创新投入、创新成效和经济社会发展四个方面全面客观地评价江西全省100个县（市、区）科技创新的发展状况，并结合县域实际提出对策建议。

本书可为江西省委、省人民政府及各有关部门清楚地掌握科技创新的“家底”提供参考。另外，书中通过年度对比分析的方式，既能反映各县（市、区）过去一年科技创新做出的成绩，又能帮助其准确找到自身不足，从而更有针对性地推动科技创新工作。

本书适合相关研究人员、科技决策部门管理者和工作人员、广大科技工作者阅读。

图书在版编目（CIP）数据

江西省县域科技创新能力评价报告. 2020年度/邹慧等著. —北京：科学出版社，2022.10

ISBN 978-7-03-073059-6

Ⅰ. ①江… Ⅱ. ①邹… Ⅲ. ①技术革新-研究报告-江西-2020 Ⅳ. ①F124.3

中国版本图书馆CIP数据核字（2022）第160033号

责任编辑：朱萍萍 李嘉佳 / 责任校对：韩 杨
责任印制：徐晓晨 / 封面设计：有道文化

科学出版社 出版
北京东黄城根北街16号
邮政编码：100717
http://www.sciencep.com

北京建宏印刷有限公司 印刷

科学出版社发行 各地新华书店经销

*

2022年10月第 一 版 开本：720×1000 1/16
2022年10月第一次印刷 印张：18 1/2
字数：275 000

定价：168.00元

（如有印装质量问题，我社负责调换）

前　言
PREFACE

自明确提出实施创新驱动发展战略、推进创新型省份建设以来，江西省取得重大进展，成为全国唯一的综合科技创新水平连续7年进位的省份。2021年11月，江西省第十五次党代会提出全面建设“六个江西”的奋斗目标，摆在首位的是全面建设创新江西，这为今后一个时期推进江西高质量发展、增强江西创新驱动力做出了重要指引。

为充分发挥科技创新对经济社会高质量发展的支撑引领作用，落实《国务院办公厅关于县域创新驱动发展的若干意见》（国办发〔2017〕43号）、《江西省人民政府办公厅关于加快县域创新驱动发展的意见》（赣府厅发〔2018〕4号）和《江西省推进创新型省份高质量发展三年行动方案（2021—2023年）》（赣府厅字〔2021〕88号）等文件精神，大力实施县域创新驱动发展战略，加快推进“创新江西”建设，开展县域创新能力评价是一项重要举措。

江西省科学院自2016年开始结合江西省县域实际，在实地调研、专家论证的基础上，完成了《江西省县域科技创新能力评价报告——2015年度》《江西省县域科技创新能力评价报告——2016年度》《江西省县域科技创新能力评价报告——2017年度》《江西省县域科技创新能力评价报告——2018年度》《江西省县域科技创新 能力评价报告——2019年度》，五份报告都得到江西省领导、省直有关部门及部分县（市、区）的肯定，对全省县域科技创新工作起到积极的推动作用。

在江西省科技厅的组织指导和江西省统计局、中国工程科技知识中心的大力支持下，我们多次征求省直有关单位、设区市政府及相关专家意见建议，对评价报告进一步优化，完成了《江西省县域科技创新能力评价报告——2020 年度》。创新能力评价是一项十分复杂的研究与实践工作，虽然我们不断优化，但仍有不足，我们将继续总结完善，使这项工作更科学、更客观，更能如实地反映县域科技发展的现状，为县域创新发展提供重要智力支撑。

《江西省县域科技创新能力评价报告》课题组

2022 年 8 月

目　录

CONTENTS

第一章 江西省县域科技创新能力评价指标体系

第一节　县域与科技创新能力

县域，是以县级行政区划（县、区、县级市）为地理空间，以县级机关为调控主体，具有地域特色和功能完备的区域。

科技创新是原创性科学研究和技术创新的总称，是创造和应用新知识和新技术、新工艺，采用新的生产方式和经营管理模式，开发新产品，提高产品质量，提供新服务的过程，可以分成知识创新、技术创新和管理创新。科技创新能力主要是指一个地区创造新知识的能力、获取一切可用知识的能力、企业自主创新的能力、优化创新环境的能力和提升创新经济绩效的能力，是区域发展的最主要动力之一①。

开展县域科技创新能力评价工作，是对全省县域科技创新状况的深入摸底调查与动态监测，对县域科技创新能力全面系统地分析评判。评价工作分别从创新环境、创新投入、创新成效、经济社会发展等方面，挖掘制约科技创新的因素和根源，为各县（市、区）制定科技政策与发展战略，优化创新环境，提高县域创新能力，为促进科技、经济、社会融合发展提供重要参考。

---

① 雷勇．县域科技创新能力评价研究．长沙：湖南师范大学，2009：18.

第二节　指标体系组成

课题组参照科技部建设创新型省份、建设创新型县（市、区）指标体系及中国科学技术发展战略研究院《中国区域科技创新评价报告》，结合 2020 年度江西省高质量发展综合绩效考核及江西省县域工作实际，对原有县域科技创新能力评价指标体系进行修订完善，在征求各地市及省直相关部门意见的基础上，形成了江西省县域科技创新能力评价指标体系。指标体系如表 1-1 所示。

表 1-1　指标体系

指标		描述
科技创新能力		创新能力综合反映创新环境、创新投入、创新成效、经济社会发展的总体状况
一级指标（4 项）	创新环境	创新需要一定的基础和环境，创新环境对于集聚创新要素、挖掘创新潜能至关重要，创新环境综合反映各县（市、区）的创新基础条件和创新意识
	创新投入	创新投入强度与经济增长存在显著的正相关关系，适度强化的创新投入有助于迅速提升技术水平，通过技术创新促进经济增长，提升竞争力。创新投入是指用于科技创新活动中的各种投入，主要包括各县（市、区）的人力投入和财力投入状况
	创新成效	创新成效是创新活动的直接产出，是衡量县（市、区）科技创新能力的重要指标，主要包括各县（市、区）的技术创新和产业化水平
	经济社会发展	创新活动最终要服务于社会、造福于社会，促进经济社会和人类生活的共同进步。经济社会发展综合反映经济增长和社会生活水平
二级指标（8 项）	创新基础	反映区域开展创新活动的现有状况
	科技意识	反映各县（市、区）政府、企业、民众对科技创新活动的参与度
	人力投入	反映各县（市、区）在开展科技创新活动方面的人力投入状况
	财力投入	反映各县（市、区）在开展科技创新活动方面的经费投入状况
	技术创新	反映各县（市、区）企业在技术改进或创新方面的成效
	产业化水平	反映各县（市、区）在创新成果转化方面的能力
	经济增长	反映各县（市、区）创新活动对推动地方经济增长的成效
	社会生活	反映各县（市、区）创新活动最终对当地社会生活的改善状况

续表

指标		描述
三级指标（20 项）	规模以上企业数	反映县（市、区）企业规模状况，是创新活动的主体和县域创新的基石，指年度主营业务收入在 2000 万元以上的工业、建筑业、服务业法人单位。数据来源于省统计局
	规模以上工业企业建立研发机构的比例	反映县（市、区）企业开展技术创新活动能力的情况，指所辖区域内规模以上工业企业拥有经地市级及以上政府有关部门认定的研发机构占比；企业研发机构是指在企业内设立的独立或非独立的具有自主研发能力的技术创新组织载体。数据来源于省统计局
	当年①新增省级及以上研发平台/创新载体	反映县（市、区）创新动力和基础条件，指一个监测年度内，新认定的省级和国家级研发平台和创新载体总量。包括：①平台，国家（级）或省（级）实验室、重点（工程）实验室、工程（技术）研究中心、制造业创新中心、企业技术中心、技术创新中心、产业创新中心、国际联合研究中心；②载体，国家级或省级高新区、农业科技园、国际科技合作基地、高新技术产业化基地、火炬特色产业基地、可持续发展实验区、科技企业孵化器、创新型县（市、区）、众创空间。数据来源于省科技厅、省发展和改革委员会、省工业和信息化厅
	人均科普经费投入	反映政府当年对科技宣传、科学普及的重视程度，指单位人口中实际用于科普管理、研究及开展科普活动的全部实际支出。数据来源于省科学技术协会
	科普专题活动次数	开展科普专题活动是让公众接受科学知识、推广科学技术、树立科技意识的重要方式，指一个监测年度内科技活动周期间举办的科普专题活动次数。数据来源于省科技厅
	规模以上工业企业中万人 R&D 人员全时当量	反映县（市、区）研究与试验发展（R&D）活动的人力投入水平，指一个监测年度内，每万人口中规模以上工业企业 R&D 人员按实际从事 R&D 活动时间计算的工作量，包括全时人员折合全时工作量与所有非全时人员工作量之和。数据来源于省统计局
	规模以上工业企业 R&D 人员占从业人员比重	反映县（市、区）企业研发人力投入情况，指一个监测年度内各县（市、区）规模以上工业企业 R&D 人员数量占规模以上工业企业从业人员数量的比重，企业 R&D 人员主要包括研究人员、技术人员和辅助人员三类。数据来源于省统计局
	规模以上工业企业 R&D 经费支出	R&D 经费投入是反映县（市、区）科技创新水平的重要指标，县（市、区）R&D 经费投入的最主要来源是规模以上工业企业，包括与地区生产总值（GDP）之比、增幅两个方面。与 GDP 之比是衡量县（市、区）科技投入水平最为重要、最为综合的指标，指一定时期内规模以上工业企业 R&D 经费支出与同期 GDP 的比值；增幅指县（市、区）规模以上工业企业 R&D 经费支出较上一年增长百分比。数据来源于省统计局

① 书中提到的当年的数据/结果均为 2020 年的数据/结果，上一年的数据/结果均为 2019 年的数据/结果。

续表

指标		描述
三级指标（20项）	规模以上工业企业 R&D 经费支出占营业收入比重	反映县（市、区）企业创新能力和创新投入水平，包括数值、增幅两个方面，指一个监测年度内规模以上工业企业的 R&D 经费内部支出占其营业收入的比重。数据来源于省统计局
	万人有效发明专利拥有量增量	专利数量是反映地区科技活动质量的重要指标，发明专利数量又是其中更为重要的指标。有效发明专利拥有量增量，反映县（市、区）创新活动的质量，指一个监测年度内新增的每万人口拥有的发明专利有效数量。数据来源于省市场监督管理局
	每万家企业法人高新技术企业数	反映县（市、区）高新技术企业密集度、高技术产业发展水平和产业结构优化调整的情况。指一个监测年度内，每万家企业法人单位中在认定有效期内正常运行的高新技术企业数量。数据来源于省科技厅和省市场监督管理局
	每万家企业法人科技型中小企业数	反映县（市、区）科技创新活力，指一个监测年度内，每万家企业法人单位中科技型中小企业数量。科技型中小企业是依托一定数量的科技人员从事科学技术研究开发活动，取得自主知识产权并将其转化为高新技术产品或服务，从而实现可持续发展的中小企业，也是科技创新梯次培育（科技型中小企业—高新技术企业—瞪羚企业—独角兽企业）的重要后备力量。数据来源于省科技厅和省市场监督管理局
	规模以上工业企业新产品销售收入占营业收入比重	反映县（市、区）规模以上工业企业采用新技术原理、新设计构思研制、生产全新产品的状况，或在结构、材质、工艺等某一方面有明显改进的情况，指一个监测年度内各县（市、区）规模以上工业企业新产品销售收入占其营业收入的比重。数据来源于省统计局
	高新技术产业增加值占规模以上工业增加值比重	反映县（市、区）产业结构优化程度，包括数值、增幅两部分。数值指高新技术产业增加值与规模以上工业增加值的比值，增幅指高新技术产业增加值占规模以上工业增加值比重较上一年增长百分比。数据来源于省统计局
	技术合同成交额	反映县（市、区）技术市场的发展和技术成果交易情况，包括总量、与 GDP 之比两部分。总量指一个监测年度内由技术市场管理办公室认定登记的技术合同（技术开发、技术转让、技术咨询、技术服务）标明的金额总和；与 GDP 之比指一个监测年度内某一个县（市、区）技术合同成交额（按技术合同登记地域划分）与同期地区生产总值的比值。数据来源于省科技厅和省统计局
	农业产业化省级以上龙头企业数	反映县（市、区）农产品产业化情况，指以农产品生产、加工、流通或农业相关服务性为主业，通过各种利益联结机制带动农户，使农产品生产、加工、销售有机结合，相互促进，在规模和经营指标上达到规定标准，并经国家或省级有关部门认定的企业数量。数据来源于省农业农村厅

续表

<table>
<tr><th colspan="2">指标</th><th>描述</th></tr>
<tr><td rowspan="4">三级指标（20 项）</td><td>GDP 较上一年增长</td><td>反映县（市、区）经济发展状况，指区域内 GDP 较上一年增长的百分比。数据来源于省统计局</td></tr>
<tr><td>本级地方财政科技支出占本级公共财政支出比重</td><td>反映县（市、区）政府科技投入力度，指本级政府科学技术支出决算额占本级财政一般公共预算支出决算额的比重。数据来源于省财政厅</td></tr>
<tr><td>居民人均可支配收入</td><td>反映县（市、区）居民经济收入水平和社会生活水平，指居民可用于最终消费支出和储蓄的总和，即居民可用于自由支配的收入，包括工资性收入、经营净收入、财产净收入和转移净收入。数据来源于国家统计局江西调查总队</td></tr>
<tr><td>万人社会消费品零售额</td><td>反映县（市、区）消费支出水平和社会生活水平，指非生产、非经营用的实物商品金额，以及提供餐饮服务所取得的收入金额总和。数据来源于省统计局</td></tr>
</table>

第三节 指标体系架构

江西省县域科技创新能力评价指标体系架构如表 1-2 所示。

表 1-2 江西省县域科技创新能力评价指标体系架构

<table>
<tr><th>总得分</th><th>一级指标</th><th>二级指标</th><th>三级指标（20 个）</th><th></th></tr>
<tr><td rowspan="8">科技创新能力</td><td rowspan="6">创新环境</td><td rowspan="4">创新基础</td><td>规模以上企业数（家）</td><td></td></tr>
<tr><td>规模以上工业企业建立研发机构的比例（%）</td><td></td></tr>
<tr><td rowspan="2">当年新增省级及以上研发平台 / 创新载体（个）</td><td>国家级</td></tr>
<tr><td>省级</td></tr>
<tr><td rowspan="2">科技意识</td><td>人均科普经费投入（元）</td><td></td></tr>
<tr><td>科普专题活动次数（次）</td><td></td></tr>
<tr><td rowspan="2">创新投入</td><td rowspan="2">人力投入</td><td>规模以上工业企业中万人 R&D 人员全时当量（人·年）</td><td></td></tr>
<tr><td>规模以上工业企业 R&D 人员占从业人员比重（%）</td><td></td></tr>
</table>

续表

<table>
<tr><th>总得分</th><th>一级指标</th><th>二级指标</th><th colspan="2">三 级 指 标（20 个）</th></tr>
<tr><td rowspan="18">科技创新能力</td><td rowspan="4">创新投入</td><td rowspan="4">财力投入</td><td rowspan="2">规模以上工业企业 R&D 经费支出*</td><td>与 GDP 之比</td></tr>
<tr><td>增幅</td></tr>
<tr><td rowspan="2">规模以上工业企业 R&D 经费支出占营业收入比重（%）</td><td>数值</td></tr>
<tr><td>增幅</td></tr>
<tr><td rowspan="10">创新成效</td><td rowspan="3">技术创新</td><td>万人有效发明专利拥有量增量（件）</td><td rowspan="3"></td></tr>
<tr><td>每万家企业法人高新技术企业数（家）</td></tr>
<tr><td>每万家企业法人科技型中小企业数（家）</td></tr>
<tr><td rowspan="7">产业化水平</td><td>规模以上工业企业新产品销售收入占营业收入比重（%）</td><td></td></tr>
<tr><td rowspan="2">高新技术产业增加值占规模以上工业增加值比重（%）</td><td>数值</td></tr>
<tr><td>增幅</td></tr>
<tr><td rowspan="2">技术合同成交额*</td><td>数值（万元）</td></tr>
<tr><td>与 GDP 之比</td></tr>
<tr><td>农业产业化省级以上龙头企业数（家）</td><td></td></tr>
<tr><td></td></tr>
<tr><td rowspan="4">经济社会发展</td><td rowspan="2">经济增长</td><td>GDP 较上一年增长（%）</td><td rowspan="2"></td></tr>
<tr><td>本级地方财政科技支出占本级公共财政支出比重（%）</td></tr>
<tr><td rowspan="2">社会生活</td><td>居民人均可支配收入（元）</td><td rowspan="2"></td></tr>
<tr><td>万人社会消费品零售额（亿元）</td></tr>
</table>

* 标注的指标实际的含义包括两个方面，是两个方面计算的结果，无单位，全书余同。

第二章
江西省县域科技创新能力评价

第一节　江西省县域科技创新能力总体评价

江西省县域科技创新能力总得分，最高分为青山湖区（95.38 分，南昌市），最低分为都昌县（46.92 分，九江市）。全省平均得分为 63.83 分，高于全省的县级市平均水平（62.94 分），远低于全省的区平均水平（68.30 分）。但根据各县（市、区）科技创新能力总得分情况，将全省 100 个县（市、区）划分为以下几类（表 2-1、图 2-1、图 2-2）。

表 2-1　江西省 2020 年 100 个县（市、区）科技创新能力总得分划分类别

类别	描述
第一类	综合评价总得分 80.00 分（含）以上地区有 4 个，为青山湖区（南昌市）、月湖区（鹰潭市）、湘东区（萍乡市）、吉安县（吉安市）。与上一年相比，湘东区、吉安县新进入。从具体分值来看，90.00 分及以上有 2 个，为青山湖区（南昌市）和月湖区（鹰潭市）
第二类	综合评价总得分 70.00（含）～80.00 分的地区有 7 个，为广信区（上饶市）、章贡区（赣州市）、南昌县（南昌市）、崇仁县（抚州市）、青云谱区（南昌市）、柴桑区（九江市）和余江区（鹰潭市）
第三类	综合评价总得分 63.83（含）～70.00 分的地区有湖口县（九江市）等 29 个。全省平均水平之上的县（市、区）共有 40 个，较上一年增加 2 个（图 2-2、图 2-3）
第四类	综合评价总得分 60.00（含）～63.83 分的地区有莲花县（萍乡市）等 33 个
第五类	综合评价总得分 60.00 分以下的地区有遂川县（吉安市）等 27 个

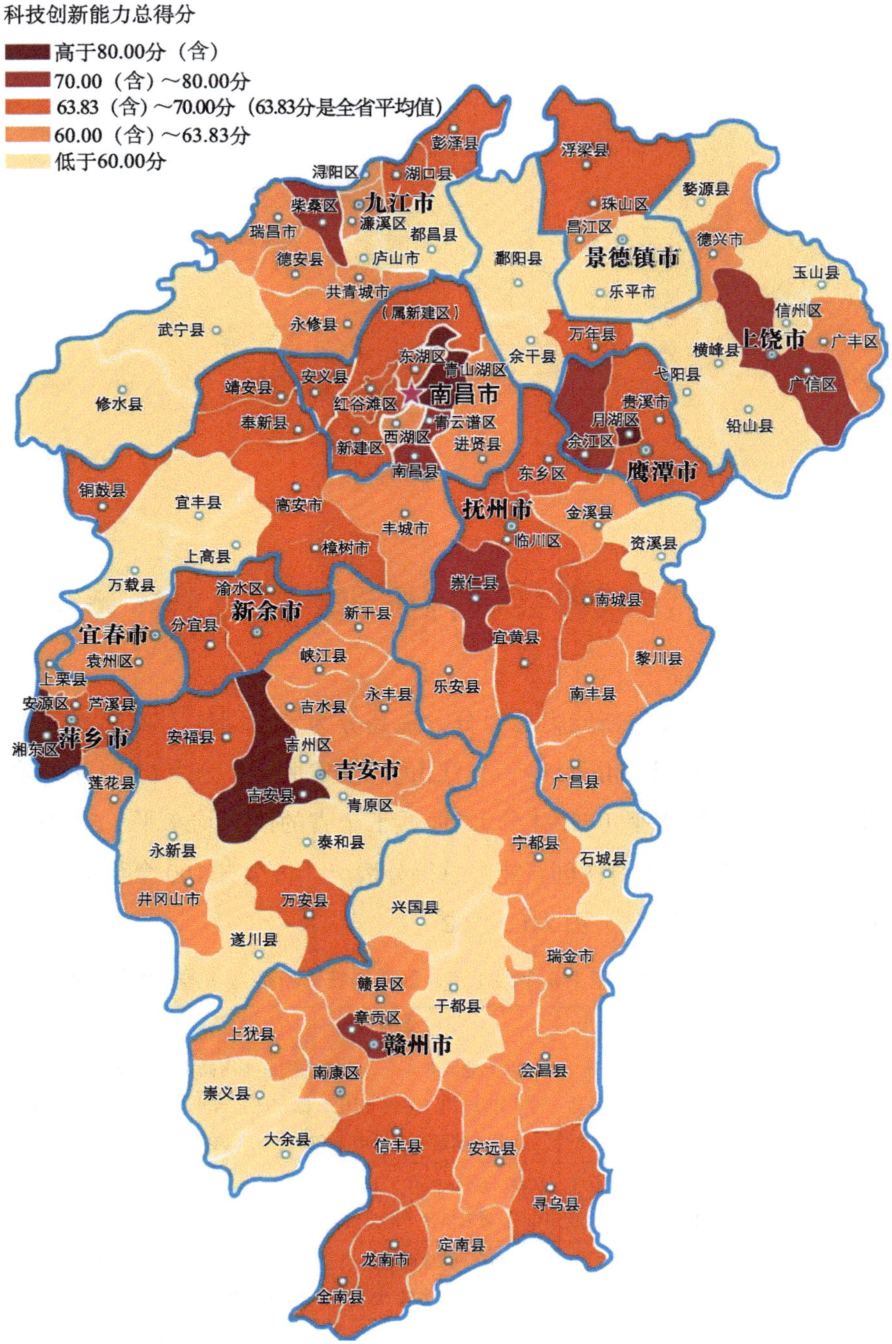

图 2-1　江西省 2020 年县域科技创新能力分布图

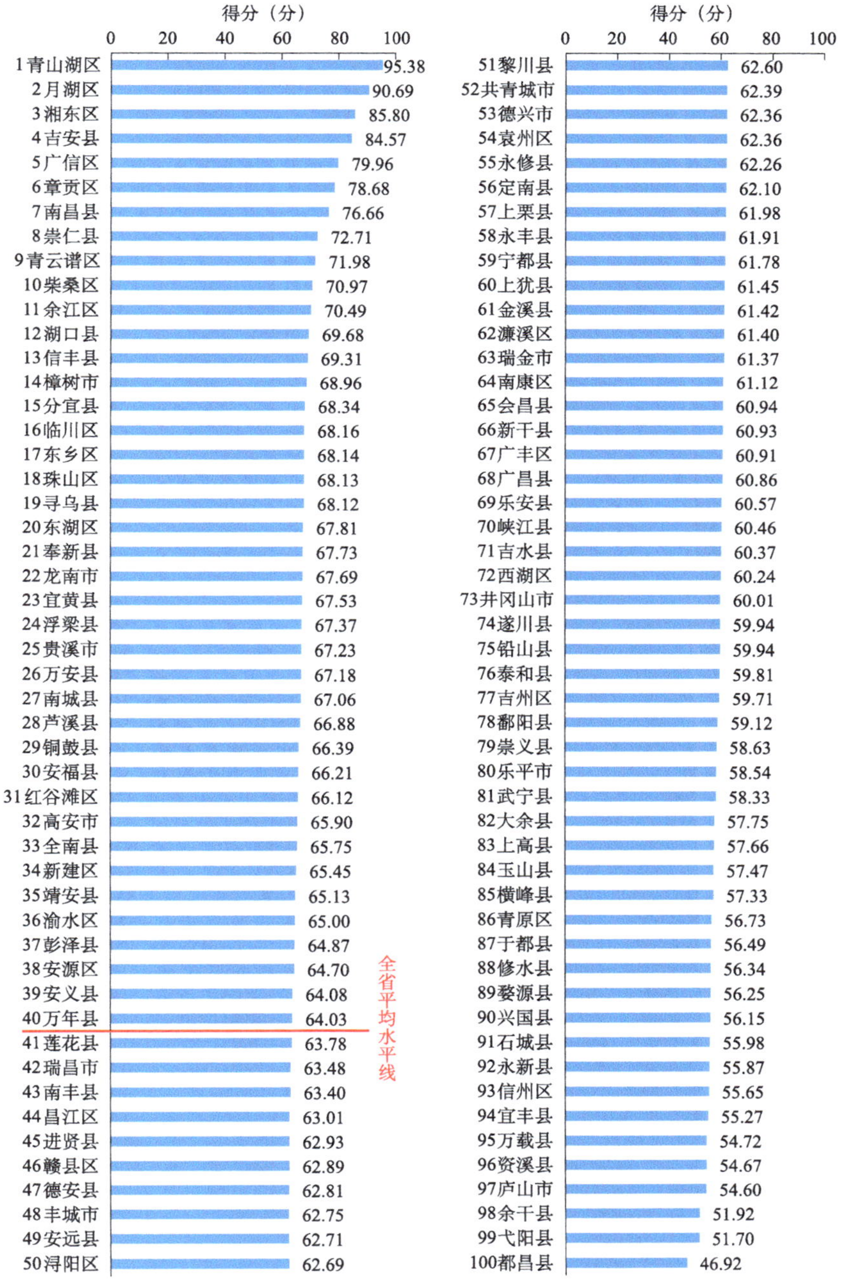

图 2-2　江西省 2020 年县域科技创新能力总得分与排名

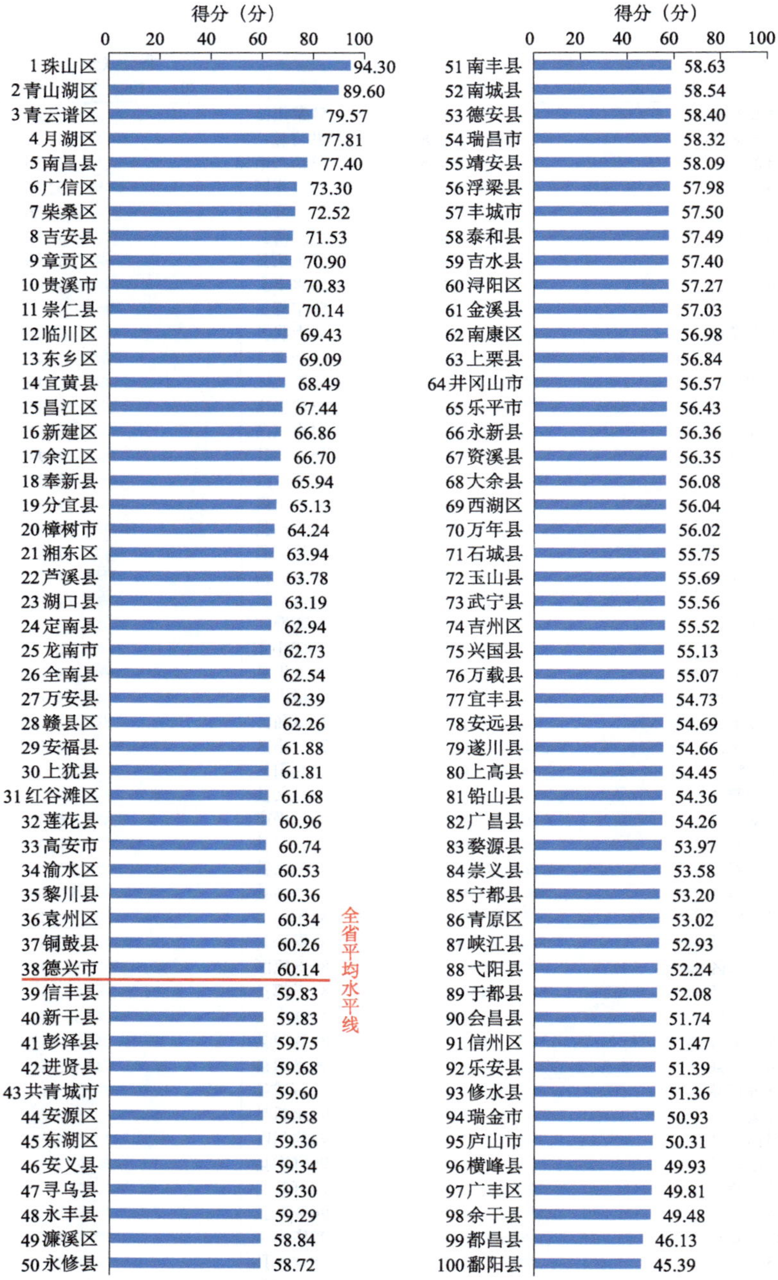

图 2-3　江西省 2019 年县域科技创新能力总得分与排名

因评价指标体系变动，2019 年评价结果采用新指标体系重新测算

第二节　江西省县域科技创新能力分类比较

江西省目前共有100个县（市、区），其中县61个、县级市12个、区27个。为了能更公平、公正、客观地评价江西省县域科技创新能力，根据《江西省人民政府关于印发江西省主体功能区规划的通知》（赣府发〔2013〕4号）和产业发展情况及《中共江西省委江西省人民政府印发〈关于完善赣江新区管理体制的实施方案〉的通知》（赣字〔2019〕33号），本报告将全省所有的县（市、区）分为三类：重点开发区（35个，一类）、农业主产区（33个，二类）、重点生态区（32个，三类），并进行分类比较。

一、重点开发区（一类）

重点开发区的35个县（市、区）中，科技创新能力总得分最高的三个地区是青山湖区（南昌市）、月湖区（鹰潭市）和湘东区（萍乡市），得分最低的三个地区是吉州区（吉安市）、乐平市（景德镇市）和信州区（上饶市）。重点开发区中创新能力平均得分为68.40分，高于全省、二类县（市、区）、三类县（市、区）和区、县级市平均水平。根据各县（市、区）科技创新能力得分情况，将重点开发区划分为以下几类（表2-2、图2-4）。

表2-2　江西省2020年重点开发区科技创新能力得分划分类别

类别	描述
第一类	科技创新能力总得分80.00分（含）以上的地区有4个，即青山湖区（南昌市）、月湖区（鹰潭市）、湘东区（萍乡市）、吉安县（吉安市）。与上一年相比，前四名中珠山区（景德镇市）、青云谱区（南昌市）退出，湘东区、吉安县进入。从具体分值来看，90.00分以上有2个，较上一年增加一个
第二类	科技创新能力总得分68.40（含）～80.00分的地区有7个，即广信区（上饶市）、章贡区（赣州市）、南昌县（南昌市）、青云谱区（南昌市）、柴桑区（九江市）、湖口县（九江市）、樟树市（宜春市）。重点开发区平均水平以上的地区共有11个（图2-4）

续表

类别	描述
第三类	科技创新能力总得分 60.00（含）～68.40 分的地区有临川区（抚州市）等 21 个
第四类	科技创新能力总得分低于 60.00 分的地区有吉州区（吉安市）、乐平市（景德镇市）和信州区（上饶市）3 个

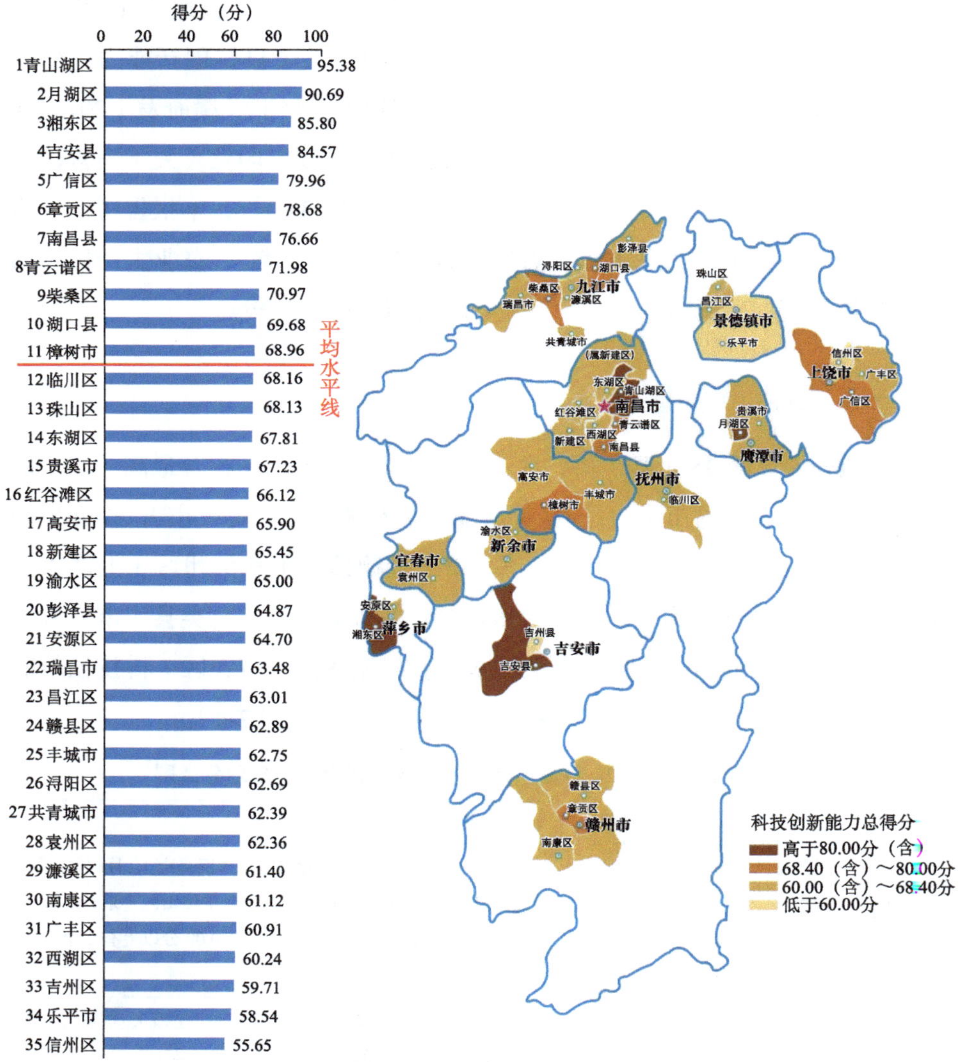

图 2-4　江西省 2020 年重点开发区（一类）县域科技创新能力排名及区域分布

二、农业主产区（二类）

农业主产区的33个县（市、区）中，科技创新能力总得分最高的三个地区是崇仁县（抚州市）、余江区（鹰潭市）和信丰县（赣州市），得分最低的三个地区是余干县（上饶市）、弋阳县（上饶市）和都昌县（九江市）。农业主产区的科技创新能力平均得分为61.05分，低于全省、一类县（市、区）、三类县（市、区）、全省所有区、全省县级市的平均水平。根据各县（市、区）科技创新能力得分情况，将农业主产区划分为以下几类（表2-3、图2-5）。

表2-3　江西省2020年农业主产区科技创新能力得分划分类别

类别	描述
第一类	科技创新能力总得分70.00分（含）以上的地区有2个，即崇仁县（抚州市）、余江区（鹰潭市）。与上一年相比，崇仁县继续保持二类县（市、区）科技创新能力第一名，余江区由上一年的第三名上升到第二名
第二类	科技创新能力总得分61.05（含）～70.00分的地区有信丰县（赣州市）等14个县（市、区）。农业主产区平均水平以上的地区共有16个
第三类	科技创新能力总得分55.00（含）～61.05分的地区有会昌县（赣州市）等13个
第四类	科技创新能力总得分低于55.00分的地区有万载县（宜春市）、余干县（上饶市）、弋阳县（上饶市）和都昌县（九江市）4个

三、重点生态区（三类）

重点生态区的32个县（市、区）中，科技创新能力总得分最高的三个地区是寻乌县（赣州市）、龙南市（赣州市）和宜黄县（抚州市），得分最低的三个地区是永新县（吉安市）、资溪县（抚州市）和庐山市（九江市）。重点生态区科技创新能力平均得分为61.69分，低于全省、一类县（市、区）、全省所有区、全省县级市的平均水平，略高于二类县（市、区）平均水平。根据各县（市、区）科技创新能力得分情况，将重点生态区划分为以下几类（表2-4、图2-6）。

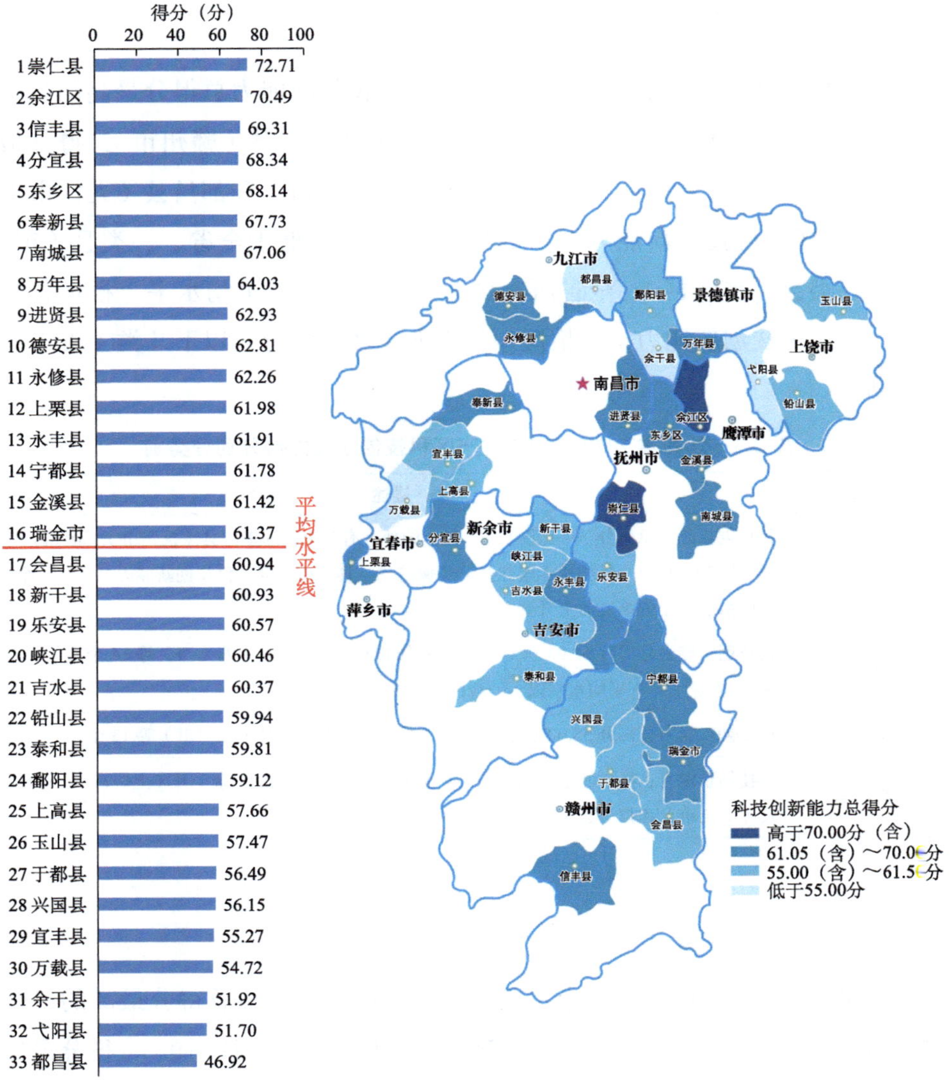

图 2-5　江西省 2020 年农业主产区（二类）县域科技创新能力排名及区域分布

表 2-4　江西省 2020 年重点生态区科技创新能力得分划分类别

类别	描述
第一类	科技创新能力总得分 67.00 分（含）以上的地区有 5 个，即寻乌县、龙南市、宜黄县、浮梁县（景德镇市）、万安县（吉安市）
第二类	科技创新能力总得分 61.69（含）～67.00 分的地区有芦溪县（萍乡市）等 12 个。重点生态区平均水平以上的地区共有 17 个

续表

类别	描述
第三类	科技创新能力总得分 55.00（含）～61.69 分的地区有上犹县（赣州市）等 13 个
第四类	科技创新能力总得分低于 55.00 分的地区有资溪县（抚州市）和庐山市（九江市）2 个

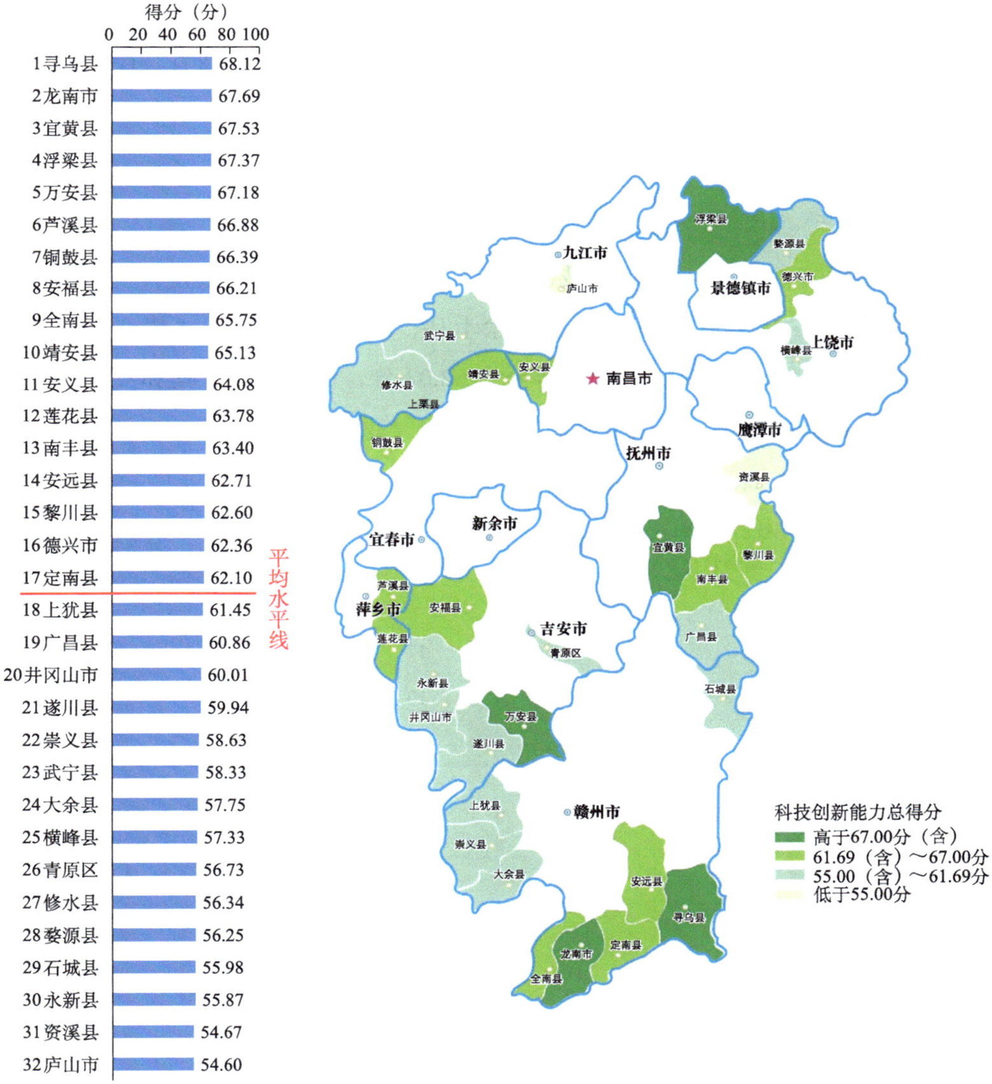

图 2-6　江西省 2020 年重点生态区（三类）县域科技创新能力排名及区域分布图

第三节　县、区与县级市

目前，江西省有 100 个县（市、区），其中县 61 个、区 27 个、县级市 12 个。为更细致地了解各地区科技创新能力在全省的状况，将县、区、县级市进行了单独分类比较。

一、县

在江西省的 61 个县中，科技创新能力总得分最高的三个县是吉安县、南昌县、崇仁县，得分最低的三个县是余干县、弋阳县和都昌县（表 2-5）。江西省所有县的科技创新能力平均得分为 62.02 分，低于全省平均和县级市平均水平，但高于二类、三类县（市、区）的平均水平。

表 2-5　江西省 2020 年 61 个县科技创新能力排名

地区	科技创新能力总得分	创新环境	创新投入	创新成效	经济社会发展
吉安县	1	3	1	3	17
南昌县	2	1	17	1	2
崇仁县	3	7	10	2	13
湖口县	4	37	2	39	19
信丰县	5	18	6	14	35
分宜县	6	52	4	32	4
寻乌县	7	10	3	46	43
奉新县	8	5	15	34	1
宜黄县	9	11	16	8	37
浮梁县	10	33	20	4	45
万安县	11	40	7	19	10
南城县	12	13	22	9	21
芦溪县	13	47	25	6	20

续表

地区	科技创新能力总得分	创新环境	创新投入	创新成效	经济社会发展
铜鼓县	14	48	5	13	61
安福县	15	2	38	17	9
全南县	16	6	23	16	30
靖安县	17	56	8	24	11
彭泽县	18	8	11	40	22
安义县	19	25	40	7	53
万年县	20	17	21	30	16
莲花县	21	57	9	22	48
南丰县	22	20	12	45	27
进贤县	23	45	24	10	59
德安县	24	12	31	31	6
安远县	25	34	19	23	56
黎川县	26	19	27	42	3
永修县	27	21	32	27	12
定南县	28	51	30	11	33
上栗县	29	54	14	29	40
永丰县	30	24	43	18	14
宁都县	31	14	13	54	44
上犹县	32	41	52	5	46
金溪县	33	27	44	12	38
会昌县	34	15	26	41	54
新干县	35	22	42	25	18
广昌县	36	29	35	28	32
乐安县	37	35	34	20	58
峡江县	38	30	39	35	26
吉水县	39	32	37	36	29
遂川县	40	23	45	26	24
铅山县	41	42	29	49	8

续表

地区	科技创新能力总得分	创新环境	创新投入	创新成效	经济社会发展
泰和县	42	46	49	15	23
鄱阳县	43	49	18	56	42
崇义县	44	50	46	21	41
武宁县	45	16	41	53	31
大余县	46	28	54	33	25
上高县	47	43	36	48	50
玉山县	48	26	58	37	15
横峰县	49	44	33	50	52
于都县	50	4	59	57	28
修水县	51	53	48	43	34
婺源县	52	55	28	55	57
兴国县	53	9	47	59	49
石城县	54	31	55	38	55
永新县	55	36	53	44	39
宜丰县	56	60	50	51	7
万载县	57	39	56	47	47
资溪县	58	38	57	58	5
余干县	59	58	51	60	51
弋阳县	60	61	60	52	36
都昌县	61	59	61	61	60

创新环境方面，得分最高的三个县是南昌县、安福县和吉安县；得分最低的三个县是都昌县、宜丰县和弋阳县。

创新投入方面，得分最高的三个县是吉安县、湖口县和寻乌县；得分最低的三个县是于都县、弋阳县和都昌县。

创新成效方面，得分最高的三个县是南昌县、崇仁县和吉安县；得分最低的三个县是兴国县、余干县和都昌县。

经济社会发展方面，得分最高的三个县是奉新县、南昌县和黎川县；得分最低的三个县分别是进贤县、都昌县和铜鼓县。

二、区

在江西省的27个区中，科技创新能力总得分最高的三个区是青山湖区、月湖区、湘东区，得分最低的三个区是吉州区、青原区和信州区（表2-6）。江西省所有区的科技创新能力平均得分为68.30分，略低于全省一类县（市、区）平均水平，但高于全省平均水平和县级市平均水平。

表2-6　江西省2020年27个区科技创新能力排名

地区	科技创新能力总得分	创新环境	创新投入	创新成效	经济社会发展
青山湖区	1	1	4	2	22
月湖区	2	8	6	1	7
湘东区	3	19	1	3	12
广信区	4	14	2	5	14
章贡区	5	4	14	4	5
青云谱区	6	24	8	6	2
柴桑区	7	15	3	19	18
余江区	8	27	7	17	1
临川区	9	6	9	12	25
东乡区	10	9	13	8	13
珠山区	11	26	5	16	10
东湖区	12	2	26	7	6
红谷滩区	13	3	26	10	3
新建区	14	5	23	11	8
渝水区	15	12	16	13	20
安源区	16	22	10	18	19
昌江区	17	23	18	15	9
赣县区	18	21	20	9	21
浔阳区	19	13	11	25	15
袁州区	20	10	24	14	11

续表

地区	科技创新能力总得分	创新环境	创新投入	创新成效	经济社会发展
濂溪区	21	16	12	26	17
南康区	22	7	17	24	23
广丰区	23	20	15	23	24
西湖区	24	11	19	20	26
吉州区	25	18	25	21	4
青原区	26	17	22	22	27
信州区	27	25	21	27	16

创新环境方面，得分最高的三个区是青山湖区、东湖区和红谷滩区；得分最低的三个区是信州区、珠山区和余江区。

创新投入方面，得分最高的三个区是湘东区、广信区和柴桑区；得分最低的三个区是吉州区、红谷滩区和东湖区。

创新成效方面，得分最高的三个区是月湖区、青山湖区和湘东区；得分最低的三个区是浔阳区、濂溪区和信州区。

经济社会发展方面，得分最高的三个区是余江区、青云谱区和红谷滩区；得分最低的三个区是临川区、西湖区和青原区。

三、县级市

在江西省的12个县级市中，科技创新能力总得分最高的三个县级市是樟树市、龙南市、贵溪市，最低的三个市是井冈山市、乐平市和庐山市（表2-7）。江西省所有县级市的科技创新能力平均得分为62.94分，低于区平均和全省平均水平，但高于二类、三类县（市、区）的平均水平。

表2-7　江西省2020年12个县级市科技创新能力排名

地区	科技创新能力总得分	创新环境	创新投入	创新成效	经济社会发展
樟树市	1	6	1	3	3
龙南市	2	12	3	1	7

续表

地区	科技创新能力总得分	创新环境	创新投入	创新成效	经济社会发展
贵溪市	3	11	2	2	8
高安市	4	3	4	5	5
瑞昌市	5	4	6	9	2
丰城市	6	9	5	6	12
共青城市	7	1	11	8	1
德兴市	8	8	9	4	11
瑞金市	9	7	7	10	4
井冈山市	10	2	8	12	6
乐平市	11	5	10	7	10
庐山市	12	10	12	11	9

创新环境方面，得分最高的三个市是共青城市、井冈山市和高安市；得分最低的三个市是庐山市、贵溪市和龙南市。

创新投入方面，得分最高的三个市是樟树市、贵溪市和龙南市；得分最低的三个市是乐平市、共青城市和庐山市。

创新成效方面，得分最高的三个市是龙南市、贵溪市和樟树市；得分最低的三个市是瑞金市、庐山市和井冈山市。

经济社会发展方面，得分最高的三个市是共青城市、瑞昌市和樟树市；得分最低的三个市是乐平市、德兴市和丰城市。

第四节 脱贫摘帽县

2017 年 9 月，《中共江西省委办公厅 江西省人民政府办公厅印发关于深入推进脱贫攻坚工作的意见的通知》（赣办发〔2017〕14 号）就推进脱贫攻坚工作再深入提出了具体意见。自 2017 年 2 月井冈山市在全国率先脱贫摘帽，至 2020 年 4 月 26 日江西省于都、修水等 7 个贫困县正式退出贫困县序列，至此江西省内25个贫困县全部脱贫摘帽。为落实习近平总书记对脱贫县“要扶上马送一程、设立过渡期、保持主要帮扶政策总体稳定”的指示精神，本报告将脱贫摘帽县科技创新能力单列分析，以供有关县（市、区）决策参考（表2-8）。

表2-8 江西省2020年脱贫摘帽县科技创新能力排名

地区	科技创新能力总得分	创新环境	创新投入	创新成效	经济社会发展
吉安县	1	1	1	2	7
广信区	2	5	2	1	3
寻乌县	3	7	3	15	14
万安县	4	18	4	5	2
莲花县	5	23	5	7	17
赣县区	6	12	17	4	4
安远县	7	15	8	8	23
宁都县	8	8	6	18	15
上犹县	9	19	21	3	16
瑞金市	10	10	10	16	1
南康区	11	2	15	21	6
会昌县	12	9	9	12	21
广昌县	13	13	13	10	10
乐安县	14	16	12	6	24
井冈山市	15	4	14	23	5
遂川县	16	11	16	9	8
鄱阳县	17	21	7	19	13
横峰县	18	20	11	17	20
于都县	19	3	24	20	9
修水县	20	22	19	13	11
兴国县	21	6	18	22	18
石城县	22	14	23	11	22
永新县	23	17	22	14	12
余干县	24	24	20	24	19
都昌县	25	25	25	25	25

25个脱贫摘帽县中，科技创新能力总得分最高的三个地区是吉安县、广

信区和寻乌县；得分最低的三个地区是永新县、余干县和都昌县。

创新环境方面，脱贫摘帽县中得分最高的三个地区是吉安县、南康区和于都县；得分最低的三个地区是莲花县、余干县和都昌县。

创新投入方面，脱贫摘帽县中得分最高的三个地区是吉安县、广信区和寻乌县；得分最低的三个地区是石城县、于都县和都昌县。

创新成效方面，脱贫摘帽县中得分最高的三个地区是广信区、吉安县和上犹县；得分最低的三个地区是井冈山市、余干县和都昌县。

经济社会发展方面，脱贫摘帽县中得分最高的三个地区是瑞金市、万安县和广信区；得分最低的三个地区是安远县、乐安县和都昌县。

第三章
江西省各县（市、区）科技创新能力水平分析

第一节　南　昌　市

一、南昌县

南昌县，位于江西省南昌市南部。2020 年，该县常住人口为 145.25 万人，地区 GDP 为 1048.02 亿元。居民人均可支配收入为 32 956 元，排在全省一类县（市、区）第 18 位，排在南昌市第 6 位。GDP 较上一年增长 4.70%，排在全省一类县（市、区）第 4 位，排在南昌市第 2 位。规模以上企业数为 545 家，排在全省一类县（市、区）第 3 位，排在南昌市第 2 位。规模以上工业企业建立研发机构的比例为 13.10%，排在全省一类县（市、区）第 28 位，排在南昌市第 5 位。科普专题活动次数为 52 次，排在全省一类县（市、区）第 13 位，排在南昌市第 4 位。规模以上工业企业中万人 R&D 人员全时当量为 18.51 人·年，排在全省一类县（市、区）第 24 位，排在南昌市第 5 位。规模以上工业企业 R&D 经费支出为 246 625.72 万元、较上一年增长 4.24%，排在全省一类县（市、区）第 11 位，排在南昌市第 2 位。万人有效发明专利拥有量增量为 1.15 件，排在全省一类县（市、区）第 10 位，排在南昌市第 4 位。每万家企业法人高新技术企业数为 148.29 家，排在全省一类县（市、

区）第 9 位，排在南昌市第 3 位。农业产业化省级以上龙头企业数为 41 家，排在全省一类县（市、区）第 1 位，排在南昌市第 1 位（表 3-1）。

表 3-1　南昌县（一类）科技创新能力评价指标得分与排名

指标名称	得分（分）	全省一类县（市、区）排名		本市排名	
	2020 年	2020 年	2019 年	2020 年	2019 年
科技创新能力	76.66	7	5	2	3
创新环境	3.98	5	2	4	2
创新基础	4.02	5	2	4	2
规模以上企业数（家）	5.73	3	3	2	2
规模以上工业企业建立研发机构的比例（%）	1.79	28	32	5	7
当年新增省级及以上研发平台 / 创新载体（个）	4.62	5	2	4	2
科技意识	3.93	5	4	3	3
人均科普经费投入（元）	4.35	3	1	2	1
科普专题活动次数（次）	3.41	13	18	4	5
创新投入	3.20	13	12	3	3
人力投入	2.80	23	19	5	4
规模以上工业企业中万人 R&D 人员全时当量（人·年）	2.75	24	21	5	4
规模以上工业企业 R&D 人员占从业人员比重（%）	2.84	22	14	4	3
财力投入	3.53	6	5	2	2
规模以上工业企业 R&D 经费支出	3.38	11	7	2	3
规模以上工业企业 R&D 经费支出占营业收入比重（%）	3.65	2	2	1	1
创新成效	3.78	4	3	2	2
技术创新	3.49	8	8	5	4
万人有效发明专利拥有量增量（件）	3.02	10	8	4	5
每万家企业法人高新技术企业数（家）	3.82	9	8	3	3
每万家企业法人科技型中小企业数（家）	3.64	4	7	3	2
产业化水平	4.08	2	2	2	1
规模以上工业企业新产品销售收入占营业收入比重（%）	3.32	10	11	3	2
高新技术产业增加值占规模以上工业增加值比重（%）	3.36	10	15	3	4

续表

指标名称	得分（分）	全省一类县（市、区）排名		本市排名	
	2020 年	2020 年	2019 年	2020 年	2019 年
技术合同成交额	3.73	10	4	8	4
农业产业化省级以上龙头企业数（家）	7.48	1	1	1	1
经济社会发展	3.64	8	25	4	6
经济增长	3.78	4	19	1	3
GDP 较上一年增长（%）	4.14	4	17	2	5
本级地方财政科技支出占本级公共财政支出比重（%）	3.43	9	18	2	4
社会生活	3.42	17	17	6	6
居民人均可支配收入（元）	3.75	18	19	6	6
万人社会消费品零售额（亿元）	3.02	19	19	5	5

如表 3-1 所示，南昌县科技创新能力排在全省一类县（市、区）第 7 位，较上一年下降了 2 位，排在南昌市第 2 位，较上一年上升了 1 位。在一级指标中，经济社会发展排在全省一类县（市、区）第 8 位，较上一年上升了 17 位，排在南昌市第 4 位，较上一年上升了 2 位；创新环境排在全省一类县（市、区）第 5 位，较上一年下降了 3 位，排在南昌市第 4 位，较上一年下降了 2 位；创新投入排在全省一类县（市、区）第 13 位，较上一年下降了 1 位，排在南昌市第 3 位，与上一年排名相同；创新成效排在全省一类县（市、区）第 4 位，较上一年下降了 1 位，排在南昌市第 2 位，与上一年排名相同。

综上所述，南昌县农业产业化省级以上龙头企业数排在全省一类县（市、区）首位，规模以上企业数、人均科普经费投入、规模以上工业企业 R&D 经费支出占营业收入比重排名靠前。但规模以上工业企业中万人 R&D 人员全时当量、规模以上工业企业 R&D 人员占从业人员比重、规模以上工业企业建立研发机构的比例排名靠后。建议该县积极引进和培养人才，加大科研人力投入，鼓励企业自主研发，提高产品性能。

二、进贤县

进贤县，位于江西省中部偏北，为南昌市下辖县。2020年，该县常住人口为62.03万人，地区GDP为290.13亿元，居民人均可支配收入为29 891元，排在全省二类县（市、区）第1位，排在南昌市第8位。GDP较上一年增长2.50%，排在全省二类县（市、区）第33位，排在南昌市第6位。规模以上企业数为201家，排在全省二类县（市、区）第7位，排在南昌市第5位。规模以上工业企业建立研发机构的比例为9.47%，排在全省二类县（市、区）第33位，排在南昌市第7位。科普专题活动次数为3次，排在全省二类县（市、区）第32位，排在南昌市第9位。规模以上工业企业中万人R&D人员全时当量为24.01人·年，排在全省二类县（市、区）第12位，排在南昌市第4位。规模以上工业企业R&D经费支出为31 070.68万元、较上一年增长55.0%，排在全省二类县（市、区）第12位，排在南昌市第3位。万人有效发明专利拥有量增量为0.01件，排在全省二类县（市、区）第31位，排在南昌市第7位。每万家企业法人高新技术企业数为109.43家，排在全省二类县（市、区）第3位，排在南昌市第4位。农业产业化省级以上龙头企业数为25家，排在全省二类县（市、区）第1位，排在南昌市第3位（表3-2）。

表3-2 进贤县（二类）科技创新能力评价指标得分与排名

指标名称	得分（分）	全省二类县（市、区）排名		本市排名	
	2020年	2020年	2019年	2020年	2019年
科技创新能力	62.93	9	8	8	6
创新环境	2.64	24	16	9	9
创新基础	2.45	29	29	8	8
规模以上企业数（家）	3.11	7	10	5	7
规模以上工业企业建立研发机构的比例（%）	1.56	33	29	7	5
当年新增省级及以上研发平台/创新载体（个）	2.74	4	17	8	7
科技意识	2.93	21	11	9	9
人均科普经费投入（元）	3.41	5	2	3	2
科普专题活动次数（次）	2.33	32	32	9	9

续表

指标名称	得分（分）	全省二类县（市、区）排名		本市排名	
	2020 年	2020 年	2019 年	2020 年	2019 年
创新投入	3.11	11	10	4	4
人力投入	3.18	10	7	3	3
规模以上工业企业中万人 R&D 人员全时当量（人·年）	3.03	12	12	4	3
规模以上工业企业 R&D 人员占从业人员比重（%）	3.32	8	5	2	2
财力投入	3.05	15	17	3	5
规模以上工业企业 R&D 经费支出	3.07	12	15	3	5
规模以上工业企业 R&D 经费支出占营业收入比重（%）	3.04	14	18	3	3
创新成效	3.25	3	8	6	8
技术创新	2.88	10	28	6	9
万人有效发明专利拥有量增量（件）	2.62	31	32	7	8
每万家企业法人高新技术企业数（家）	3.29	3	25	4	9
每万家企业法人科技型中小企业数（家）	2.70	18	28	7	8
产业化水平	3.63	1	1	4	4
规模以上工业企业新产品销售收入占营业收入比重（%）	2.73	19	14	5	5
高新技术产业增加值占规模以上工业增加值比重（%）	3.57	10	2	2	1
技术合同成交额	3.66	5	1	9	7
农业产业化省级以上龙头企业数（家）	5.19	1	1	3	3
经济社会发展	2.03	32	22	9	7
经济增长	1.32	33	28	8	6
GDP 较上一年增长（%）	1.09	33	16	6	4
本级地方财政科技支出占本级公共财政支出比重（%）	1.55	33	33	9	8
社会生活	3.10	5	6	8	8
居民人均可支配收入（元）	3.34	1	1	8	8
万人社会消费品零售额（亿元）	2.80	12	12	7	8

如表 3-2 所示，进贤县科技创新能力排在全省二类县（市、区）第 9 位，较上一年下降了 1 位，排在南昌市第 8 位，较上一年下降了 2 位。在一级指

标中，经济社会发展排在全省二类县（市、区）第 32 位，较上一年下降了 10 位，排在南昌市第 9 位，较上一年下降了 2 位；创新投入排在全省二类县（市、区）第 11 位，较上一年下降了 1 位，排在南昌市第 4 位，与上一年排名相同；创新成效排在全省二类县（市、区）第 3 位，较上一年上升了 5 位，排在南昌市第 6 位，较上一年上升了 2 位；创新环境排在全省二类县（市、区）第24位，较上一年下降了8位，排在南昌市第9位，与上一年排名相同。

综上所述，进贤县农业产业化省级以上龙头企业数、居民人均可支配收入居全省二类县（市、区）首位，当年新增省级及以上研发平台 / 创新载体、人均科普经费投入、每万家企业法人高新技术企业数排名较前。但规模以上工业企业建立研发机构的比例、科普专题活动次数、万人有效发明专利拥有量增量、本级地方财政科技支出占本级公共财政支出比重排名靠后。建议该县夯实创新基础，增强民众科技意识，鼓励企业积极开展科研活动，加速技术成果转移转化，加大科技创新投入，提高综合竞争力。

三、安义县

安义县，位于江西省中北部，其为南昌市下辖县。2020 年，该县常住人口为 25.26 万人，地区 GDP 为 109.27 亿元。居民人均可支配收入为 27 573 元，排在全省三类县（市、区）第 5 位，排在南昌市第 9 位。GDP 较上一年增长 3.60%，排在全省三类县（市、区）第 21 位，排在南昌市第 4 位。规模以上企业数为 226 家，排在全省三类县（市、区）第 1 位，排在南昌市第 4 位。规模以上工业企业建立研发机构的比例为 21.89%，排在全省三类县（市、区）第 26 位，排在南昌市第 3 位。科普专题活动次数为 28 次，排在全省三类县（市、区）第 8 位，排在南昌市第 6 位。规模以上工业企业中万人 R&D 人员全时当量为 26.92 人 · 年，排在全省三类县（市、区）第 10 位，排在南昌市第 3 位。规模以上工业企业 R&D 经费支出为 12 292.63 万元、较上一年增长 27.12%，排在全省三类县（市、区）第 10 位，排在南昌市第 5 位。万人有效发明专利拥有量减少 0.87 件，排在全省三类县（市、区）第 32 位，排在南昌市第 9 位。每万家企业法人高新技术企业数为 93.49 家，排在全省三类县（市、区）第11位，排在南昌市第5位。农业产业化省级以上龙头企业数为9家，排在全省三类县（市、区）第7位，排在南昌市第5位（表3-3）。

表3-3　安义县（三类）科技创新能力评价指标得分与排名

指标名称	得分（分）	全省三类县（市、区）排名		本市排名	
	2020年	2020年	2019年	2020年	2019年
科技创新能力	64.08	11	13	7	8
创新环境	2.91	12	11	7	7
创新基础	2.73	19	23	6	7
规模以上企业数（家）	3.30	1	1	4	5
规模以上工业企业建立研发机构的比例（%）	2.37	26	28	3	4
当年新增省级及以上研发平台/创新载体（个）	2.50	13	11	9	7
科技意识	3.17	7	1	6	6
人均科普经费投入（元）	3.41	1	2	3	2
科普专题活动次数（次）	2.88	8	7	6	6
创新投入	2.80	21	31	5	6
人力投入	2.93	14	28	4	5
规模以上工业企业中万人R&D人员全时当量（人·年）	3.19	10	16	3	5
规模以上工业企业R&D人员占从业人员比重（%）	2.68	22	30	5	6
财力投入	2.70	22	28	5	6
规模以上工业企业R&D经费支出	2.88	10	26	5	6
规模以上工业企业R&D经费支出占营业收入比重（%）	2.56	29	29	5	6
创新成效	3.47	4	5	5	5
技术创新	2.72	20	15	9	7
万人有效发明专利拥有量增量（件）	2.31	32	12	9	7
每万家企业法人高新技术企业数（家）	3.07	11	11	5	4
每万家企业法人科技型中小企业数（家）	2.79	21	23	5	5
产业化水平	4.22	1	1	1	3
规模以上工业企业新产品销售收入占营业收入比重（%）	3.51	8	15	2	4
高新技术产业增加值占规模以上工业增加值比重（%）	4.91	1	13	1	3

续表

指标名称	得分（分）	全省三类县（市、区）排名		本市排名	
	2020 年	2020 年	2019 年	2020 年	2019 年
技术合同成交额	4.79	1	1	3	1
农业产业化省级以上龙头企业数（家）	2.91	7	2	5	5
经济社会发展	2.33	28	24	8	8
经济增长	2.14	29	23	6	4
GDP 较上一年增长（%）	2.61	21	12	4	2
本级地方财政科技支出占本级公共财政支出比重（%）	1.67	31	31	8	7
社会生活	2.62	11	11	9	9
居民人均可支配收入（元）	3.03	5	6	9	9
万人社会消费品零售额（亿元）	2.12	32	32	9	9

如表 3-3 所示，安义县科技创新能力排在全省三类县（市、区）第 11 位，较上一年上升了 2 位，排在南昌市第 7 位，较上一年上升了 1 位。在一级指标中，经济社会发展排在全省三类县（市、区）第 28 位，较上一年下降了 4 位，排在南昌市第 8 位，与上一年排名相同；创新环境排在全省三类县（市、区）第 12 位，较上一年下降了 1 位，排在南昌市第 7 位，与上一年排名相同；创新投入排在全省三类县（市、区）第 21 位，较上一年上升了 10 位，排在南昌市第 5 位，较上一年上升了 1 位；创新成效排在全省三类县（市、区）第 4 位，较上一年上升了 1 位，排在南昌市第 5 位，与上一年排名相同。

综上所述，安义县规模以上企业数、人均科普经费投入、高新技术产业增加值占规模以上工业增加值比重、技术合同成交额居全省三类县（市、区）首位，居民人均可支配收入、农业产业化省级以上龙头企业数、规模以上工业企业新产品销售收入占营业收入比重排名靠前。但规模以上工业企业建立研发机构的比例、规模以上工业企业 R&D 经费支出占营业收入比重、万人有效发明专利拥有量增量、本级地方财政科技支出占本级公共财政支出比重排名靠后。建议该县加大科技投入，鼓励企业开展科研活动，强化科技成果转移转化意识，提高科技对高质量经济发展的贡献度。

四、东湖区

东湖区，江西省南昌市市辖区、中心城区。2020 年，该区常住人口为 42.17 万人，地区 GDP 为 407.53 亿元。居民人均可支配收入为 48 313 元，排在全省一类县（市、区）第 1 位，排在南昌市第 1 位。GDP 较上一年增长 2.50%，排在全省一类县（市、区）第 33 位，排在南昌市第 6 位。规模以上工业企业建立研发机构的比例为 100%，排在全省一类县（市、区）第 1 位，排在南昌市第 1 位。科普专题活动次数为 121 次，排在全省一类县（市、区）第 4 位，排在南昌市第 2 位。万人有效发明专利拥有量增量为 0.71 件，排在全省一类县（市、区）第 18 位，排在南昌市第 6 位。每万家企业法人高新技术企业数为 268.17 家，排在全省一类县（市、区）第 2 位，排在南昌市第 1 位。技术合同成交额为 60 358.32 万元，与 GDP 之比为 1.48%，排在全省一类县（市、区）第 5 位，排在南昌市第 4 位（表 3-4）。

表 3-4　东湖区（一类）科技创新能力评价指标得分与排名

指标名称	得分（分）	全省一类县（市、区）排名		本市排名	
	2020 年	2020 年	2019 年	2020 年	2019 年
科技创新能力	67.81	14	25	4	7
创新环境	4.91	2	5	2	3
创新基础	5.46	2	13	2	4
规模以上企业数（家）	2.35	34	18	9	4
规模以上工业企业建立研发机构的比例（%）	7.47	1	34	1	8
当年新增省级及以上研发平台 / 创新载体（个）	6.75	2	3	2	3
科技意识	4.09	4	2	2	2
人均科普经费投入（元）	3.41	6	4	3	2
科普专题活动次数（次）	4.93	4	3	2	2
创新投入	1.74	34	34	8	8
人力投入	1.39	34	34	8	8
规模以上工业企业中万人 R&D 人员全时当量（人·年）	1.79	34	34	8	8

续表

指标名称	得分（分）	全省一类县（市、区）排名		本市排名	
	2020 年	2020 年	2019 年	2020 年	2019 年
规模以上工业企业 R&D 人员占从业人员比重（%）	0.99	34	34	8	8
财力投入	2.03	34	34	8	8
规模以上工业企业 R&D 经费支出	2.02	34	34	8	8
规模以上工业企业 R&D 经费支出占营业收入比重（%）	2.03	33	33	8	7
创新成效	3.49	9	18	4	7
技术创新	4.39	3	12	2	6
万人有效发明专利拥有量增量（件）	2.86	18	18	6	6
每万家企业法人高新技术企业数（家）	5.47	2	19	1	5
每万家企业法人科技型中小企业数（家）	4.90	2	4	1	1
产业化水平	2.59	28	26	8	7
规模以上工业企业新产品销售收入占营业收入比重（%）	1.64	33	33	7	7
高新技术产业增加值占规模以上工业增加值比重（%）	1.82	31	33	7	7
技术合同成交额	4.50	5	3	4	3
农业产业化省级以上龙头企业数（家）	1.91	30	33	7	7
经济社会发展	3.74	7	3	3	3
经济增长	1.64	34	31	7	7
GDP 较上一年增长（%）	1.09	33	25	6	6
本级地方财政科技支出占本级公共财政支出比重（%）	2.19	30	30	6	5
社会生活	6.89	1	1	1	1
居民人均可支配收入（元）	5.80	1	1	1	1
万人社会消费品零售额（亿元）	8.23	1	1	1	1

如表 3-4 所示，东湖区科技创新能力排在全省一类县（市、区）第 14 位，较上一年上升了 11 位，排在南昌市第 4 位，较上一年上升了 3 位。在一级指标中，经济社会发展排在全省一类县（市、区）第 7 位，较上一年下降了 4 位，排在南昌市第 3 位，与上一年排名相同；创新环境排在全省一类县（市、区）第 2 位，较上一年上升了 3 位，排在南昌市第 2 位，较上一年上升了 1 位；

创新投入排在全省一类县（市、区）第34位，排在南昌市第8位，均与上一年排名相同；创新成效排在全省一类县（市、区）第9位，较上一年上升了9位，排在南昌市第4位，较上一年上升了3位。

综上所述，东湖区规模以上工业企业建立研发机构的比例、居民人均可支配收入、万人社会消费品零售额排名居全省一类县（市、区）首位，当年新增省级及以上研发平台/创新载体、每万家企业法人高新技术企业数、每万家企业法人科技型中小企业数、科普专题活动次数在全省一类县（市、区）排名靠前，但规模以上企业数、规模以上工业企业中万人R&D人员全时当量、规模以上工业企业R&D人员占从业人员比重、规模以上工业企业新产品销售收入占营业收入比重等排名靠后。建议该区加大科研投入，优化创新环境，提高新产品产业化水平，积极培养和引进人才，不断提高科技创新竞争力。

五、西湖区

西湖区，江西省南昌市市辖区、中心城区。2020年，该区常住人口为48.52万人，地区GDP为592.42亿元。居民人均可支配收入为47 711元，排在全省一类县（市、区）第2位，排在南昌市第2位。GDP较上一年增长0.10%，排在全省一类县（市、区）第35位，排在南昌市第9位。规模以上工业企业建立研发机构的比例为50%，排在全省一类县（市、区）第3位，排在南昌市第2位。科普专题活动次数为25次，排在全省一类县（市、区）第20位，排在南昌市第7位。规模以上工业企业中万人R&D人员全时当量为6.90人·年，排在全省一类县（市、区）第32位，排在南昌市第7位。规模以上工业企业R&D经费支出为4915.98万元，较上一年增长43.99%，排在全省一类县（市、区）第28位，排在南昌市第6位。万人有效发明专利拥有量增量为1.12件，排在全省一类县（市、区）第12位，排在南昌市第5位。每万家企业法人高新技术企业数为61.32家，排在全省一类县（市、区）第24位，排在南昌市第8位。技术合同成交额为86 047.42万元，与GDP之比为1.45%，排在全省一类县（市、区）第3位，排在南昌市第 2 位。万人社会消费品零售额为 6.83 亿元，排在全省一类县（市、区）第 3 位，排在南昌市第 3 位（表 3-5）。

表 3-5　西湖区（一类）科技创新能力评价指标得分与排名

指标名称	得分（分）	全省一类县（市、区）排名		本市排名	
	2020 年	2020 年	2019 年	2020 年	2019 年
科技创新能力	60.24	32	32	9	9
创新环境	3.26	13	10	6	6
创新基础	3.34	17	17	5	5
规模以上企业数（家）	2.78	28	23	6	6
规模以上工业企业建立研发机构的比例（%）	4.20	3	4	2	1
当年新增省级及以上研发平台 / 创新载体（个）	2.97	18	30	7	7
科技意识	3.14	14	11	7	7
人均科普经费投入（元）	3.41	6	4	3	2
科普专题活动次数（次）	2.82	20	21	7	7
创新投入	2.75	26	26	6	5
人力投入	2.67	25	28	6	6
规模以上工业企业中万人 R&D 人员全时当量（人・年）	2.14	32	31	7	7
规模以上工业企业 R&D 人员占从业人员比重（%）	3.19	15	24	3	5
财力投入	2.81	21	11	4	4
规模以上工业企业 R&D 经费支出	2.43	28	12	6	4
规模以上工业企业 R&D 经费支出占营业收入比重（%）	3.12	7	10	2	2
创新成效	2.77	28	32	9	9
技术创新	2.79	24	32	8	8
万人有效发明专利拥有量增量（件）	3.01	12	35	5	9
每万家企业法人高新技术企业数（家）	2.63	24	24	8	7
每万家企业法人科技型中小企业数（家）	2.73	23	27	6	6
产业化水平	2.75	25	29	7	8
规模以上工业企业新产品销售收入占营业收入比重（%）	1.64	33	33	7	7
高新技术产业增加值占规模以上工业增加值比重（%）	1.82	31	33	7	7

续表

指标名称	得分（分）	全省一类县（市、区）排名		本市排名	
	2020年	2020年	2019年	2020年	2019年
技术合同成交额	5.17	3	6	2	6
农业产业化省级以上龙头企业数（家）	1.63	34	34	8	8
经济社会发展	2.47	35	32	7	9
经济增长	0.06	35	35	9	9
GDP较上一年增长（%）	-2.23	35	35	9	9
本级地方财政科技支出占本级公共财政支出比重（%）	2.34	27	31	4	6
社会生活	6.10	3	3	3	3
居民人均可支配收入（元）	5.72	2	2	2	2
万人社会消费品零售额（亿元）	6.56	3	3	3	3

如表3-5所示，西湖区科技创新能力排在全省一类县（市、区）第32位，排在南昌市第9位，都与上一年排名相同。在一级指标中，经济社会发展排在全省一类县（市、区）第35位，较上一年下降了3位，排在南昌市第7位，较上一年上升了2位；创新环境排在全省一类县（市、区）第13位，较上一年下降了3位，排在南昌市第6位，与上一年排名相同；创新投入排在全省一类县（市、区）第26位，与上一年排名相同，排在南昌市第6位，较上一年下降了1位；创新成效排在全省一类县（市、区）第28位，较上一年上升了4位，排在南昌市第9位，与上一年排名相同。

综上所述，西湖区居民人均可支配收入、技术合同成交额、万人社会消费品零售额、规模以上工业企业建立研发机构的比例、规模以上工业企业R&D经费支出占营业收入比重均排在全省一类县（市、区）前列，但GDP较上一年增长、规模以上工业企业中万人R&D人员全时当量、规模以上工业企业新产品销售收入占营业收入比重、高新技术产业增加值占规模以上工业增加值比排名靠后。建议该区加大科研投入，鼓励企业开展高质量的科研活动，提高新产品产业化水平，促进经济高质量发展。

六、青云谱区

青云谱区，位于南昌市区的南部，其为江西省南昌市市辖区、中心城区。2020 年，该区常住人口为 34.91 万人，地区 GDP 为 339.82 亿元。居民人均可支配收入为 46 979 元，排在全省一类县（市、区）第 3 位，排在南昌市第 3 位。GDP 较上一年增长 4.0%，排在全省一类县（市、区）第 18 位，排在南昌市第 3 位。规模以上企业数为 129 家，排在全省一类县（市、区）第 33 位，排在南昌市第 8 位。科普专题活动次数为 5 次，排在全省一类县（市、区）第 31 位，排在南昌市第 8 位。规模以上工业企业中万人 R&D 人员全时当量为 68.61 人·年，排在全省一类县（市、区）第 3 位，排在南昌市第 1 位。规模以上工业企业 R&D 经费支出为 48 670.23 万元、较上一年下降 61.68%，排在全省一类县（市、区）第 30 位，排在南昌市第 7 位。万人有效发明专利拥有量增量为 9.11 件，排在全省一类县（市、区）第 3 位，排在南昌市第 3 位。每万家企业法人高新技术企业数为 48.08 家，排在全省一类县（市、区）第 28 位，排在南昌市第 9 位。技术合同成交额为 51 253.44 万元、与 GDP 之比为 1.51%，排在全省一类县（市、区）第 6 位，排在南昌市第 5 位。万人社会消费品零售额为 7.05 亿元，排在全省一类县（市、区）第 2 位，排在南昌市第 2 位（表 3-6）。

表 3-6 青云谱区（一类）科技创新能力评价指标得分与排名

指标名称	得分（分）	全省一类县（市、区）排名		本市排名	
	2020 年	2020 年	2019 年	2020 年	2019 年
科技创新能力	71.98	8	3	3	2
创新环境	2.78	31	25	8	8
创新基础	2.67	30	32	7	6
规模以上企业数（家）	2.56	33	32	8	8
规模以上工业企业建立研发机构的比例（%）	2.34	25	26	4	2
当年新增省级及以上研发平台 / 创新载体（个）	3.21	15	17	6	5
科技意识	2.95	21	16	8	8
人均科普经费投入（元）	3.41	6	4	3	2

续表

指标名称	得分（分）	全省一类县（市、区）排名		本市排名	
	2020 年	2020 年	2019 年	2020 年	2019 年
科普专题活动次数（次）	2.38	31	30	8	8
创新投入	3.36	10	2	2	1
人力投入	4.63	5	1	1	1
规模以上工业企业中万人 R&D 人员全时当量（人·年）	5.36	3	1	1	1
规模以上工业企业 R&D 人员占从业人员比重（%）	3.89	6	2	1	1
财力投入	2.32	32	8	7	3
规模以上工业企业 R&D 经费支出	2.32	30	5	7	2
规模以上工业企业R&D经费支出占营业收入比重（%）	2.31	32	35	7	9
创新成效	3.56	7	9	3	4
技术创新	3.69	7	11	4	5
万人有效发明专利拥有量增量（件）	5.82	3	3	3	3
每万家企业法人高新技术企业数（家）	2.45	28	28	9	8
每万家企业法人科技型中小企业数（家）	2.66	25	29	8	7
产业化水平	3.42	9	5	6	5
规模以上工业企业新产品销售收入占营业收入比重（%）	4.67	4	2	1	1
高新技术产业增加值占规模以上工业增加值比重（%）	1.87	29	32	6	6
技术合同成交额	4.27	6	5	5	5
农业产业化省级以上龙头企业数（家）	2.77	19	17	6	6
经济社会发展	4.07	2	7	1	4
经济增长	2.70	23	34	4	8
GDP 较上一年增长（%）	3.17	18	34	3	8
本级地方财政科技支出占本级公共财政支出比重（%）	2.23	29	16	5	3
社会生活	6.12	2	2	2	2
居民人均可支配收入（元）	5.62	3	3	3	3
万人社会消费品零售额（亿元）	6.73	2	2	2	2

如表 3-6 所示，青云谱区科技创新能力排在全省一类县（市、区）第 8 位，

较上一年下降了5位，排在南昌市第3位，较上一年下降了1位。在一级指标中，经济社会发展排在全省一类县（市、区）第2位，较上一年上升了5位，排在南昌市第1位，较上一年上升了3位；创新环境排在全省一类县（市、区）第31位，较上一年下降了6位，排在南昌市第8位，与上一年排名相同；创新投入排在全省一类县（市、区）第10位，较上一年下降了8位，排在南昌市第2位，较上一年下降了1位；创新成效排在全省一类县（市、区）第7位，较上一年上升了2位，排在南昌市第3位，较上一年上升了1位。

综上所述，青云谱区居民人均可支配收入、万人社会消费品零售额、规模以上工业企业新产品销售收入占营业收入比重、技术合同成交额、规模以上工业企业R&D人员占从业人员比重等均排在全省一类县（市、区）前列。但规模以上企业数、科普专题活动次数、规模以上工业企业R&D经费支出、规模以上工业企业R&D经费支出占营业收入比重等排名靠后。建议该区优化创新环境，鼓励企业投入科研活动，提升区域科技竞争力。

七、红谷滩区

红谷滩区，位于江西省南昌市西北部，赣江下游西岸，其为南昌市委、市政府为拓展城市规模，构建“一江两岸”城市发展格局而设立的城市新区。2020年，该区常住人口为55.58万人，地区GDP为665.10亿元。居民人均可支配收入为46 877元，排在全省三类县（市、区）第4位，排在南昌市第4位。GDP较上一年增长5.0%，排在全省一类县（市、区）第1位，排在南昌市第1位。规模以上企业数为137家，排在全省一类县（市、区）第31位，排在南昌市第7位。人均科普经费投入为3元，排在全省一类县（市、区）第1位，排在南昌市第1位。科普专题活动次数为304次，排在全省一类县（市、区）第1位，排在南昌市第1位。万人有效发明专利拥有量增量为12.84件，排在全省一类县（市、区）第2位，排在南昌市第2位。每万家企业法人高新技术企业数为72.76家，排在全省一类县（市、区）第20位，排在南昌市第7位。技术合同成交额为51 311.98万元，与GDP之比为0.77%，排在全省一类县（市、区）第9位，排在南昌市第7位（表3-7）。

表 3-7　红谷滩区（一类）科技创新能力评价指标得分与排名

指标名称	得分（分）	全省一类县（市、区）排名		本市排名	
	2020 年	2020 年	2019 年	2020 年	2019 年
科技创新能力	66.12	16	18	5	5
创新环境	4.87	3	6	3	4
创新基础	2.28	35	35	9	9
规模以上企业数（家）	2.62	31	35	7	9
规模以上工业企业建立研发机构的比例（%）	0.94	35	34	9	8
当年新增省级及以上研发平台 / 创新载体（个）	3.44	12	17	5	5
科技意识	8.77	1	1	1	1
人均科普经费投入（元）	8.62	1	17	1	9
科普专题活动次数（次）	8.95	1	1	1	1
创新投入	1.74	34	34	8	8
人力投入	1.39	34	34	8	8
规模以上工业企业中万人 R&D 人员全时当量（人·年）	1.79	34	34	8	8
规模以上工业企业 R&D 人员占从业人员比重（%）	0.99	34	34	8	8
财力投入	2.03	34	34	8	8
规模以上工业企业 R&D 经费支出	2.02	34	34	8	8
规模以上工业企业R&D经费支出占营业收入比重（%）	2.03	33	33	8	7
创新成效	3.20	13	11	7	6
技术创新	4.05	4	4	3	2
万人有效发明专利拥有量增量（件）	7.14	2	1	2	1
每万家企业法人高新技术企业数（家）	2.78	20	23	7	6
每万家企业法人科技型中小企业数（家）	1.92	35	35	9	9
产业化水平	2.35	32	32	9	9
规模以上工业企业新产品销售收入占营业收入比重（%）	1.64	33	33	7	7
高新技术产业增加值占规模以上工业增加值比重（%）	1.82	31	33	7	7
技术合同成交额	3.84	9	8	7	9
农业产业化省级以上龙头企业数（家）	1.63	34	34	8	8

续表

指标名称	得分（分）	全省一类县（市、区）排名		本市排名	
	2020年	2020年	2019年	2020年	2019年
经济社会发展	4.04	3	2	2	2
经济增长	3.22	16	11	3	2
GDP较上一年增长（%）	4.55	1	2	1	1
本级地方财政科技支出占本级公共财政支出比重（%）	1.89	34	34	7	9
社会生活	5.27	4	4	4	4
居民人均可支配收入（元）	5.61	4	4	4	4
万人社会消费品零售额（亿元）	4.86	6	6	4	4

如表3-7所示，红谷滩区科技创新能力排在全省一类县（市、区）第16位，较上一年上升了2位，排在南昌市第5位，与上一年排名相同。在一级指标中，经济社会发展排在全省一类县（市、区）第3位，较上一年下降了1位，排在南昌市第2位，与上一年排名相同；创新环境排在全省一类县（市、区）第3位，较上一年上升了3位，排在南昌市第3位，较上一年上升了1位；创新投入排在全省一类县（市、区）第34位，排在南昌市第8位，都与上一年排名相同；创新成效排在全省一类县（市、区）第13位，较上一年下降了2位，排在南昌市第7位，较上一年下降了1位。

综上所述，红谷滩区人均科普经费投入、科普专题活动次数、GDP较上一年增长排名居全省一类县（市、区）首位，万人有效发明专利拥有量增量、居民人均可支配收入、万人社会消费品零售额在全省一类县（市、区）排名靠前。但规模以上企业数、规模以上工业企业中万人R&D人员全时当量、规模以上工业企业R&D经费支出占营业收入比重、每万家企业法人科技型中小企业数等排名靠后。建议该区持续加大对科技型中小企业、高新技术企业的培育支持力度，鼓励企业加大研发投入，提高新产品产业化水平，促进经济高质量发展。

八、青山湖区

青山湖区，位于南昌市城东，其为南昌市市辖区。2020年，该区常住人口为130.74万人，地区GDP为537.06亿元。居民人均可支配收入为44 920元，排在全省一类县（市、区）第5位，排在南昌市第5位。GDP较上一年增长3.10%，排在全省一类县（市、区）第31位，排在南昌市第5位。规模以上企业数为903家，排在全省一类县（市、区）第1位，排在南昌市第1位。规模以上工业企业建立研发机构的比例为12.67%，排在全省一类县（市、区）第30位，排在南昌市第6位。科普专题活动次数为63次，排在全省一类县（市、区）第11位，排在南昌市第3位。规模以上工业企业中万人R&D人员全时当量为59.78人·年，排在全省一类县（市、区）第6位，排在南昌市第2位。规模以上工业企业R&D经费支出为327 060.53万元、较上一年增长13.99%，排在全省一类县（市、区）第2位，排在南昌市第1位。万人有效发明专利拥有量增量为21.56件，排在全省一类县（市、区）第1位，排在南昌市第1位。每万家企业法人高新技术企业数为155.10家，排在全省一类县（市、区）第8位，排在南昌市第2位。农业产业化省级以上龙头企业数为18家，排在全省一类县（市、区）第7位，排在南昌市第4位（表3-8）。

表3-8　青山湖区（一类）科技创新能力评价指标得分与排名

指标名称	得分（分）	全省一类县（市、区）排名		本市排名	
	2020年	2020年	2019年	2020年	2019年
科技创新能力	95.38	1	2	1	1
创新环境	5.24	1	1	1	1
创新基础	6.38	1	1	1	1
规模以上企业数（家）	8.46	1	1	1	1
规模以上工业企业建立研发机构的比例（%）	1.77	30	29	6	3
当年新增省级及以上研发平台/创新载体（个）	9.35	1	1	1	1
科技意识	3.52	8	6	4	4
人均科普经费投入（元）	3.41	6	4	3	2
科普专题活动次数（次）	3.65	11	11	3	3

续表

指标名称	得分（分）	全省一类县（市、区）排名		本市排名	
	2020 年	2020 年	2019 年	2020 年	2019 年
创新投入	3.89	6	4	1	2
人力投入	3.70	10	7	2	2
规模以上工业企业中万人 R&D 人员全时当量（人·年）	4.90	6	3	2	2
规模以上工业企业 R&D 人员占从业人员比重（%）	2.51	27	17	6	4
财力投入	4.04	2	3	1	1
规模以上工业企业 R&D 经费支出	5.56	2	2	1	1
规模以上工业企业 R&D 经费支出占营业收入比重（%）	2.80	19	22	4	4
创新成效	5.03	2	2	1	1
技术创新	6.20	2	2	1	1
万人有效发明专利拥有量增量（件）	10.21	1	2	1	2
每万家企业法人高新技术企业数（家）	3.91	8	3	2	1
每万家企业法人科技型中小企业数（家）	4.18	3	8	2	3
产业化水平	3.86	4	3	3	2
规模以上工业企业新产品销售收入占营业收入比重（%）	3.31	11	13	4	3
高新技术产业增加值占规模以上工业增加值比重（%）	2.06	26	16	5	5
技术合同成交额	5.95	2	2	1	2
农业产业化省级以上龙头企业数（家）	4.19	7	6	4	4
经济社会发展	3.14	25	21	6	5
经济增长	2.44	30	26	5	5
GDP 较上一年增长（%）	1.92	31	27	5	7
本级地方财政科技支出占本级公共财政支出比重（%）	2.95	16	13	3	2
社会生活	4.19	9	9	5	5
居民人均可支配收入（元）	5.35	5	6	5	5
万人社会消费品零售额（亿元）	2.78	26	24	8	7

如表 3-8 所示，青山湖区科技创新能力排在全省一类县（市、区）第 1 位，较上一年上升了 1 位，排在南昌市第 1 位，与上一年排名相同。在一级指

标中，经济社会发展排在全省一类县（市、区）第25位，较上一年下降了4位，排在南昌市第6位，较上一年下降了1位；创新环境排在全省一类县（市、区）第1位，排在南昌市第1位，都与上一年排名相同；创新投入排在全省一类县（市、区）第6位，较上一年下降了2位，排在南昌市第1位，较上一年上升了1位；创新成效排在全省一类县（市、区）第2位，排在南昌市第1位，都与上一年排名相同。

综上所述，青山湖区规模以上企业数、当年新增省级及以上研发平台/创新载体、万人有效发明专利拥有量增量排名居全省一类县（市、区）首位，规模以上工业企业中万人R&D人员全时当量、规模以上工业企业R&D经费支出、每万家企业法人科技型中小企业数、技术合同成交额、居民人均可支配收入排在全省一类县（市、区）前列。但在规模以上工业企业建立研发机构的比例、高新技术产业增加值占规模以上工业增加值比重等方面排名靠后。建议该区鼓励企业自主研发，夯实创新基础，提高高新技术产业化水平，促进经济高质量发展。

九、新建区

新建区，原新建县，2015年8月，撤销新建县设立新建区，其位于江西省南昌市中心城区西北。2020年，该区常住人口为81.06万人，地区GDP为447.28亿元。居民人均可支配收入为31 463元，排在全省一类县（市、区）第21位，排在南昌市第7位。GDP较上一年增长2.30%，排在全省一类县（市、区）第34位，排在南昌市第8位。规模以上企业数为342家，排在全省一类县（市、区）第9位，排在南昌市第3位。规模以上工业企业建立研发机构的比例为9.17%，排在全省一类县（市、区）第34位，排在南昌市第8位。科普专题活动次数为49次，排在全省一类县（市、区）第14位，排在南昌市第5位。规模以上工业企业中万人R&D人员全时当量为10.17人·年，排在全省一类县（市、区）第30位，排在南昌市第6位。规模以上工业企业R&D经费支出为29 466.63万元、较上一年增长73.62%，排在全省一类县（市、区）第19位，排在南昌市第4位。万人有效发明专利拥有量减少0.50件，排在全省一类县（市、区）第34位，排在南昌市第8位。每万家企业法人高新技术企业数为86.58家，排在全省一类县（市、区）第14位，排在南昌市第6位。农业产业化省级以上龙头企业数为29家，排在全省一类县（市、区）第3位，排在南昌市第2位（表3-9）。

表3-9 新建区（一类）科技创新能力评价指标得分与排名

指标名称	得分（分）	全省一类县（市、区）排名		本市排名	
	2020年	2020年	2019年	2020年	2019年
科技创新能力	65.45	18	13	6	4
创新环境	3.77	6	8	5	5
创新基础	4.03	4	12	3	3
规模以上企业数（家）	4.18	9	9	3	3
规模以上工业企业建立研发机构的比例（%）	1.54	34	31	8	6
当年新增省级及以上研发平台/创新载体（个）	6.75	2	4	2	4
科技意识	3.38	9	10	5	5
人均科普经费投入（元）	3.41	6	4	3	2
科普专题活动次数（次）	3.34	14	16	5	4
创新投入	2.51	29	32	7	7
人力投入	2.28	33	30	7	7
规模以上工业企业中万人R&D人员全时当量（人·年）	2.31	30	29	6	6
规模以上工业企业R&D人员占从业人员比重（%）	2.24	31	31	7	7
财力投入	2.70	25	32	6	7
规模以上工业企业R&D经费支出	2.99	19	33	4	7
规模以上工业企业R&D经费支出占营业收入比重（%）	2.46	29	23	6	5
创新成效	3.14	14	6	8	3
技术创新	2.85	22	7	7	3
万人有效发明专利拥有量增量（件）	2.44	34	7	8	4
每万家企业法人高新技术企业数（家）	2.97	14	5	6	2
每万家企业法人科技型中小企业数（家）	3.19	13	16	4	4

续表

指标名称	得分（分）	全省一类县（市、区）排名		本市排名	
	2020年	2020年	2019年	2020年	2019年
产业化水平	3.43	8	7	5	6
规模以上工业企业新产品销售收入占营业收入比重（%）	2.18	26	29	6	6
高新技术产业增加值占规模以上工业增加值比重（%）	2.86	18	8	4	2
技术合同成交额	3.87	8	7	6	8
农业产业化省级以上龙头企业数（家）	5.76	3	3	2	2
经济社会发展	3.45	10	1	5	1
经济增长	3.59	8	1	2	1
GDP较上一年增长（%）	0.82	34	12	8	2
本级地方财政科技支出占本级公共财政支出比重（%）	6.36	1	1	1	1
社会生活	3.24	20	20	7	7
居民人均可支配收入（元）	3.55	21	21	7	7
万人社会消费品零售额（亿元）	2.87	23	22	6	6

如表3-9所示，新建区科技创新能力排在全省一类县（市、区）第18位，较上一年下降了5位，排在南昌市第6位，较上一年下降了2位。在一级指标中，经济社会发展排在全省一类县（市、区）第10位，较上一年下降了9位，排在南昌市第5位，较上一年下降了4位；创新环境排在全省一类县（市、区）第6位，较上一年上升了2位，排在南昌市第5位，与上一年排名相同；创新投入排在全省一类县（市、区）第29位，较上一年上升了3位，排在南昌市第7位，与上一年排名相同；创新成效排在全省一类县（市、区）第14位，较上一年下降了8位，排在南昌市第8位，较上一年下降了5位。

综上所述，新建区当年新增省级及以上研发平台/创新载体、农业产业化省级以上龙头企业数、本级地方财政科技支出占本级公共财政支出比重在全省一类县（市、区）排名相对靠前。但规模以上工业企业建立研发机构的比例、规模以上工业企业中万人R&D人员全时当量、规模以上工业企业R&D人员占从业人员比重、万人有效发明专利拥有量增量排名靠后。建议该区积极引进和培养人才，加大科研人力投入，鼓励企业自主研发，提高产品性能，进一步提高科技竞争力。

第二节　九　江　市

一、修水县

修水县，位于江西省西北部，九江市西部，其为九江市下辖县。2020 年，该县常住人口为 71.06 万人，地区 GDP 为 257.01 亿元。居民人均可支配收入为 20 354 元，排在全省三类县（市、区）第 19 位，排在九江市第 12 位。GDP 较上一年增长 4.10%，排在全省三类县（市、区）第 5 位，排在九江市第 7 位。规模以上工业企业建立研发机构的比例为 29.22%，排在全省三类县（市、区）第 21 位，排在九江市第 9 位。人均科普经费投入为 0.35 元，排在全省三类县（市、区）第 30 位，排在九江市第 12 位。规模以上工业企业 R&D 经费支出为 20 417.10 万元、较上一年增长 16.08%，排在全省三类县（市、区）第 22 位，排在九江市第 10 位。每万家企业法人高新技术企业数为 33.03 家，排在全省三类县（市、区）第 29 位，排在九江市第 10 位。规模以上工业企业新产品销售收入占营业收入比重为 10.25%，排在全省三类县（市、区）第 25 位，排在九江市第 4 位。农业产业化省级以上龙头企业数为 15 家，排在全省三类县（市、区）第 1 位，排在九江市第 2 位。本级地方财政科技支出占本级公共财政支出比重为 2.04%，排在全省三类县（市、区）第 18 位，排在九江市第 8 位（表 3-10）。

表 3-10　修水县（三类）科技创新能力评价指标得分与排名

指标名称	得分（分）	全省三类县（市、区）排名		本市排名	
	2020 年	2020 年	2019 年	2020 年	2019 年
科技创新能力	56.34	27	30	11	11
创新环境	2.54	29	23	12	11

续表

指标名称	得分（分）	全省三类县（市、区）排名		本市排名	
	2020 年	2020 年	2019 年	2020 年	2019 年
创新基础	2.77	16	10	11	9
规模以上企业数（家）	2.91	3	3	6	7
规模以上工业企业建立研发机构的比例（%）	2.85	21	18	9	9
当年新增省级及以上研发平台 / 创新载体（个）	2.50	13	5	9	5
科技意识	2.19	30	30	12	11
人均科普经费投入（元）	1.72	30	29	12	10
科普专题活动次数（次）	2.77	10	11	3	5
创新投入	2.62	25	30	10	11
人力投入	2.58	24	23	11	11
规模以上工业企业中万人 R&D 人员全时当量（人·年）	2.48	20	17	12	11
规模以上工业企业 R&D 人员占从业人员比重（%）	2.68	23	26	9	9
财力投入	2.65	25	27	8	10
规模以上工业企业 R&D 经费支出	2.60	22	25	10	10
规模以上工业企业R&D经费支出占营业收入比重（%）	2.68	27	27	7	8
创新成效	2.72	22	30	7	11
技术创新	2.39	31	31	12	11
万人有效发明专利拥有量增量（件）	2.65	29	26	11	11
每万家企业法人高新技术企业数（家）	2.24	29	29	10	11
每万家企业法人科技型中小企业数（家）	2.26	30	32	12	12
产业化水平	3.04	11	29	1	9
规模以上工业企业新产品销售收入占营业收入比重（%）	2.44	25	25	4	8
高新技术产业增加值占规模以上工业增加值比重（%）	3.87	8	26	1	9
技术合同成交额	2.35	28	32	13	12
农业产业化省级以上龙头企业数（家）	3.77	1	2	2	2
经济社会发展	2.75	17	14	12	11
经济增长	3.00	13	11	7	5
GDP 较上一年增长（%）	3.31	5	6	7	3

续表

指标名称	得分（分）	全省三类县（市、区）排名		本市排名	
	2020 年	2020 年	2019 年	2020 年	2019 年
本级地方财政科技支出占本级公共财政支出比重（%）	2.69	18	14	8	6
社会生活	2.37	20	21	12	12
居民人均可支配收入（元）	2.06	19	22	12	12
万人社会消费品零售额（亿元）	2.74	12	14	11	10

如表 3-10 所示，修水县科技创新能力排在全省三类县（市、区）第 27 位，较上一年上升了 3 位，排在九江市第 11 位，与上一年排名相同。在一级指标中，经济社会发展排在全省三类县（市、区）第 17 位，较上一年下降了 3 位，排在九江市第 12 位，较上一年下降了 1 位；创新投入排在全省三类县（市、区）第 25 位，较上一年上升了 5 位，排在九江市第 10 位，较上一年上升了 1 位；创新成效排在全省三类县（市、区）第 22 位，较上一年上升了 8 位，排在九江市第 7 位，较上一年上升了 4 位；创新环境排在全省三类县（市、区）第 29 位，较上一年下降了 6 位，排在九江市第 12 位，较上一年下降了 1 位。

综上所述，修水县农业产业化省级以上龙头企业数排在全省三类县（市、区）首位，规模以上企业数、高新技术产业增加值占规模以上工业增加值比重、GDP 较上一年增长排名靠前。但人均科普经费投入、每万家企业法人高新技术企业数、每万家企业法人科技型中小企业数、技术合同成交额排名靠后。建议该县加强科普宣传，积极鼓励企业加大研发投入，加速培育高新技术企业和科技型中小企业，强化科技成果转移转化能力，促进当地经济发展。

二、武宁县

武宁县，位于江西省西北部，其为九江市下辖县。2020 年，该县常住人口为 32.22 万人，地区 GDP 为 175.09 亿元。居民人均可支配收入为 26 975 元，排在全省三类县（市、区）第 7 位，排在九江市第 9 位。GDP 较上一年增长

3.20%，排在全省三类县（市、区）第 30 位，排在九江市第 12 位。规模以上工业企业建立研发机构的比例为 42.98%，排在全省三类县（市、区）第 9 位，排在九江市第 1 位。人均科普经费投入为 1 元，排在全省三类县（市、区）第 1 位，排在九江市第 4 位。规模以上工业企业中万人 R&D 人员全时当量为 22.22 人・年，排在全省三类县（市、区）第 12 位，排在九江市第 9 位。规模以上工业企业 R&D 经费支出为 18 892.30 万元、较上一年下降 2.78%，排在全省三类县（市、区）第 21 位，排在九江市第 9 位。每万家企业法人高新技术企业数为 56.01 家，排在全省三类县（市、区）24 位，排在九江市第 8 位。规模以上工业企业新产品销售收入占营业收入比重为 5.46%，排在全省三类县（市、区）第 30 位，排在九江市第 11 位。农业产业化省级以上龙头企业数为 7 家，排在全省三类县（市、区）第 14 位，排在九江市第 5 位。本级地方财政科技支出占本级公共财政支出比重为 2.79%，排在全省三类县（市、区）第 8 位，排在九江市第 3 位（表 3-11）。

表 3-11　武宁县（三类）科技创新能力评价指标得分与排名

指标名称	得分（分）	全省三类县（市、区）排名		本市排名	
	2020 年	2020 年	2019 年	2020 年	2019 年
科技创新能力	58.33	23	23	10	10
创新环境	3.02	7	7	8	6
创新基础	3.02	6	18	6	11
规模以上企业数（家）	2.53	10	6	12	11
规模以上工业企业建立研发机构的比例（%）	3.75	9	17	1	8
当年新增省级及以上研发平台 / 创新载体（个）	2.74	6	11	5	7
科技意识	3.04	13	6	5	3
人均科普经费投入（元）	3.41	1	2	4	2
科普专题活动次数（次）	2.57	17	21	4	10
创新投入	2.74	22	21	9	10
人力投入	2.81	17	20	9	1[illegible]
规模以上工业企业中万人 R&D 人员全时当量（人・年）	2.94	12	11	9	10

续表

指标名称	得分（分）	全省三类县（市、区）排名		本市排名	
	2020 年	2020 年	2019 年	2020 年	2019 年
规模以上工业企业 R&D 人员占从业人员比重（%）	2.69	21	27	8	10
财力投入	2.67	23	26	7	7
规模以上工业企业 R&D 经费支出	2.61	21	20	9	7
规模以上工业企业 R&D 经费支出占营业收入比重（%）	2.73	23	25	5	7
创新成效	2.57	29	25	10	7
技术创新	2.65	25	26	8	10
万人有效发明专利拥有量增量（件）	2.65	28	29	10	13
每万家企业法人高新技术企业数（家）	2.56	24	23	8	7
每万家企业法人科技型中小企业数（家）	2.76	22	25	6	6
产业化水平	2.49	29	24	9	5
规模以上工业企业新产品销售收入占营业收入比重（%）	2.07	30	28	11	11
高新技术产业增加值占规模以上工业增加值比重（%）	2.61	23	12	8	2
技术合同成交额	2.64	12	13	8	4
农业产业化省级以上龙头企业数（家）	2.62	14	14	5	8
经济社会发展	2.81	14	4	11	8
经济增长	2.62	23	14	11	6
GDP 较上一年增长（%）	2.06	30	19	12	11
本级地方财政科技支出占本级公共财政支出比重（%）	3.19	8	6	3	3
社会生活	3.09	4	4	8	8
居民人均可支配收入（元）	2.95	7	8	9	10
万人社会消费品零售额（亿元）	3.25	5	5	5	5

如表 3-11 所示，武宁县科技创新能力排在全省三类县（市、区）第 23 位，排在九江市第 10 位，都与上一年排名相同。在一级指标中，经济社会发展排在全省三类县（市、区）第 14 位，较上一年下降了 10 位，排在九江市第 11 位，较上一年下降了 3 位；创新投入排在全省三类县（市、区）第 22 位，较上一年下降了 1 位，排在九江市第 9 位，较上一年上升了 1 位；创新成效排在

全省三类县（市、区）第 29 位，较上一年下降了 4 位，排在九江市第 10 位，较上一年下降了 3 位；创新环境排在全省三类县（市、区）第 7 位，与上一年排名相同，排在九江市第 8 位，较上一年下降了 2 位。

综上所述，武宁县人均科普经费投入排在全省三类县（市、区）首位，万人社会消费品零售额、居民人均可支配收入、当年新增省级及以上研发平台 / 创新载体排名相对靠前，但规模以上工业企业新产品销售收入占营业收入比重、高新技术产业增加值占规模以上工业增加值比重、GDP 较上一年增长排名靠后。建议该县加速培育高新技术企业和科技型中小企业，提高新产品产业化水平，助推经济高质量发展。

三、瑞昌市

瑞昌市，位于江西省北部偏西，九江市西部，其为九江市下辖县级市。2020 年，该市常住人口为 40.37 万人，地区 GDP 为 267.15 亿元。居民人均可支配收入为 27 696 元，排在全省一类县（市、区）第 27 位，排在九江市第 7 位。GDP 较上一年增长 4.40%，排在全省一类县（市、区）第 9 位，排在九江市第 5 位。规模以上工业企业建立研发机构的比例为 32.03%，排在全省一类县（市、区）第 14 位，排在九江市第 7 位。人均科普经费投入为 1 元，排在全省一类县（市、区）第 6 位，排在九江市第 4 位。规模以上工业企业中万人 R&D 人员全时当量为 30.55 人 · 年，排在全省一类县（市、区）第 15 位，排在九江市第 6 位。规模以上工业企业 R&D 经费支出为 447 70.10 万元、较上一年增长 14.04%，排在全省一类县（市、区）第 16 位，排在九江市第 6 位。每万家企业法人高新技术企业数为 59.82 家，排在全省一类县（市、区）第 25 位，排在九江市第 7 位。规模以上工业企业新产品销售收入占营业收入比重为 11.04%，排在全省一类县（市、区）第 20 位，排在九江市第 3 位。农业产业化省级以上龙头企业数为 7 家，排在全省一类县（市、区）第 22 位，排在九江市第 5 位。本级地方财政科技支出占本级公共财政支出比重为 5.14%，排在全省一类县（市、区）第 2 位，排在九江市第 1 位（表 3-12）。

表 3-12 瑞昌市（一类）科技创新能力评价指标得分与排名

指标名称	得分（分）	全省一类县（市、区）排名		本市排名	
	2020 年	2020 年	2019 年	2020 年	2019 年
科技创新能力	63.48	22	27	4	8
创新环境	3.11	21	19	6	4
创新基础	3.16	21	20	3	5
规模以上企业数（家）	3.66	15	15	1	1
规模以上工业企业建立研发机构的比例（%）	3.03	14	13	7	11
当年新增省级及以上研发平台 / 创新载体（个）	2.74	28	17	5	3
科技意识	3.03	17	18	6	4
人均科普经费投入（元）	3.41	6	15	4	4
科普专题活动次数（次）	2.55	25	19	7	2
创新投入	2.96	22	20	6	7
人力投入	3.07	20	17	8	6
规模以上工业企业中万人 R&D 人员全时当量（人·年）	3.38	15	14	6	6
规模以上工业企业 R&D 人员占从业人员比重（%）	2.76	25	23	7	7
财力投入	2.88	18	23	5	5
规模以上工业企业 R&D 经费支出	3.08	16	22	6	5
规模以上工业企业 R&D 经费支出占营业收入比重（%）	2.71	23	24	6	3
创新成效	2.72	30	31	8	8
技术创新	2.62	31	30	10	8
万人有效发明专利拥有量增量（件）	2.63	32	28	12	9
每万家企业法人高新技术企业数（家）	2.61	25	25	7	8
每万家企业法人科技型中小企业数（家）	2.62	27	24	8	7
产业化水平	2.81	23	28	3	7
规模以上工业企业新产品销售收入占营业收入比重（%）	2.50	20	21	3	4
高新技术产业增加值占规模以上工业增加值比重（%）	3.31	11	22	3	7
技术合同成交额	2.66	24	27	7	8
农业产业化省级以上龙头企业数（家）	2.62	22	23	5	9

续表

指标名称	得分（分）	全省一类县（市、区）排名		本市排名	
	2020 年	2020 年	2019 年	2020 年	2019 年
经济社会发展	3.75	6	12	2	4
经济增长	4.23	2	5	2	2
GDP 较上一年增长（%）	3.72	9	13	5	7
本级地方财政科技支出占本级公共财政支出比重（%）	4.74	2	3	1	2
社会生活	3.02	25	26	9	9
居民人均可支配收入（元）	3.04	27	27	7	7
万人社会消费品零售额（亿元）	2.99	20	20	9	9

如表 3-12 所示，瑞昌市科技创新能力排在全省一类县（市、区）第 22 位，较上一年上升了 5 位，排在九江市第 4 位，较上一年上升了 4 位。在一级指标中，经济社会发展排在全省一类县（市、区）第 6 位，较上一年上升了 6 位，排在九江市第 2 位，较上一年上升了 2 位；创新投入排在全省一类县（市、区）第 22 位，较上一年下降了 2 位，排在九江市第 6 位，较上一年上升了 1 位；创新成效排在全省一类县（市、区）第 30 位，较上一年上升了 1 位，排在九江市第 8 位，与上一年排名相同；创新环境排在全省一类县（市、区）第 21 位，排在九江市第 6 位，都比上一年下降了 2 位。

综上所述，瑞昌市本级地方财政科技支出占本级公共财政支出比重、人均科普经费投入、GDP 较上一年增长排名靠前，但当年新增省级及以上研发平台 / 创新载体、科普专题活动次数、规模以上工业企业 R&D 人员占从业人员比重、万人有效发明专利拥有量增量、每万家企业法人科技型中小企业数、居民人均可支配收入等排名靠后。建议该市加大科普宣传力度，提高民众及企业科技意识，优化创新环境，加大科技创新投入，积极引进和培育人才，同时加速培育高技术和科技型中小企业，推动产业转型升级，提高科技对经济发展的支撑能力。

四、都昌县

都昌县，位于江西省北部，其为九江市下辖县。2020 年，该县常住人口为 57.77 万人，地区 GDP 为 215.79 亿元。居民人均可支配收入为 16 751 元，排在全省二类县（市、区）第 33 位，排在九江市第 13 位。GDP 较上一年增长 3.10%，排在全省二类县（市、区）第 31 位，排在九江市第 13 位。规模以上工业企业建立研发机构的比例为 25.45%，排在全省二类县（市、区）第 22 位，排在九江市第 12 位。人均科普经费投入为 0.35 元，排在全省二类县（市、区）第 27 位，排在九江市第 12 位。规模以上工业企业中万人 R&D 人员全时当量为 3.39 人・年，排在全省二类县（市、区）第 33 位，排在九江市第 13 位。规模以上工业企业 R&D 经费支出为 5129.20 万元、较上一年增长 17.95%，排在全省二类县（市、区）第 33 位，排在九江市第 12 位。每万家企业法人高新技术企业数为 11.94 家，排在全省二类县（市、区）第 33 位，排在九江市第 13 位。规模以上工业企业新产品销售收入占营业收入比重为 2.87%，排在全省二类县（市、区）第 33 位，排在九江市第 13 位。农业产业化省级以上龙头企业数为 10 家，排在全省二类县（市、区）第 9 位，排在九江市第 4 位。本级地方财政科技支出占本级公共财政支出比重为 1.05%，排在全省二类县（市、区）第 32 位，排在九江市第 12 位（表 3-13）。

表 3-13　都昌县（二类）科技创新能力评价指标得分与排名

指标名称	得分（分）	全省二类县（市、区）排名		本市排名	
	2020 年	2020 年	2019 年	2020 年	2019 年
科技创新能力	46.92	33	32	13	13
创新环境	2.34	31	30	13	13
创新基础	2.55	26	24	13	13
规模以上企业数（家）	2.54	26	24	11	12
规模以上工业企业建立研发机构的比例（%）	2.60	22	20	12	12
当年新增省级及以上研发平台 / 创新载体（个）	2.50	15	17	9	7
科技意识	2.03	30	31	13	12
人均科普经费投入（元）	1.72	27	30	12	12

续表

指标名称	得分（分）	全省二类县（市、区）排名		本市排名	
	2020 年	2020 年	2019 年	2020 年	2019 年
科普专题活动次数（次）	2.40	28	28	10	11
创新投入	2.09	33	31	13	13
人力投入	1.86	33	30	13	13
规模以上工业企业中万人 R&D 人员全时当量（人·年）	1.96	33	28	13	13
规模以上工业企业 R&D 人员占从业人员比重（%）	1.75	33	30	13	13
财力投入	2.28	33	32	12	13
规模以上工业企业 R&D 经费支出	2.30	33	31	12	13
规模以上工业企业R&D经费支出占营业收入比重（%）	2.27	33	32	12	12
创新成效	2.30	33	32	13	13
技术创新	2.25	33	33	13	13
万人有效发明专利拥有量增量（件）	2.62	31	26	13	12
每万家企业法人高新技术企业数（家）	1.95	33	33	13	13
每万家企业法人科技型中小企业数（家）	2.17	31	32	13	13
产业化水平	2.35	33	30	11	11
规模以上工业企业新产品销售收入占营业收入比重（%）	1.87	33	32	13	12
高新技术产业增加值占规模以上工业增加值比重（%）	2.37	29	29	11	10
技术合同成交额	2.38	27	26	12	10
农业产业化省级以上龙头企业数（家）	3.05	9	7	4	2
经济社会发展	2.00	33	27	13	13
经济增长	1.98	32	19	13	11
GDP 较上一年增长（%）	1.92	31	19	13	12
本级地方财政科技支出占本级公共财政支出比重（%）	2.04	32	17	12	[illegible]
社会生活	2.04	32	32	13	[illegible]
居民人均可支配收入（元）	1.58	33	33	13	[illegible]
万人社会消费品零售额（亿元）	2.60	17	17	12	12

如表 3-13 所示，都昌县科技创新能力排在全省二类县（市、区）第 33

位，较上一年下降了 1 位，排在九江市第 13 位，与上一年排名相同。在一级指标中，经济社会发展排在全省二类县（市、区）第 33 位，较上一年下降了 6 位，排在九江市第 13 位，与上一年排名相同；创新投入排在全省二类县（市、区）第 33 位，较上一年下降了 2 位，排在九江市第 13 位，与上一年排名相同；创新成效排在全省二类县（市、区）第 33 位，较上一年下降了 1 位，排在九江市第 13 位，与上一年排名相同；创新环境排在全省二类县（市、区）第 31 位，较上一年下降了 1 位，排在九江市第 13 位，与上一年排名相同。

综上所述，都昌县科技创新能力在全省二类县（市、区）排名靠后，多项指标较上一年有所下降。建议该县优化创新环境，加大创新投入，加速培育高技术和科技型中小企业，推动产业转型升级，助推经济高质量发展。

五、湖口县

湖口县，位于江西省北部，九江市东部，其为九江市下辖县。2020 年，该县常住人口为 22.75 万人，地区 GDP 为 245.36 亿元。居民人均可支配收入为 27 729 元，排在全省一类县（市、区）第 26 位，排在九江市第 6 位。GDP 较上一年增长 4.30%，排在全省一类县（市、区）第 12 位，排在九江市第 6 位。规模以上工业企业建立研发机构的比例为 26.09%，排在全省一类县（市、区）第 18 位，排在九江市第 11 位。人均科普经费投入为 0.68 元，排在全省一类县（市、区）第 23 位，排在九江市第 11 位。规模以上工业企业中万人 R&D 人员全时当量为 69.11 人·年，排在全省一类县（市、区）第 2 位，排在九江市第 1 位。规模以上工业企业 R&D 经费支出为 61 943.40 万元、较上一年增长 83.19%，排在全省一类县（市、区）第 5 位，排在九江市第 2 位。每万家企业法人高新技术企业数为 76.87 家，排在全省一类县（市、区）第 18 位，排在九江市第 6 位。规模以上工业企业新产品销售收入占营业收入比重为 17.91%，排在全省一类县（市、区）第 14 位，排在九江市第 1 位。农业产业化省级以上龙头企业数为 4 家，排在全省一类县（市、区）第 27 位，排在九江市第 10 位。本级地方财政科技支出占本级公共财政支出比重为

1.47%，排在全省一类县（市、区）第28位，排在九江市第11位（表3-14）。

表3-14　湖口县（一类）科技创新能力评价指标得分与排名

指标名称	得分（分）	全省一类县（市、区）排名		本市排名	
	2020年	2020年	2019年	2020年	2019年
科技创新能力	69.68	10	16	2	2
创新环境	2.77	32	35	10	12
创新基础	2.74	28	31	12	12
规模以上企业数（家）	2.85	26	29	8	10
规模以上工业企业建立研发机构的比例（%）	2.64	18	20	11	13
当年新增省级及以上研发平台/创新载体（个）	2.74	28	26	5	5
科技意识	2.82	25	28	10	10
人均科普经费投入（元）	2.58	23	26	11	11
科普专题活动次数（次）	3.10	17	16	2	1
创新投入	4.10	4	9	1	2
人力投入	4.69	4	3	1	1
规模以上工业企业中万人R&D人员全时当量（人·年）	5.38	2	4	1	1
规模以上工业企业R&D人员占从业人员比重（%）	4.00	5	7	1	2
财力投入	3.62	4	26	1	6
规模以上工业企业R&D经费支出	4.12	5	24	2	6
规模以上工业企业R&D经费支出占营业收入比重（%）	3.22	6	26	1	6
创新成效	2.81	26	21	5	2
技术创新	2.91	17	16	6	2
万人有效发明专利拥有量增量（件）	2.93	16	9	5	1
每万家企业法人高新技术企业数（家）	2.84	18	14	6	3
每万家企业法人科技型中小企业数（家）	2.98	17	17	4	3
产业化水平	2.70	26	24	6	4
规模以上工业企业新产品销售收入占营业收入比重（%）	3.04	14	16	1	1
高新技术产业增加值占规模以上工业增加值比重（%）	2.65	20	17	7	4
技术合同成交额	2.72	21	25	4	6

续表

指标名称	得分（分）	全省一类县（市、区）排名		本市排名	
	2020 年	2020 年	2019 年	2020 年	2019 年
农业产业化省级以上龙头企业数（家）	2.20	27	28	10	11
经济社会发展	3.02	30	26	8	12
经济增长	2.95	20	18	8	12
GDP 较上一年增长（%）	3.58	12	16	6	9
本级地方财政科技支出占本级公共财政支出比重（%）	2.32	28	28	11	12
社会生活	3.13	22	24	7	7
居民人均可支配收入（元）	3.05	26	26	6	6
万人社会消费品零售额（亿元）	3.22	17	17	7	8

如表 3-14 所示，湖口县科技创新能力排在全省一类县（市、区）第 10 位，较上一年上升了 6 位，排在九江市第 2 位，与上一年排名相同。在一级指标中，经济社会发展排在全省一类县（市、区）第 30 位，较上一年下降了 4 位，排在九江市第 8 位，较上一年上升了 4 位；创新投入排在全省一类县（市、区）第 4 位，较上一年上升了 5 位，排在九江市第 1 位，较上一年上升了 1 位；创新成效排在全省一类县（市、区）第 26 位，较上一年下降了 5 位，排在九江市第 5 位，较上一年下降了 3 位；创新环境排在全省一类县（市、区）第 32 位，较上一年上升了 3 位，排在九江市第 10 位，较上一年上升了 2 位。

综上所述，湖口县规模以上工业企业中万人 R&D 人员全时当量、规模以上工业企业 R&D 人员占从业人员比重、规模以上工业企业 R&D 经费支出、规模以上工业企业 R&D 经费支出占营业收入比重排名靠前，但规模以上企业数、当年新增省级及以上研发平台 / 创新载体、本级地方财政科技支出占本级公共财政支出比重、农业产业化省级以上龙头企业数排名靠后。建议该县加大科普宣传力度，提高民众及企业科技意识，优化创新环境，加速培育高技术和科技型中小企业，推动产业转型升级，促进经济高质量发展。

六、彭泽县

彭泽县，位于江西省北部，其为九江市下辖县。2020 年，该县常住人口为 28.48 万人，地区 GDP 为 174.31 亿元。居民人均可支配收入为 26 543 元，排在全省一类县（市、区）第 31 位，排在九江市第 11 位。GDP 较上一年增长 4.10%，排在全省一类县（市、区）第 15 位，排在九江市第 7 位。规模以上工业企业建立研发机构的比例为 40.0%，排在全省一类县（市、区）第 8 位，排在九江市第 2 位。人均科普经费投入为 1.02 元，排在全省一类县（市、区）第 5 位，排在九江市第 3 位。规模以上工业企业中万人 R&D 人员全时当量为 43.37 人 · 年，排在全省一类县（市、区）第 8 位，排在九江市第 3 位。规模以上工业企业 R&D 经费支出为 27 943 万元、较上一年增长 27.51%，排在全省一类县（市、区）第 15 位，排在九江市第 5 位。每万家企业法人高新技术企业数为 44.71 家，排在全省一类县（市、区）第 30 位，排在九江市第 9 位。规模以上工业企业新产品销售收入占营业收入比重为 6.24%，排在全省一类县（市、区）第 29 位，排在九江市第 9 位。农业产业化省级以上龙头企业数为 13 家，排在全省一类县（市、区）第 12 位，排在九江市第 3 位。本级地方财政科技支出占本级公共财政支出比重为 2.05%，排在全省一类县（市、区）第 24 位，排在九江市第 7 位（表 3-15）。

表 3-15　彭泽县（一类）科技创新能力评价指标得分与排名

指标名称	得分（分）	全省一类县（市、区）排名		本市排名	
	2020 年	2020 年	2019 年	2020 年	2019 年
科技创新能力	64.87	20	22	3	3
创新环境	3.12	18	27	3	[illegible]
创新基础	3.15	22	19	4	[illegible]
规模以上企业数（家）	2.91	22	22	7	[illegible]
规模以上工业企业建立研发机构的比例（%）	3.55	8	9	2	5
当年新增省级及以上研发平台 / 创新载体（个）	2.97	18	17	2	3
科技意识	3.06	16	26	4	9
人均科普经费投入（元）	3.47	5	20	3	9

续表

指标名称	得分（分）	全省一类县（市、区）排名		本市排名	
	2020 年	2020 年	2019 年	2020 年	2019 年
科普专题活动次数（次）	2.57	24	34	4	12
创新投入	3.30	12	14	3	3
人力投入	3.83	9	10	3	3
规模以上工业企业中万人 R&D 人员全时当量（人·年）	4.04	8	9	3	4
规模以上工业企业 R&D 人员占从业人员比重（%）	3.62	9	9	3	3
财力投入	2.87	20	22	6	4
规模以上工业企业 R&D 经费支出	3.15	15	21	5	3
规模以上工业企业 R&D 经费支出占营业收入比重（%）	2.65	24	25	8	5
创新成效	2.79	27	28	6	5
技术创新	2.64	29	29	9	7
万人有效发明专利拥有量增量（件）	2.97	15	21	4	5
每万家企业法人高新技术企业数（家）	2.40	30	29	9	10
每万家企业法人科技型中小企业数（家）	2.54	29	26	9	8
产业化水平	2.94	22	23	2	2
规模以上工业企业新产品销售收入占营业收入比重（%）	2.13	29	20	9	3
高新技术产业增加值占规模以上工业增加值比重（%）	3.45	9	20	2	6
技术合同成交额	2.83	20	21	3	5
农业产业化省级以上龙头企业数（家）	3.48	12	14	3	4
经济社会发展	2.93	32	20	9	6
经济增长	3.00	19	9	6	4
GDP 较上一年增长（%）	3.31	15	6	7	2
本级地方财政科技支出占本级公共财政支出比重（%）	2.70	24	17	7	5
社会生活	2.82	29	29	10	10
居民人均可支配收入（元）	2.89	31	31	11	11
万人社会消费品零售额（亿元）	2.74	27	27	10	11

如表 3-15 所示，彭泽县科技创新能力排在全省一类县（市、区）第 20

位，较上一年上升了2位，排在九江市第3位，与上一年排名相同。在一级指标中，经济社会发展排在全省一类县（市、区）第32位，较上一年下降了12位，排在九江市第9位，较上一年下降了3位；创新投入排在全省一类县（市、区）第12位，较上一年上升了2位，排在九江市第3位，与上一年排名相同；创新成效排在全省一类县（市、区）第27位，较上一年上升了1位，排在九江市第6位，较上一年下降了1位；创新环境排在全省一类县（市、区）第18位，较上一年上升了9位，排在九江市第3位，较上一年上升了4位。

综上所述，彭泽县规模以上工业企业建立研发机构的比例、人均科普经费投入、规模以上工业企业中万人R&D人员全时当量排名靠前，但规模以上工业企业R&D经费支出占营业收入比重、每万家企业法人高新技术企业数、每万家企业法人科技型中小企业数、规模以上工业企业新产品销售收入占营业收入比重、居民人均可支配收入等排名靠后。建议该县加速培育高技术和科技型中小企业，推动产业转型升级，鼓励企业自主研发，提高新产品产业化水平，助推经济高质量发展。

七、永修县

永修县，位于江西省北部，九江市南部，其为九江市下辖县。2020年，该县常住人口为31.64万人，地区GDP为250.62亿元。居民人均可支配收入为28 771元，排在全省二类县（市、区）第5位，排在九江市第5位。GDP较上一年增长4.50%，排在全省二类县（市、区）第5位，排在九江市第3位。规模以上工业企业建立研发机构的比例为28.97%，排在全省二类县（市、区）第17位，排在九江市第10位。科普专题活动次数为11次，排在全省二类县（市、区）第20位，排在九江市第8位。规模以上工业企业中万人R&D人员全时当量为34.96人·年，排在全省二类县（市、区）第4位，排在九江市第5位。规模以上工业企业R&D经费支出为31 064.50万元，较上一年下降6.08%，排在全省二类县（市、区）第25位，排在九江市第8位。每万家企业法人高新技术企业数为105.92家，排在全省二类县（市、区）第

4 位，排在九江市第 3 位。规模以上工业企业新产品销售收入占营业收入比重为 6.76%，排在全省二类县（市、区）第 29 位，排在九江市第 7 位。农业产业化省级以上龙头企业数为 17 家，排在全省二类县（市、区）第 3 位，排在九江市第 1 位。本级地方财政科技支出占本级公共财政支出比重为 1.72%，排在全省二类县（市、区）第 26 位，排在九江市第 10 位（表 3-16）。

表 3-16　永修县（二类）科技创新能力评价指标得分与排名

指标名称	得分（分）	全省二类县（市、区）排名		本市排名	
	2020 年	2020 年	2019 年	2020 年	2019 年
科技创新能力	62.26	11	10	8	6
创新环境	2.95	12	19	9	9
创新基础	2.92	13	12	9	7
规模以上企业数（家）	3.36	3	3	4	2
规模以上工业企业建立研发机构的比例（%）	2.83	17	14	10	10
当年新增省级及以上研发平台 / 创新载体（个）	2.50	15	17	9	7
科技意识	3.01	15	20	7	7
人均科普经费投入（元）	3.41	5	18	4	7
科普专题活动次数（次）	2.51	20	12	8	6
创新投入	2.88	17	13	8	8
人力投入	3.26	7	11	4	8
规模以上工业企业中万人 R&D 人员全时当量（人·年）	3.60	4	10	5	8
规模以上工业企业 R&D 人员占从业人员比重（%）	2.91	13	15	6	6
财力投入	2.58	29	20	10	3
规模以上工业企业 R&D 经费支出	2.67	25	16	8	4
规模以上工业企业 R&D 经费支出占营业收入比重（%）	2.51	27	26	9	4
创新成效	2.88	12	10	1	3
技术创新	3.03	7	5	3	3
万人有效发明专利拥有量增量（件）	3.01	5	1	2	2
每万家企业法人高新技术企业数（家）	3.24	4	8	3	4
每万家企业法人科技型中小企业数（家）	2.81	14	16	5	5

续表

指标名称	得分（分）	全省二类县（市、区）排名		本市排名	
	2020 年	2020 年	2019 年	2020 年	2019 年
产业化水平	2.73	24	17	5	3
规模以上工业企业新产品销售收入占营业收入比重（%）	2.17	29	29	7	10
高新技术产业增加值占规模以上工业增加值比重（%）	2.71	22	12	6	5
技术合同成交额	2.55	19	22	9	7
农业产业化省级以上龙头企业数（家）	4.05	3	5	1	1
经济社会发展	3.19	9	8	7	9
经济增长	3.17	12	17	5	10
GDP 较上一年增长（%）	3.86	5	12	3	6
本级地方财政科技支出占本级公共财政支出比重（%）	2.48	26	29	10	11
社会生活	3.22	3	3	5	5
居民人均可支配收入（元）	3.19	5	5	5	5
万人社会消费品零售额（亿元）	3.25	4	4	6	6

如表3-16所示，永修县科技创新能力排在全省二类县（市、区）第11位，较上一年下降了1位，排在九江市第8位，较上一年下降了2位。在一级指标中，经济社会发展排在全省二类县（市、区）第9位，较上一年下降了1位，排在九江市第7位，较上一年上升了2位；创新投入排在全省二类县（市、区）第17位，较上一年下降了4位，排在九江市第8位，与上一年排名相同；创新成效排在全省二类县（市、区）第12位，较上一年下降了2位，排在九江市第1位，较上一年上升了2位；创新环境排在全省二类县（市、区）第12位，较上一年上升了7位，排在九江市第9位，与上一年排名相同。

综上所述，永修县规模以上企业数、规模以上工业企业中万人R&D人员全时当量、万人有效发明专利拥有量增量、每万家企业法人高新技术企业数、农业产业化省级以上龙头企业数、万人社会消费品零售额排名靠前，但规模以上工业企业R&D经费支出、规模以上工业企业R&D经费支出占营业收入比重、规模以上工业企业新产品销售收入占营业收入比重、本级地方财政科技支出占本级公共财政支出比重等排名靠后。建议该县加大科研经费投入，鼓励有能力的企业开展科研活动，提高新产品产业化水平，带动产业升级。

八、德安县

德安县，位于江西省北部，九江市南部，其为九江市下辖县。2020 年，该县常住人口为 16.71 万人，地区 GDP 为 149.64 亿元。居民人均可支配收入为 29 780 元，排在全省二类县（市、区）第 2 位，排在九江市第 4 位。GDP 较上一年增长 4.50%，排在全省二类县（市、区）第 5 位，排在九江市第 3 位。规模以上工业企业建立研发机构的比例为 38.41%，排在全省二类县（市、区）第 10 位，排在九江市第 5 位。人均科普经费投入为 1.13 元，排在全省二类县（市、区）第 1 位，排在九江市第 2 位。规模以上工业企业中万人 R&D 人员全时当量为 40.76 人·年，排在全省二类县（市、区）第 2 位，排在九江市第 4 位。规模以上工业企业 R&D 经费支出为 18 587.10 万元、较上一年增长 27.37%，排在全省二类县（市、区）第 18 位，排在九江市第 7 位。每万家企业法人高新技术企业数为 95.81 家，排在全省二类县（市、区）第 7 位，排在九江市第 4 位。规模以上工业企业新产品销售收入占营业收入比重为 6.15%，排在全省二类县（市、区）第 31 位，排在九江市第 10 位。农业产业化省级以上龙头企业数为 7 家，排在全省二类县（市、区）第 23 位，排在九江市第 5 位。本级地方财政科技支出占本级公共财政支出比重为 2.14%，排在全省二类县（市、区）第 16 位，排在九江市第 5 位（表 3-17）。

表 3-17 德安县（二类）科技创新能力评价指标得分与排名

指标名称	得分（分）	全省二类县（市、区）排名		本市排名	
	2020 年	2020 年	2019 年	2020 年	2019 年
科技创新能力	62.81	10	12	5	7
创新环境	3.06	6	20	7	10
创新基础	2.95	10	13	8	8
规模以上企业数（家）	2.85	16	17	8	9

续表

指标名称	得分（分）	全省二类县（市、区）排名		本市排名	
	2020 年	2020 年	2019 年	2020 年	2019 年
规模以上工业企业建立研发机构的比例（%）	3.45	10	7	5	4
当年新增省级及以上研发平台 / 创新载体（个）	2.50	15	17	9	7
科技意识	3.22	4	22	3	8
人均科普经费投入（元）	3.75	1	18	2	7
科普专题活动次数（次）	2.57	15	15	4	7
创新投入	2.89	16	7	7	4
人力投入	3.19	8	4	6	4
规模以上工业企业中万人 R&D 人员全时当量（人·年）	3.91	2	1	4	3
规模以上工业企业 R&D 人员占从业人员比重（%）	2.48	20	16	10	8
财力投入	2.64	27	27	9	8
规模以上工业企业 R&D 经费支出	2.94	18	23	7	8
规模以上工业企业R&D经费支出占营业收入比重（%）	2.40	32	31	10	11
创新成效	2.86	15	17	3	4
技术创新	3.05	4	10	2	5
万人有效发明专利拥有量增量（件）	3.05	3	17	1	10
每万家企业法人高新技术企业数（家）	3.10	7	5	4	2
每万家企业法人科技型中小企业数（家）	2.99	7	13	3	4
产业化水平	2.66	27	24	7	8
规模以上工业企业新产品销售收入占营业收入比重（%）	2.12	31	26	10	9
高新技术产业增加值占规模以上工业增加值比重（%）	2.78	20	21	5	8
技术合同成交额	3.02	9	13	1	2
农业产业化省级以上龙头企业数（家）	2.62	23	20	5	5
经济社会发展	3.29	5	7	3	7
经济增长	3.31	9	13	4	8
GDP 较上一年增长（%）	3.86	5	14	3	8
本级地方财政科技支出占本级公共财政支出比重（%）	2.76	16	10	5	4

续表

指标名称	得分（分）	全省二类县（市、区）排名		本市排名	
	2020 年	2020 年	2019 年	2020 年	2019 年
社会生活	3.25	2	2	4	4
居民人均可支配收入（元）	3.32	2	2	4	4
万人社会消费品零售额（亿元）	3.16	6	5	8	7

如表 3-17 所示，德安县科技创新能力排在全省二类县（市、区）第 10 位，排在九江市第 5 位，都比上一年上升了 2 位。在一级指标中，经济社会发展排在全省二类县（市、区）第 5 位，较上一年上升了 2 位，排在九江市第 3 位，较上一年上升了 4 位；创新投入排在全省二类县（市、区）第 16 位，较上一年下降了 9 位，排在九江市第 7 位，较上一年下降了 3 位；创新成效排在全省二类县（市、区）第 15 位，较上一年上升了 2 位，排在九江市第 3 位，较上一年上升了 1 位；创新环境排在全省二类县（市、区）第 6 位，较上一年上升了 14 位，排在九江市第 7 位，较上一年上升了 3 位。

综上所述，德安县人均科普经费投入排在全省二类县（市、区）首位，规模以上工业企业中万人 R&D 人员全时当量、万人有效发明专利拥有量增量、每万家企业法人高新技术企业数、居民人均可支配收入等排名靠前，但规模以上工业企业 R&D 人员占从业人员比重、规模以上工业企业 R&D 经费支出占营业收入比重、规模以上工业企业新产品销售收入占营业收入比重等排名靠后。建议该县加大科技创新投入，积极引进和培育人才，鼓励有条件的企业进行自主研发，提高新产品和高技术产业化水平，不断提高科技竞争力。

九、共青城市

共青城市，位于江西省北部、九江市南部，其为九江市下辖县级市。2020 年，该市常住人口为 19.47 万人，地区 GDP 为 171.47 亿元。居民人均可支配收入为 33 239 元，排在全省一类县（市、区）第 16 位，排在九江市第 3

位。GDP 较上一年增长 4.80%，排在全省一类县（市、区）第 3 位，排在九江市第 1 位。规模以上工业企业建立研发机构的比例为 23.73%，排在全省一类县（市、区）第 23 位，排在九江市第 13 位。人均科普经费投入为 1.68 元，排在全省一类县（市、区）第 2 位，排在九江市第 1 位。规模以上工业企业中万人 R&D 人员全时当量为 29.48 人·年，排在全省一类县（市、区）第 18 位，排在九江市第 8 位。规模以上工业企业 R&D 经费支出为 16 622.10 万元、较上一年下降 33.11%，排在全省一类县（市、区）第 32 位，排在九江市第 13 位。每万家企业法人高新技术企业数为 160.81 家，排在全省一类县（市、区）第 6 位，排在九江市第 1 位。规模以上工业企业新产品销售收入占营业收入比重为 4.94%，排在全省一类县（市、区）第 30 位，排在九江市第 12 位。农业产业化省级以上龙头企业数为 7 家，排在全省一类县（市、区）第 22 位，排在九江市第 5 位。本级地方财政科技支出占本级公共财政支出比重为 4.89%，排在全省一类县（市、区）第 3 位，排在九江市第 2 位（表 3-18）。

表 3-18　共青城市（一类）科技创新能力评价指标得分与排名

指标名称	得分（分）	全省一类县（市、区）排名		本市排名	
	2020 年	2020 年	2019 年	2020 年	2019 年
科技创新能力	62.39	27	23	7	4
创新环境	3.34	11	13	1	3
创新基础	2.96	25	21	7	6
规模以上企业数（家）	3.43	16	19	2	5
规模以上工业企业建立研发机构的比例（%）	2.49	23	8	13	5
当年新增省级及以上研发平台 / 创新载体（个）	2.97	18	30	2	7
科技意识	3.92	6	12	1	1
人均科普经费投入（元）	5.18	2	3	1	1
科普专题活动次数（次）	2.38	31	24	11	8
创新投入	2.45	32	18	11	6
人力投入	2.62	26	21	10	9
规模以上工业企业中万人 R&D 人员全时当量（人·年）	3.32	18	13	8	5

续表

指标名称	得分（分）	全省一类县（市、区）排名		本市排名	
	2020 年	2020 年	2019 年	2020 年	2019 年
规模以上工业企业 R&D 人员占从业人员比重（%）	1.91	33	30	12	11
财力投入	2.31	33	13	11	2
规模以上工业企业 R&D 经费支出	2.30	32	9	13	2
规模以上工业企业 R&D 经费支出占营业收入比重（%）	2.32	31	19	11	2
创新成效	2.84	25	33	4	9
技术创新	3.16	13	28	1	6
万人有效发明专利拥有量增量（件）	2.78	22	22	7	6
每万家企业法人高新技术企业数（家）	3.99	6	20	1	5
每万家企业法人科技型中小企业数（家）	2.65	26	32	7	10
产业化水平	2.52	30	31	8	10
规模以上工业企业新产品销售收入占营业收入比重（%）	2.03	30	24	12	5
高新技术产业增加值占规模以上工业增加值比重（%）	2.54	22	30	9	12
技术合同成交额	2.86	18	15	2	1
农业产业化省级以上龙头企业数（家）	2.62	22	20	5	5
经济社会发展	4.13	1	4	1	1
经济增长	4.42	1	2	1	1
GDP 较上一年增长（%）	4.27	3	9	1	4
本级地方财政科技支出占本级公共财政支出比重（%）	4.57	3	2	2	1
社会生活	3.68	16	16	3	3
居民人均可支配收入（元）	3.78	16	16	3	3
万人社会消费品零售额（亿元）	3.56	13	10	2	2

如表 3-18 所示，共青城市科技创新能力排在全省一类县（市、区）第 27 位，较上一年下降了 4 位，排在九江市第 7 位，较上一年下降了 3 位。在一级指标中，经济社会发展排在全省一类县（市、区）第 1 位，较上一年上升了 3 位，排在九江市第 1 位，与上一年排名相同；创新投入排在全省一类县（市、区）第 32 位，较上一年下降了 14 位，排在九江市第 11 位，较上一

年下降了 5 位；创新成效排在全省一类县（市、区）第 25 位，较上一年上升了 8 位，排在九江市第 4 位，较上一年上升了 5 位；创新环境排在全省一类县（市、区）第 11 位，排在九江市第 1 位，都比上一年上升了 2 位。

综上所述，共青城市人均科普经费投入、每万家企业法人高新技术企业数、GDP 较上一年增长、本级地方财政科技支出占本级公共财政支出比重排在全省一类县（市、区）前列，但科普专题活动次数、规模以上工业企业 R&D 人员占从业人员比重、规模以上工业企业 R&D 经费支出、规模以上工业企业新产品销售收入占营业收入比重等排名靠后。建议该市加大科技投入，积极引进和培育人才，鼓励企业自主研发，提高新产品产业化水平，加快培育科技型中小企业，促进经济高质量发展。

十、庐山市

庐山市，原名星子县，2016 年 5 月撤星子县改为庐山市，其位于江西省北部，九江市南部，为九江市下辖县级市。2020 年，该市常住人口为 23.15 万人，地区 GDP 为 145.03 亿元。居民人均可支配收入为 26 744 元，排在全省三类县（市、区）第 8 位，排在九江市第 10 位。GDP 较上一年增长 3.60%，排在全省三类县（市、区）第 21 位，排在九江市第 10 位。规模以上工业企业建立研发机构的比例为 36.67%，排在全省三类县（市、区）第 14 位，排在九江市第 6 位。人均科普经费投入为 0.80 元，排在全省三类县（市、区）第 26 位，排在九江市第 10 位。规模以上工业企业中万人 R&D 人员全时当量为 14.25 人·年，排在全省三类县（市、区）第 17 位，排在九江市第 11 位。规模以上工业企业 R&D 经费支出为 5577.20 万元、较上一年增长 18.83%，排在全省三类县（市、区）第 28 位，排在九江市第 11 位。每万家企业法人高新技术企业数为 141.67 家，排在全省三类县（市、区）第 5 位，排在九江市第 2 位。规模以上工业企业新产品销售收入占营业收入比重为 7.46%，排在全省三类县（市、区）第 27 位，排在九江市第 6 位。农业产业化省级以上龙头企业数为 4 家，排在全省三类县（市、区）第 26 位，排在九江市第 10 位。本级地方财政科技支出占本级公共财政支出比重为 1.97%，排在全省三类县（市、区）第 23 位，排在九江市第 9 位（表 3-19）。

表 3-19　庐山市（三类）科技创新能力评价指标得分与排名

指标名称	得分（分）	全省三类县（市、区）排名		本市排名	
	2020 年	2020 年	2019 年	2020 年	2019 年
科技创新能力	54.60	32	31	12	12
创新环境	2.74	19	14	11	8
创新基础	2.77	14	13	10	10
规模以上企业数（家）	2.45	13	12	13	13
规模以上工业企业建立研发机构的比例（%）	3.33	14	11	6	3
当年新增省级及以上研发平台 / 创新载体（个）	2.50	13	11	9	7
科技意识	2.68	26	23	11	6
人均科普经费投入（元）	2.89	26	21	10	6
科普专题活动次数（次）	2.42	27	9	9	4
创新投入	2.34	32	32	12	12
人力投入	2.40	26	32	12	12
规模以上工业企业中万人 R&D 人员全时当量（人·年）	2.53	17	26	11	12
规模以上工业企业 R&D 人员占从业人员比重（%）	2.28	30	31	11	12
财力投入	2.28	32	30	13	12
规模以上工业企业 R&D 经费支出	2.39	28	27	11	11
规模以上工业企业 R&D 经费支出占营业收入比重（%）	2.19	32	32	13	13
创新成效	2.62	28	31	9	12
技术创新	3.00	12	23	4	9
万人有效发明专利拥有量增量（件）	2.69	23	20	8	8
每万家企业法人高新技术企业数（家）	3.73	5	18	2	6
每万家企业法人科技型中小企业数（家）	2.51	26	28	10	9
产业化水平	2.24	32	31	12	13
规模以上工业企业新产品销售收入占营业收入比重（%）	2.23	27	32	6	13
高新技术产业增加值占规模以上工业增加值比重（%）	2.08	30	30	12	11
技术合同成交额	2.44	18	31	10	11
农业产业化省级以上龙头企业数（家）	2.20	26	29	10	13

续表

指标名称	得分（分）	全省三类县（市、区）排名		本市排名	
	2020 年	2020 年	2019 年	2020 年	2019 年
经济社会发展	2.84	11	8	10	10
经济增长	2.63	22	19	10	9
GDP 较上一年增长（%）	2.61	21	18	10	10
本级地方财政科技支出占本级公共财政支出比重（%）	2.64	23	16	9	8
社会生活	3.15	3	3	6	6
居民人均可支配收入（元）	2.92	8	7	10	9
万人社会消费品零售额（亿元）	3.44	2	2	3	3

如表 3-19 所示，庐山市科技创新能力排在全省三类县（市、区）第 32 位，较上一年下降了 1 位，排在九江市第 12 位，与上一年排名相同。在一级指标中，经济社会发展排在全省三类县（市、区）第 11 位，较上一年下降了 3 位，排在九江市第 10 位，与上一年排名相同；创新投入排在全省三类县（市、区）第 32 位，排在九江市第 12 位，都与上一年排名相同；创新成效排在全省三类县（市、区）第 28 位，排在九江市第 9 位，都比上一年上升了 3 位；创新环境排在全省三类县（市、区）第 19 位，较上一年下降了 5 位，排在九江市第 11 位，较上一年下降了 3 位。

综上所述，庐山市科技创新能力居全省三类县（市、区）下游，在每万家企业法人高新技术企业数、万人社会消费品零售额、居民人均可支配收入等方面具有一定优势，但规模以上工业企业 R&D 人员占从业人员比重、高新技术产业增加值占规模以上工业增加值比重等排名靠后。建议该市强化科技创新意识，优化创新环境，加大科技创新投入，引导企业自主创新，提升新产品产业化水平，不断推进经济高质量发展。

十一、柴桑区

柴桑区，原名九江县，位于江西省北部九江市西部，其为九江市下辖县。2020年，该区常住人口为31.28万人，地区GDP为177.53亿元。居民人均可支配收入为27 280元，排在全省一类县（市、区）第28位，排在九江市第8位。GDP较上一年增长4.70%，排在全省一类县（市、区）第4位，排在九江市第2位。规模以上工业企业建立研发机构的比例为39.62%，排在全省一类县（市、区）第10位，排在九江市第3位。人均科普经费投入为1元，排在全省一类县（市、区）第6位，排在九江市第4位。规模以上工业企业中万人R&D人员全时当量为66.88人·年，排在全省一类县（市、区）第4位，排在九江市第2位。规模以上工业企业R&D经费支出为66 314.20万元、较上一年增长33.75%，排在全省一类县（市、区）第4位，排在九江市第1位。每万家企业法人高新技术企业数为91.22家，排在全省一类县（市、区）第12位，排在九江市第5位。规模以上工业企业新产品销售收入占营业收入比重为12.67%，排在全省一类县（市、区）第19位，排在九江市第2位。农业产业化省级以上龙头企业数为6家，排在全省一类县（市、区）第24位，排在九江市第9位。本级地方财政科技支出占本级公共财政支出比重为2.23%，排在全省一类县（市、区）第18位，排在九江市第4位（表3-20）。

表3-20 柴桑区（一类）科技创新能力评价指标得分与排名

指标名称	得分（分）	全省一类县（市、区）排名		本市排名	
	2020年	2020年	2019年	2020年	2019年
科技创新能力	70.97	9	7	1	1
创新环境	3.12	19	11	4	2
创新基础	3.24	19	18	2	3
规模以上企业数（家）	3.40	17	16	3	3
规模以上工业企业建立研发机构的比例（%）	3.53	10	7	3	2
当年新增省级及以上研发平台/创新载体（个）	2.74	28	30	5	7
科技意识	2.93	22	13	8	2
人均科普经费投入（元）	3.41	6	4	4	2
科普专题活动次数（次）	2.33	33	22	12	3

续表

指标名称	得分（分）	全省一类县（市、区）排名		本市排名	
	2020 年	2020 年	2019 年	2020 年	2019 年
创新投入	3.97	5	6	2	1
人力投入	4.48	6	5	2	2
规模以上工业企业中万人 R&D 人员全时当量（人·年）	5.27	4	6	2	2
规模以上工业企业 R&D 人员占从业人员比重（%）	3.70	8	6	2	1
财力投入	3.54	5	9	2	1
规模以上工业企业 R&D 经费支出	4.40	4	6	1	1
规模以上工业企业 R&D 经费支出占营业收入比重（%）	2.85	17	14	3	1
创新成效	2.87	23	8	2	1
技术创新	2.98	15	6	5	1
万人有效发明专利拥有量增量（件）	2.68	30	15	9	4
每万家企业法人高新技术企业数（家）	3.04	12	2	5	1
每万家企业法人科技型中小企业数（家）	3.27	12	12	2	2
产业化水平	2.76	24	22	4	1
规模以上工业企业新产品销售收入占营业收入比重（%）	2.63	19	19	2	2
高新技术产业增加值占规模以上工业增加值比重（%）	3.09	16	7	4	1
技术合同成交额	2.68	22	16	5	3
农业产业化省级以上龙头企业数（家）	2.48	24	20	9	5
经济社会发展	3.19	21	19	6	5
经济增长	3.48	12	8	3	3
GDP 较上一年增长（%）	4.14	4	4	2	1
本级地方财政科技支出占本级公共财政支出比重（%）	2.82	18	27	4	10
社会生活	2.77	30	30	11	11
居民人均可支配收入（元）	2.99	28	29	8	8
万人社会消费品零售额（亿元）	2.50	32	32	13	13

如表 3-20 所示，柴桑区科技创新能力排在全省一类县（市、区）第 9 位，较上一年下降了 2 位，排在九江市第 1 位，与上一年排名相同。在一级指标

中，经济社会发展排在全省一类县（市、区）第21位，较上一年下降了2位，排在九江市第6位，较上一年下降了1位；创新投入排在全省一类县（市、区）第5位，较上一年上升了1位，排在九江市第2位，较上一年下降了1位；创新成效排在全省一类县（市、区）第23位，较上一年下降了15位，排在九江市第2位，较上一年下降了1位；创新环境排在全省一类县（市、区）第19位，较上一年下降了8位，排在九江市第4位，较上一年下降了2位。

综上所述，柴桑区规模以上工业企业R&D经费支出、规模以上工业企业中万人R&D人员全时当量、GDP较上一年增长排在全省一类县（市、区）前列，但科普专题活动次数、当年新增省级及以上研发平台/创新载体、万人有效发明专利拥有量增量、万人社会消费品零售额等排名相对偏后。建议该区加大对企业和民众的科普宣传力度，优化创新环境，加强专利意识，提高新产品产业化水平，助推区域经济高质量发展。

十二、浔阳区

浔阳区，位于江西省北部，其为九江市市辖区。2020年，该区常住人口为43.31万人，地区GDP为350.07亿元。居民人均可支配收入为43 845元，排在全省一类县（市、区）第7位，排在九江市第1位。GDP较上一年增长3.30%，排在全省一类县（市、区）第29位，排在九江市第11位。规模以上工业企业建立研发机构的比例为38.75%，排在全省一类县（市、区）第12位，排在九江市第4位。科普专题活动次数为47次，排在全省一类县（市、区）第15位，排在九江市第1位。规模以上工业企业中万人R&D人员全时当量为19.02人·年，排在全省一类县（市、区）第23位，排在九江市第10位。规模以上工业企业R&D经费支出为47 633.80万元、较上一年增长101.25%，排在全省一类县（市、区）第8位，排在九江市第3位。每万家企业法人高新技术企业数为32.20家，排在全省一类县（市、区）第32位，排在九江市第11位。规模以上工业企业新产品销售收入占营业收入比重为9.45%，排在全省一类县（市、区）第22位，排在九江市第5位。农业产业化省级以上龙头企业数为2家，排在全省一类县（市、区）第30位，排在九江市第 13 位。本级地方财政科技支出占本级公共财政支出比重为 0.86%，排在全省一类县（市、区）第 33 位，排在九江市第 13 位（表 3-21）。

表 3-21　浔阳区（一类）科技创新能力评价指标得分与排名

指标名称	得分（分）	全省一类县（市、区）排名		本市排名	
	2020 年	2020 年	2019 年	2020 年	2019 年
科技创新能力	62.69	26	29	6	9
创新环境	3.20	15	22	2	5
创新基础	3.09	23	8	5	1
规模以上企业数（家）	2.81	27	26	10	8
规模以上工业企业建立研发机构的比例（%）	3.47	12	3	4	1
当年新增省级及以上研发平台 / 创新载体（个）	2.97	18	7	2	2
科技意识	3.36	10	35	2	13
人均科普经费投入（元）	3.41	6	31	4	12
科普专题活动次数（次）	3.30	15	35	1	13
创新投入	3.17	17	25	4	9
人力投入	3.11	18	18	7	7
规模以上工业企业中万人 R&D 人员全时当量（人・年）	2.78	23	22	10	9
规模以上工业企业 R&D 人员占从业人员比重（%）	3.45	14	11	4	5
财力投入	3.22	11	31	3	11
规模以上工业企业 R&D 经费支出	3.61	8	31	3	12
规模以上工业企业 R&D 经费支出占营业收入比重（%）	2.90	13	31	2	10
创新成效	2.50	33	29	11	6
技术创新	2.77	26	19	7	4
万人有效发明专利拥有量增量（件）	2.80	20	10	6	[illegible]
每万家企业法人高新技术企业数（家）	2.23	32	26	11	[illegible]
每万家企业法人科技型中小企业数（家）	3.37	9	10	1	[illegible]
产业化水平	2.23	33	35	13	12
规模以上工业企业新产品销售收入占营业收入比重（%）	2.38	22	28	5	7
高新技术产业增加值占规模以上工业增加值比重（%）	2.07	25	31	13	13
技术合同成交额	2.43	29	34	11	13
农业产业化省级以上龙头企业数（家）	1.91	30	28	13	11

续表

指标名称	得分（分）	全省一类县（市、区）排名		本市排名	
	2020 年	2020 年	2019 年	2020 年	2019 年
经济社会发展	3.22	18	9	4	2
经济增长	2.05	33	24	12	13
GDP 较上一年增长（%）	2.20	29	19	11	13
本级地方财政科技支出占本级公共财政支出比重（%）	1.91	33	32	13	13
社会生活	4.96	8	8	1	1
居民人均可支配收入（元）	5.20	7	7	1	1
万人社会消费品零售额（亿元）	4.67	8	8	1	1

如表 3-21 所示，浔阳区科技创新能力排在全省一类县（市、区）第 26 位，排在九江市第 6 位，都较上一年上升了 3 位。在一级指标中，经济社会发展排在全省一类县（市、区）第 18 位，较上一年下降了 9 位，排在九江市第 4 位，较上一年下降了 2 位；创新投入排在全省一类县（市、区）第 17 位，较上一年上升了 8 位，排在九江市第 4 位，较上一年上升了 5 位；创新成效排在全省一类县（市、区）第 33 位，较上一年下降了 4 位，排在九江市第 11 位，较上一年下降了 5 位；创新环境排在全省一类县（市、区）第 15 位，较上一年上升了 7 位，排在九江市第 2 位，较上一年上升了 3 位。

综上所述，浔阳区人均科普经费投入、规模以上工业企业 R&D 经费支出、每万家企业法人科技型中小企业数、居民人均可支配收入、万人社会消费品零售额排在全省一类县（市、区）前列，但规模以上企业数、每万家企业法人高新技术企业数、技术合同成交额、农业产业化省级以上龙头企业数、本级地方财政科技支出占本级公共财政支出比重等排名靠后。建议该区加大对企业和民众的科普宣传力度，鼓励有能力的企业建立研发平台，进行自主创新，提高新产品产业化水平。

十三、濂溪区

濂溪区，原庐山区，为避免与庐山市重名，2016 年 4 月 8 日更名为濂溪区。位于江西省北部，其为九江市市辖区。2020年，该区常住人口为41.83万人，地区GDP为295.60亿元。居民人均可支配收入为37 689元，排在全省一类县（市、区）第13位，排在九江市第2位。GDP较上一年增长3.70%，排在全省一类县（市、区）第23位，排在九江市第9位。规模以上工业企业建立研发机构的比例为30.06%，排在全省一类县（市、区）第15位，排在九江市第8位。人均科普经费投入为1元，排在全省一类县（市、区）第6位，排在九江市第4位。规模以上工业企业中万人R&D人员全时当量为30.29人·年，排在全省一类县（市、区）第16位，排在九江市第7位。规模以上工业企业R&D经费支出为39 634.30万元、较上一年增长68.07%，排在全省一类县（市、区）第12位，排在九江市第4位。每万家企业法人高新技术企业数为17.44家，排在全省一类县（市、区）第35位，排在九江市第12位。规模以上工业企业新产品销售收入占营业收入比重为6.67%，排在全省一类县（市、区）第28位，排在九江市第8位。农业产业化省级以上龙头企业数为4家，排在全省一类县（市、区）第27位，排在九江市第10位。本级地方财政科技支出占本级公共财政支出比重为2.13%，排在全省一类县（市、区）第23位，排在九江市第6位（表3-22）。

表3-22　濂溪区（一类）科技创新能力评价指标得分与排名

指标名称	得分（分）	全省一类县（市、区）排名		本市排名	
	2020年	2020年	2019年	2020年	2019年
科技创新能力	61.40	29	26	9	5
创新环境	3.12	20	9	5	1
创新基础	3.26	18	10	1	2
规模以上企业数（家）	3.27	18	17	5	4
规模以上工业企业建立研发机构的比例（%）	2.90	15	10	8	7
当年新增省级及以上研发平台/创新载体（个）	3.68	10	5	1	1
科技意识	2.90	23	19	9	5
人均科普经费投入（元）	3.41	6	15	4	4
科普专题活动次数（次）	2.27	35	24	13	8

续表

指标名称	得分（分）	全省一类县（市、区）排名		本市排名	
	2020 年	2020 年	2019 年	2020 年	2019 年
创新投入	3.11	18	17	5	5
人力投入	3.21	16	13	5	5
规模以上工业企业中万人 R&D 人员全时当量（人·年）	3.36	16	15	7	7
规模以上工业企业 R&D 人员占从业人员比重（%）	3.06	20	10	5	4
财力投入	3.03	17	30	4	9
规模以上工业企业 R&D 经费支出	3.33	12	30	4	9
规模以上工业企业 R&D 经费支出占营业收入比重（%）	2.78	20	28	4	9
创新成效	2.44	34	34	12	10
技术创新	2.45	35	35	11	12
万人有效发明专利拥有量增量（件）	3.00	14	25	3	7
每万家企业法人高新技术企业数（家）	2.03	35	34	12	12
每万家企业法人科技型中小企业数（家）	2.29	34	33	11	11
产业化水平	2.43	31	27	10	6
规模以上工业企业新产品销售收入占营业收入比重（%）	2.16	28	25	8	6
高新技术产业增加值占规模以上工业增加值比重（%）	2.53	23	14	10	3
技术合同成交额	2.66	23	29	6	9
农业产业化省级以上龙头企业数（家）	2.20	27	27	10	10
经济社会发展	3.21	20	11	5	3
经济增长	2.75	22	13	9	7
GDP 较上一年增长（%）	2.75	23	11	9	5
本级地方财政科技支出占本级公共财政支出比重（%）	2.75	23	23	6	9
社会生活	3.90	15	15	2	2
居民人均可支配收入（元）	4.38	13	14	2	2
万人社会消费品零售额（亿元）	3.31	15	15	4	4

如表 3-22 所示，濂溪区科技创新能力排在全省一类县（市、区）第 29 位，较上一年下降了 3 位，排在九江市第 9 位，较上一年下降了 4 位。在一

级指标中，经济社会发展排在全省一类县（市、区）第 20 位，较上一年下降了 9 位，排在九江市第 5 位，较上一年下降了 2 位；创新投入排在全省一类县（市、区）第 18 位，较上一年下降了 1 位，排在九江市第 5 位，与上一年排名相同；创新成效排在全省一类县（市、区）第 34 位，与上一年排名相同，排在九江市第 12 位，较上一年下降了 2 位；创新环境排在全省一类县（市、区）第 20 位，较上一年下降了 11 位，排在九江市第 5 位，较上一年下降了 4 位。

综上所述，濂溪区科普专题活动次数、每万家企业法人高新技术企业数、每万家企业法人科技型中小企业数、规模以上工业企业新产品销售收入占营业收入比重、农业产业化省级以上龙头企业数排名靠后。建议该区加大科普宣传力度，提高民众科技意识，鼓励有能力的规模以上工业企业建立研发机构，进行自主创新，优化区域创新环境，同时加速培育高新技术企业和科技型中小企业，提高新产品产业化水平，助推经济高质量发展。

第三节　景 德 镇 市

一、乐平市

乐平市，位于江西省东北部，其为景德镇市下辖县级市。2020 年，该市常住人口为 75.38 万人，地区 GDP 为 353.26 亿元。居民人均可支配收入为 29 643 元，排在全省一类县（市、区）第 23 位，排在景德镇市第 3 位。GDP 较上一年增长 3.60%，排在全省一类县（市、区）第 24 位，排在景德镇市第 3 位。规模以上工业企业建立研发机构的比例为 11.68%，排在全省一类县（市、区）第 32 位，排在景德镇市第 4 位。科普专题活动次数为 78 次，排在全省一类县（市、区）第 7 位，排在景德镇市第 1 位。规模以上工业企业中万人 R&D 人员全时当量为 10.61 人 · 年，排在全省一类县（市、区）第 29 位，排在景德镇市第 4 位。规模以上工业企业 R&D 经费支出为 22 411.93 万元、较上一年下降 31.56%，排在全省一类县（市、区）第 33 位，排在景德镇市第 4 位。每万家企业法人科技型中小企业数为 33.16 家，排在全省一类县（市、区）第 33 位，排在景德镇市第 4 位。规模以上工业企业新产品销售收入占营业收入比重为 8.50%，排在全省一类县（市、区）第 24 位，排在景德镇市第 3 位。本级地方财政科技支出占本级公共财政支出比重为 2.01%，排在全省一类县（市、区）第 25 位，排在景德镇市第 1 位（表 3-23）。

表 3-23 乐平市（一类）科技创新能力评价指标得分与排名

指标名称	得分（分）	全省一类县（市、区）排名		本市排名	
	2020 年	2020 年	2019 年	2020 年	2019 年
科技创新能力	58.54	34	31	4	4
创新环境	3.05	24	23	1	1
创新基础	2.35	34	33	4	2
规模以上企业数（家）	2.87	24	24	1	1
规模以上工业企业建立研发机构的比例（%）	1.70	32	28	4	3
当年新增省级及以上研发平台 / 创新载体（个）	2.50	33	30	3	3
科技意识	4.10	3	5	1	1
人均科普经费投入（元）	4.19	4	2	1	1
科普专题活动次数（次）	3.98	7	19	1	2
创新投入	2.47	31	28	4	3
人力投入	2.61	27	26	4	4
规模以上工业企业中万人 R&D 人员全时当量（人·年）	2.34	29	28	4	4
规模以上工业企业 R&D 人员占从业人员比重（%）	2.89	21	20	3	2
财力投入	2.35	31	25	4	3
规模以上工业企业 R&D 经费支出	2.12	33	27	4	3
规模以上工业企业 R&D 经费支出占营业收入比重（%）	2.54	28	13	3	2
创新成效	2.84	24	25	4	4
技术创新	2.53	33	31	4	4
万人有效发明专利拥有量增量（件）	2.70	27	29	3	4
每万家企业法人高新技术企业数（家）	2.51	26	22	3	3
每万家企业法人科技型中小企业数（家）	2.36	33	28	4	4

续表

指标名称	得分（分）	全省一类县（市、区）排名		本市排名	
	2020年	2020年	2019年	2020年	2019年
产业化水平	3.15	17	21	2	4
规模以上工业企业新产品销售收入占营业收入比重（%）	2.31	24	23	3	3
高新技术产业增加值占规模以上工业增加值比重（%）	3.30	12	9	1	2
技术合同成交额	3.12	16	35	3	4
农业产业化省级以上龙头企业数（家）	4.34	6	5	1	1
经济社会发展	2.83	33	28	3	3
经济增长	2.64	25	20	1	1
GDP较上一年增长（%）	2.61	24	17	3	2
本级地方财政科技支出占本级公共财政支出比重（%）	2.67	25	25	1	1
社会生活	3.11	24	23	3	3
居民人均可支配收入（元）	3.30	23	23	3	3
万人社会消费品零售额（亿元）	2.87	22	23	3	3

如表3-23所示，乐平市科技创新能力排在全省一类县（市、区）第34位，较上一年下降了3位，排在景德镇市第4位，与上一年排名相同。在一级指标中，经济社会发展排在全省一类县（市、区）第33位，较上一年下降了5位，排在景德镇市第3位，与上一年排名相同；创新投入排在全省一类县（市、区）第31位，较上一年下降了3位，排在景德镇市第4位，较上一年下降了1位；创新成效排在全省一类县（市、区）第24位，较上一年上升了1位，排在景德镇市第4位，与上一年排名相同；创新环境排在全省一类县（市、区）第24位，较上一年下降了1位，排在景德镇市第1位，与上一年排名相同。

综上所述，乐平市人均科普经费投入、科普专题活动次数、农业产业化省级以上龙头企业数在全省一类县（市、区）排名靠前，但规模以上工业企业建立研发机构的比例、当年新增省级及以上研发平台/创新载体、规模以上工业企业中万人R&D人员全时当量、规模以上工业企业R&D经费支出、每万家企业法人科技型中小企业数等排名靠后。建议该市夯实创新基础，优化创新环境，加大科技投入，鼓励企业自主研发，同时加强科技成果转移转化能力，有效发挥科技促进经济发展的作用。

二、浮梁县

浮梁县，位于江西省东北部，隶属景德镇市。2020 年，该县常住人口为 28.04 万人，地区 GDP 为 141.87 亿元。居民人均可支配收入为 25 496 元，排在全省三类县（市、区）第 9 位，排在景德镇市第 4 位。GDP 较上一年增长 3.90%，排在全省三类县（市、区）第 13 位，排在景德镇市第 1 位。规模以上企业数为 151 家，排在全省三类县（市、区）第 6 位，排在景德镇市第 2 位。科普专题活动次数为 17 次，排在全省三类县（市、区）第 14 位，排在景德镇市第 3 位。规模以上工业企业中万人 R&D 人员全时当量为 28.78 人·年，排在全省三类县（市、区）第 8 位，排在景德镇市第 3 位。规模以上工业企业 R&D 人员占从业人员比重为 6.62%，排在全省三类县（市、区）第 11 位，排在景德镇市第 2 位。万人有效发明专利拥有量增量为 8.34 件，排在全省三类县（市、区）第 1 位，排在景德镇市第 1 位。每万家企业法人科技型中小企业数为 117.96 家，排在全省三类县（市、区）第 5 位，排在景德镇市第 1 位。规模以上工业企业新产品销售收入占营业收入比重为 19.08%，排在全省三类县（市、区）第 11 位，排在景德镇市第 2 位。本级地方财政科技支出占本级公共财政支出比重为 1.13%，排在全省三类县（市、区）第 29 位，排在景德镇市第 2 位（表 3-24）。

表 3-24　浮梁县（三类）科技创新能力评价指标得分与排名

指标名称	得分（分）	全省三类县（市、区）排名		本市排名	
	2020 年	2020 年	2019 年	2020 年	2019 年
科技创新能力	67.37	4	17	2	3
创新环境	2.83	16	16	3	3
创新基础	2.68	20	28	1	4
规模以上企业数（家）	2.72	6	8	2	3

续表

指标名称	得分（分）	全省三类县（市、区）排名		本市排名	
	2020 年	2020 年	2019 年	2020 年	2019 年
规模以上工业企业建立研发机构的比例（%）	2.18	29	27	3	4
当年新增省级及以上研发平台 / 创新载体（个）	3.21	1	11	1	3
科技意识	3.07	10	2	3	2
人均科普经费投入（元）	3.41	1	2	2	2
科普专题活动次数（次）	2.64	14	11	3	3
创新投入	3.16	10	20	2	4
人力投入	3.21	9	14	2	3
规模以上工业企业中万人 R&D 人员全时当量（人·年）	3.28	8	8	3	3
规模以上工业企业 R&D 人员占从业人员比重（%）	3.14	11	21	2	3
财力投入	3.12	9	29	1	4
规模以上工业企业 R&D 经费支出	2.94	6	31	2	4
规模以上工业企业 R&D 经费支出占营业收入比重（%）	3.26	14	22	1	4
创新成效	3.54	1	7	1	3
技术创新	4.13	1	11	1	3
万人有效发明专利拥有量增量（件）	5.55	1	3	1	3
每万家企业法人高新技术企业数（家）	3.19	9	15	2	2
每万家企业法人科技型中小企业数（家）	3.56	5	12	1	1
产业化水平	2.94	17	6	4	2
规模以上工业企业新产品销售收入占营业收入比重（%）	3.13	11	16	2	2
高新技术产业增加值占规模以上工业增加值比重（%）	2.40	26	2	3	1
技术合同成交额	2.99	7	22	4	3
农业产业化省级以上龙头企业数（家）	3.62	3	2	2	2
经济社会发展	2.57	23	27	4	4
经济增长	2.56	24	25	2	2
GDP 较上一年增长（%）	3.03	13	23	1	1
本级地方财政科技支出占本级公共财政支出比重（%）	2.09	29	30	2	3

续表

指标名称	得分（分）	全省三类县（市、区）排名		本市排名	
	2020 年	2020 年	2019 年	2020 年	2019 年
社会生活	2.59	13	13	4	4
居民人均可支配收入（元）	2.75	9	9	4	4
万人社会消费品零售额（亿元）	2.39	24	25	4	4

如表3-24所示，浮梁县科技创新能力排在全省三类县（市、区）第4位，较上一年上升了13位，排在景德镇市第2位，较上一年上升了1位。在一级指标中，经济社会发展排在全省三类县（市、区）第23位，较上一年上升了4位，排在景德镇市第4位，与上一年排名相同；创新投入排在全省三类县（市、区）第10位，较上一年上升了10位，排在景德镇市第2位，较上一年上升了2位；创新成效排在全省三类县（市、区）第1位，较上一年上升了6位，排在景德镇市第1位，较上一年上升了2位；创新环境排在全省三类县（市、区）第16位，排在景德镇市第3位，都与上一年排名相同。

综上所述，浮梁县在当年新增省级及以上研发平台/创新载体、人均科普经费投入、规模以上工业企业R&D经费支出、农业产业化省级以上龙头企业数、万人有效发明专利拥有量增量等方面具有一定优势，但规模以上工业企业建立研发机构的比例、高新技术产业增加值占规模以上工业增加值比重、本级地方财政科技支出占本级公共财政支出比重排名靠后。建议该县加大财政科技投入，鼓励企业开展自主研发，提高科技成果转移转化能力，提高经济增长质量。

三、昌江区

昌江区，景德镇市市辖区。2020年，该区常住人口为20.14万人，地区GDP为236.75亿元。居民人均可支配收入为39 942元，排在全省一类县（市、区）第9位，排在景德镇市第2位。GDP较上一年增长3.60%，排在全省一类县（市、区）第24位，排在景德镇市第3位。规模以上工业企业建立研发机构的比例为21.77%，排在全省一类县（市、区）第24位，排在景德镇市第2位。科普专题活动次数为25次，排在全省一类县（市、区）第20位，排在景德镇市第2位。规模以上工业企业中万人R&D人员全时当量为29.95人·年，排在全省一类县（市、区）第17位，排在景德镇市第2位。规模以上工业企业R&D经费支出为34 231.8万元、较上一年下降7.14%，排在全省一类县（市、区）第25位，排在景德镇市第3位。每万家企业法人高新技术企业数为156家，排在全省一类县（市、区）第7位，排在景德镇市第1位。每万家企业法人科技型中小企业数为111家，排在全省一类县（市、区）第6位，排在景德镇市第2位。规模以上工业企业新产品销售收入占营业收入比重为2.52%，排在全省一类县（市、区）第32位，排在景德镇市第4位。本级地方财政科技支出占本级公共财政支出比重为1.07%，排在全省一类县（市、区）第32位，排在景德镇市第3位（表3-25）。

表3-25 昌江区（一类）科技创新能力评价指标得分与排名

指标名称	得分（分）	全省一类县（市、区）排名		本市排名	
	2020年	2020年	2019年	2020年	2019年
科技创新能力	63.01	23	12	3	2
创新环境	2.85	30	24	2	2
创新基础	2.66	31	28	2	1
规模以上企业数（家）	2.69	30	31	3	2
规模以上工业企业建立研发机构的比例（%）	2.36	24	22	2	1
当年新增省级及以上研发平台/创新载体（个）	2.97	18	10	2	1
科技意识	3.14	14	15	2	3
人均科普经费投入（元）	3.41	6	4	2	2
科普专题活动次数（次）	2.82	20	27	2	4
创新投入	2.78	25	19	3	2
人力投入	2.80	22	20	3	2
规模以上工业企业中万人R&D人员全时当量（人·年）	3.34	17	11	2	2
规模以上工业企业R&D人员占从业人员比重（%）	2.26	30	29	4	4

续表

指标名称	得分（分）	全省一类县（市、区）排名		本市排名	
	2020年	2020年	2019年	2020年	2019年
财力投入	2.76	23	20	2	2
规模以上工业企业 R&D 经费支出	2.78	25	19	3	2
规模以上工业企业 R&D 经费支出占营业收入比重（%）	2.75	21	15	2	3
创新成效	3.07	18	7	2	1
技术创新	3.02	14	5	2	1
万人有效发明专利拥有量增量（件）	1.73	35	5	4	1
每万家企业法人高新技术企业数（家）	3.92	7	6	1	1
每万家企业法人科技型中小企业数（家）	3.46	6	11	2	2
产业化水平	3.13	18	10	3	1
规模以上工业企业新产品销售收入占营业收入比重（%）	1.84	32	30	4	4
高新技术产业增加值占规模以上工业增加值比重（%）	2.99	17	27	2	4
技术合同成交额	4.94	4	1	1	1
农业产业化省级以上龙头企业数（家）	1.91	30	31	3	3
经济社会发展	3.43	11	10	1	1
经济增长	2.33	31	28	3	3
GDP 较上一年增长（%）	2.61	24	22	3	4
本级地方财政科技支出占本级公共财政支出比重（%）	2.05	32	33	3	2
社会生活	5.07	6	6	1	1
居民人均可支配收入（元）	4.68	9	9	2	2
万人社会消费品零售额（亿元）	5.56	4	4	1	1

如表 3-25 所示，昌江区科技创新能力排在全省一类县（市、区）第 23 位，较上一年下降了 11 位，排在景德镇市第 3 位，较上一年下降了 1 位。在一级指标中，经济社会发展排在全省一类县（市、区）第 11 位，较上一年下降了 1 位，排在景德镇市第 1 位，与上一年排名相同；创新投入排在全省一类县（市、区）第 25 位，较上一年下降了 6 位，排在景德镇市第 3 位，较上一年下降了 1 位；创新成效排在全省一类县（市、区）第 18 位，较上一年下

降了11位，排在景德镇市第2位，较上一年下降了1位；创新环境排在全省一类县（市、区）第30位，较上一年下降了6位，排在景德镇市第2位，与上一年排名相同。

综上所述，昌江区人均科普经费投入、每万家企业法人高新技术企业数、每万家企业法人科技型中小企业数、技术合同成交额、万人社会消费品零售额等排名较靠前。但规模以上企业数、规模以上工业企业R&D人员占从业人员比重、规模以上工业企业新产品销售收入占营业收入比重、本级地方财政科技支出占本级公共财政支出比重排名靠后。建议该区夯实创新基础，优化创新环境，加大科技创新投入，同时，支持企业对新产品进行研发投产，加速技术成果转移转化，促进经济高质量发展。

四、珠山区

珠山区，位于江西省东北部，其为景德镇市中心城区。2020年，该区常住人口为38.35万人，地区GDP为225.26亿元。居民人均可支配收入为44 334元，排在全省一类县（市、区）第6位，排在景德镇市第1位。GDP较上一年增长3.80%，排在全省一类县（市、区）第22位，排在景德镇市第2位。规模以上工业企业建立研发机构的比例为25.93%，排在全省一类县（市、区）第19位，排在景德镇市第1位。科普专题活动次数为2次，排在全省一类县（市、区）第34位，排在景德镇市第4位。规模以上工业企业中万人R&D人员全时当量为51.66人·年，排在全省一类县（市、区）第7位，排在景德镇市第1位。规模以上工业企业R&D经费支出为73 697.01万元、较上一年增长20.61%，排在全省一类县（市、区）第6位，排在景德镇市第1位。万人有效发明专利拥有量增量为1.39件，排在全省一类县（市、区）第9位，排在景德镇市第2位。每万家企业法人科技型中小企业数为46.64家，排在全省一类县（市、区）第28位，排在景德镇市第3位。规模以上工业企业新产品销售收入占营业收入比重为85%，排在全省一类县（市、区）第1位，排在景德镇市第1位。本级地方财政科技支出占本级公共财政支出比重为0.11%，排在全省一类县（市、区）第35位，排在景德镇市第4位（表3-26）。

表 3-26 珠山区（一类）科技创新能力评价指标得分与排名

指标名称	得分（分）	全省一类县（市、区）排名		本市排名	
	2020 年	2020 年	2019 年	2020 年	2019 年
科技创新能力	68.13	13	1	1	1
创新环境	2.53	35	30	4	4
创新基础	2.45	33	34	3	3
规模以上企业数（家）	2.22	35	34	4	4
规模以上工业企业建立研发机构的比例（%）	2.63	19	23	1	2
当年新增省级及以上研发平台 / 创新载体（个）	2.50	33	26	3	2
科技意识	2.64	28	17	4	4
人均科普经费投入（元）	2.92	22	18	4	4
科普专题活动次数（次）	2.31	34	6	4	1
创新投入	3.71	7	1	1	1
人力投入	5.33	3	2	1	1
规模以上工业企业中万人 R&D 人员全时当量（人·年）	4.47	7	7	1	1
规模以上工业企业 R&D 人员占从业人员比重（%）	6.19	2	1	1	1
财力投入	2.39	30	1	3	1
规模以上工业企业 R&D 经费支出	4.03	6	11	1	1
规模以上工业企业 R&D 经费支出占营业收入比重（%）	1.05	35	1	4	1
创新成效	3.04	19	14	3	2
技术创新	2.63	30	15	3	2
万人有效发明专利拥有量增量（件）	3.10	9	6	2	2
每万家企业法人高新技术企业数（家）	2.21	33	31	4	4
每万家企业法人科技型中小企业数（家）	2.55	28	13	3	3
产业化水平	3.46	7	19	1	3
规模以上工业企业新产品销售收入占营业收入比重（%）	8.29	1	4	1	1
高新技术产业增加值占规模以上工业增加值比重（%）	0.29	35	24	4	3
技术合同成交额	3.47	12	22	2	2

续表

指标名称	得分（分）	全省一类县（市、区）排名		本市排名	
	2020 年	2020 年	2019 年	2020 年	2019 年
农业产业化省级以上龙头企业数（家）	1.77	33	31	4	3
经济社会发展	3.31	13	14	2	2
经济增长	2.15	32	32	4	4
GDP 较上一年增长（%）	2.89	22	20	2	3
本级地方财政科技支出占本级公共财政支出比重（%）	1.42	35	35	4	4
社会生活	5.04	7	7	2	2
居民人均可支配收入（元）	5.27	6	5	1	1
万人社会消费品零售额（亿元）	4.77	7	7	2	2

如表 3-26 所示，珠山区科技创新能力排在全省一类县（市、区）第 13 位，较上一年下降了 12 位，排在景德镇市第 1 位，与上一年排名相同。在一级指标中，经济社会发展排在全省一类县（市、区）第 13 位，较上一年上升了 1 位，排在景德镇市第 2 位，与上一年排名相同；创新投入排在全省一类县（市、区）第 7 位，较上一年下降了 6 位，排在景德镇市第 1 位，与上一年排名相同；创新成效排在全省一类县（市、区）第 19 位，较上一年下降了 5 位，排在景德镇市第 3 位，较上一年下降了 1 位；创新环境排在全省一类县（市、区）第 35 位，较上一年下降了 5 位，排在景德镇市第 4 位，与上一年排名相同。

综上所述，珠山区规模以上工业企业 R&D 人员占从业人员比重、规模以上工业企业新产品销售收入占营业收入比重、居民人均可支配收入排名较靠前。但规模以上企业数、当年新增省级及以上研发平台 / 创新载体、科普专题活动次数、规模以上工业企业 R&D 经费支出占营业收入比重、每万家企业法人高新技术企业数、高新技术产业增加值占规模以上工业增加值比重排名靠后。建议该区夯实创新基础，优化创新环境，鼓励企业自主研发，加速技术成果转移转化，促进经济高质量发展。

第四节　萍　乡　市

一、安源区

安源区，位于江西省西部，其为萍乡市市辖区。2020 年，该区常住人口为 55.33 万人，地区 GDP 为 228.35 亿元。居民人均可支配收入为 38 042 元，排在全省一类县（市、区）第 11 位，排在萍乡市第 1 位。GDP 较上一年增长 3.40%，排在全省一类县（市、区）第 28 位，排在萍乡市第 5 位。规模以上企业数为 170 家，排在全省一类县（市、区）第 24 位，排在萍乡市第 2 位。当年新增省级研发平台 / 创新载体共 3 个，排在全省一类县（市、区）第 15 位，排在萍乡市第 1 位。人均科普经费投入为 0.32 元，排在全省一类县（市、区）第 29 位，排在萍乡市第 5 位。规模以上工业企业中万人 R&D 人员全时当量为 34.85 人·年，排在全省一类县（市、区）第 14 位，排在萍乡市第 3 位。万人有效发明专利拥有量增量为 1.13 件，排在全省一类县（市、区）第 11 位，排在萍乡市第 1 位。每万家企业法人科技型中小企业数为 35.16 家，排在全省一类县（市、区）第 31 位，排在萍乡市第 4 位。规模以上工业企业新产品销售收入占营业收入比重为 15.66%，排在全省一类县（市、区）第 17 位，排在萍乡市第 3 位。技术合同成交额为 35 991.98 万元、与 GDP 之比为 1.58%，排在全省一类县（市、区）第 7 位，排在萍乡市第 5 位。万人社会消费品零售额为 3.08 亿元，排在全省一类县（市、区）第 10 位，排在萍乡市第 1 位（表 3-27）。

表 3-27　安源区（一类）科技创新能力评价指标得分与排名

指标名称	得分（分）	全省一类县（市、区）排名		本市排名	
	2020 年	2020 年	2019 年	2020 年	2019 年
科技创新能力	64.70	21	24	3	4
创新环境	2.89	29	29	2	3
创新基础	3.07	24	25	2	3

续表

指标名称	得分（分）	全省一类县（市、区）排名		本市排名	
	2020 年	2020 年	2019 年	2020 年	2019 年
规模以上企业数（家）	2.87	24	25	2	2
规模以上工业企业建立研发机构的比例（%）	3.17	13	11	2	4
当年新增省级及以上研发平台 / 创新载体（个）	3.21	15	17	1	2
科技意识	2.61	29	25	3	4
人均科普经费投入（元）	1.64	29	33	5	5
科普专题活动次数（次）	3.78	9	9	1	1
创新投入	3.18	16	16	4	3
人力投入	3.55	12	14	2	2
规模以上工业企业中万人 R&D 人员全时当量（人·年）	3.60	14	17	3	4
规模以上工业企业 R&D 人员占从业人员比重（%）	3.50	11	15	3	3
财力投入	2.87	19	15	5	4
规模以上工业企业 R&D 经费支出	2.85	20	13	3	3
规模以上工业企业R&D经费支出占营业收入比重（%）	2.89	14	12	5	3
创新成效	2.95	20	24	4	4
技术创新	2.62	32	27	3	4
万人有效发明专利拥有量增量（件）	3.01	11	13	1	3
每万家企业法人高新技术企业数（家）	2.42	29	33	3	4
每万家企业法人科技型中小企业数（家）	2.39	31	22	4	3
产业化水平	3.29	13	16	4	4
规模以上工业企业新产品销售收入占营业收入比重（%）	2.87	17	6	3	1
高新技术产业增加值占规模以上工业增加值比重（%）	3.21	14	18	5	4
技术合同成交额	3.90	7	14	5	5
农业产业化省级以上龙头企业数（家）	2.91	17	17	4	5
经济社会发展	3.18	22	23	2	1
经济增长	2.56	27	29	5	4
GDP 较上一年增长（%）	2.34	28	29	5	3

续表

指标名称	得分（分）	全省一类县（市、区）排名		本市排名	
	2020 年	2020 年	2019 年	2020 年	2019 年
本级地方财政科技支出占本级公共财政支出比重（%）	2.79	21	19	3	3
社会生活	4.11	10	10	1	1
居民人均可支配收入（元）	4.43	11	11	1	1
万人社会消费品零售额（亿元）	3.72	10	11	1	1

如表 3-27 所示，安源区科技创新能力排在全省一类县（市、区）第 21 位，较上一年上升了 3 位，排在萍乡市第 3 位，较上一年上升了 1 位。在一级指标中，经济社会发展排在全省一类县（市、区）第 22 位，较上一年上升了 1 位，排在萍乡市第 2 位，较上一年下降了 1 位；创新投入排在全省一类县（市、区）第 16 位，与上一年排名相同，排在萍乡市第 4 位，较上一年下降了 1 位；创新成效排在全省一类县（市、区）第 20 位，较上一年上升了 4 位，排在萍乡市第 4 位，与上一年排名相同；创新环境排在全省一类县（市、区）第 29 位，与上一年排名相同，排在萍乡市第 2 位，较上一年上升了 1 位。

综上所述，安源区科普专题活动次数、技术合同成交额、万人社会消费品零售额在全省一类县（市、区）相对靠前，但人均科普经费投入、每万家企业法人高新技术企业数、每万家企业法人科技型中小企业数等排名靠后。建议该区加大科普宣传力度，提高民众科技意识，加大科技创新投入，积极培育高新技术及科技型中小企业，营造科技创新创业的良好氛围。

二、湘东区

湘东区，位于江西省西部，其为萍乡市市辖区。2020 年，该区常住人口为 30.44 万人，地区 GDP 为 127.72 亿元。居民人均可支配收入为 32 548 元，排在全省一类县（市、区）第 19 位，排在萍乡市第 2 位。GDP 较上一年增长 4.20%，排在全省一类县（市、区）第 14 位，排在萍乡市第 1 位。规模以上企业数为 137 家，排在全省一类县（市、区）第 31 位，排在萍乡市第 3 位。

当年新增省级研发平台 / 创新载体共 1 个，排在全省一类县（市、区）第 28 位，排在萍乡市第 3 位。人均科普经费投入为 0.39 元，排在全省一类县（市、区）第 27 位，排在萍乡市第 4 位。规模以上工业企业中万人 R&D 人员全时当量为 66.75 人 · 年，排在全省一类县（市、区）第 5 位，排在萍乡市第 1 位。万人有效发明专利拥有量增量为 0.68 件，排在全省一类县（市、区）第 19 位，排在萍乡市第 4 位。每万家企业法人科技型中小企业数为 78.22 家，排在全省一类县（市、区）第 16 位，排在萍乡市第 2 位。规模以上工业企业新产品销售收入占营业收入比重为 52.72%，排在全省一类县（市、区）第 2 位，排在萍乡市第 1 位。技术合同成交额为 72 827 万元、与 GDP 之比为 5.70%，排在全省一类县（市、区）第 1 位，排在萍乡市第 1 位。万人社会消费品零售额为 0.74 亿元，排在全省一类县（市、区）第 35 位，排在萍乡市第 5 位（表 3-28）。

表 3-28　湘东区（一类）科技创新能力评价指标得分与排名

指标名称	得分（分）	全省一类县（市、区）排名		本市排名	
	2020 年	2020 年	2019 年	2020 年	2019 年
科技创新能力	85.80	3	15	1	1
创新环境	3.05	23	28	1	2
创新基础	3.69	9	15	1	1
规模以上企业数（家）	2.62	31	33	3	4
规模以上工业企业建立研发机构的比例（%）	5.60	2	2	1	1
当年新增省级及以上研发平台 / 创新载体（个）	2.74	28	26	3	4
科技意识	2.09	32	32	5	5
人均科普经费投入（元）	1.83	27	23	4	4
科普专题活动次数（次）	2.42	28	32	5	5
创新投入	4.81	2	8	1	1
人力投入	6.96	1	8	1	1
规模以上工业企业中万人 R&D 人员全时当量（人 · 年）	5.26	5	12	1	1
规模以上工业企业 R&D 人员占从业人员比重（%）	8.67	1	3	1	1

续表

指标名称	得分（分）	全省一类县（市、区）排名		本市排名	
	2020 年	2020 年	2019 年	2020 年	2019 年
财力投入	3.04	16	7	3	2
规模以上工业企业 R&D 经费支出	2.78	23	8	4	1
规模以上工业企业 R&D 经费支出占营业收入比重（%）	3.26	3	3	2	2
创新成效	4.04	3	20	1	2
技术创新	2.92	16	22	2	2
万人有效发明专利拥有量增量（件）	2.85	19	26	4	5
每万家企业法人高新技术企业数（家）	2.92	16	15	2	2
每万家企业法人科技型中小企业数（家）	3.00	16	19	2	2
产业化水平	5.16	1	11	1	3
规模以上工业企业新产品销售收入占营业收入比重（%）	5.76	2	18	1	3
高新技术产业增加值占规模以上工业增加值比重（%）	3.54	7	13	1	3
技术合同成交额	7.33	1	9	1	2
农业产业化省级以上龙头企业数（家）	3.05	16	16	3	4
经济社会发展	3.25	15	33	1	3
经济增长	3.48	11	25	1	2
GDP 较上一年增长（%）	3.44	14	32	1	4
本级地方财政科技支出占本级公共财政支出比重（%）	3.52	7	7	1	1
社会生活	2.90	27	27	2	2
居民人均可支配收入（元）	3.69	19	18	2	2
万人社会消费品零售额（亿元）	1.94	35	35	5	5

如表 3-28 所示，湘东区科技创新能力排在全省一类县（市、区）第 3 位，较上一年上升了 12 位，排在萍乡市第 1 位，与上一年排名相同。在一级指标中，经济社会发展排在全省一类县（市、区）第15位，较上一年上升了18位，排在萍乡市第 1 位，较上一年上升了 2 位；创新投入排在全省一类县（市、区）第 2 位，较上一年上升了 6 位，排在萍乡市第 1 位，与上一年排名相同；创新成效排在全省一类县（市、区）第 3 位，较上一年上升了 17 位，排在萍

乡市第 1 位，较上一年上升了 1 位；创新环境排在全省一类县（市、区）第 23 位，较上一年上升了 5 位，排在萍乡市第 1 位，较上一年上升了 1 位。

综上所述，湘东区规模以上工业企业 R&D 人员占从业人员比重、技术合同成交额居全省一类县（市、区）首位，规模以上工业企业建立研发机构的比例、规模以上工业企业中万人 R&D 人员全时当量、规模以上工业企业新产品销售收入占营业收入比重排名靠前，具有一定优势。但规模以上企业数、当年新增省级及以上研发平台 / 创新载体、科普专题活动次数、规模以上工业企业 R&D 经费支出、万人社会消费品零售额等排名靠后。建议该区增大科普投入，提高民众科技意识，鼓励企业自主研发，进一步提升区域科技竞争力。

三、芦溪县

芦溪县，位于江西省西部萍乡市东部，其为萍乡市下辖县。2020 年，该县常住人口为 26.02 万人，地区 GDP 为 115.39 亿元。居民人均可支配收入为 28 763 元，排在全省三类县（市、区）第 4 位，排在萍乡市第 3 位。GDP 较上一年增长 4.0%，排在全省三类县（市、区）第 11 位，排在萍乡市第 2 位。规模以上企业数为 131 家，排在全省三类县（市、区）第 9 位，排在萍乡市第 4 位。当年新增省级研发平台 / 创新载体共 2 个，排在全省三类县（市、区）第 2 位，排在萍乡市第 2 位。人均科普经费投入为 0.58 元，排在全省三类县（市、区）第 28 位，排在萍乡市第 3 位。规模以上工业企业中万人 R&D 人员全时当量为 32.21 人 · 年，排在全省三类县（市、区）第 4 位，排在萍乡市第 4 位。万人有效发明专利拥有量增量为 0.55 件，排在全省三类县（市、区）第 13 位，排在萍乡市第 5 位。每万家企业法人科技型中小企业数为 112.69 家，排在全省三类县（市、区）第 6 位，排在萍乡市第 1 位。规模以上工业企业新产品销售收入占营业收入比重为 17.04%，排在全省三类县（市、区）第 17 位，排在萍乡市第 2 位。技术合同成交额为 31 601.33 万元、与 GDP 之比为 2.74%，排在全省三类县（市、区）第 3 位，排在萍乡市第 3 位。万人社会消费品零售额为 1.35 亿元，排在全省三类县（市、区）第 22 位，排在萍乡市第 2 位（表 3-29）。

表 3-29 芦溪县（三类）科技创新能力评价指标得分与排名

指标名称	得分（分）	全省三类县（市、区）排名		本市排名	
	2020 年	2020 年	2019 年	2020 年	2019 年
科技创新能力	66.88	6	2	2	2
创新环境	2.64	25	13	3	1
创新基础	2.68	21	5	3	2
规模以上企业数（家）	2.57	9	9	4	3
规模以上工业企业建立研发机构的比例（%）	2.53	22	15	3	3
当年新增省级及以上研发平台 / 创新载体（个）	2.97	2	2	2	1
科技意识	2.58	28	24	4	2
人均科普经费投入（元）	2.32	28	24	3	2
科普专题活动次数（次）	2.90	7	6	2	2
创新投入	3.10	12	11	5	5
人力投入	3.33	6	7	3	3
规模以上工业企业中万人 R&D 人员全时当量（人·年）	3.46	4	3	4	3
规模以上工业企业 R&D 人员占从业人员比重（%）	3.20	10	16	4	4
财力投入	2.92	17	13	4	5
规模以上工业企业 R&D 经费支出	2.78	14	13	5	5
规模以上工业企业 R&D 经费支出占营业收入比重（%）	3.03	17	18	3	4
创新成效	3.51	3	1	2	1
技术创新	3.33	7	2	1	1
万人有效发明专利拥有量增量（件）	2.81	13	2	5	1
每万家企业法人高新技术企业数（家）	3.71	6	2	1	1
每万家企业法人科技型中小企业数（家）	3.48	6	9	1	1
产业化水平	3.69	2	4	2	2
规模以上工业企业新产品销售收入占营业收入比重（%）	2.97	17	12	2	2
高新技术产业增加值占规模以上工业增加值比重（%）	3.47	13	5	3	1
技术合同成交额	4.47	3	7	3	3

续表

指标名称	得分（分）	全省三类县（市、区）排名		本市排名	
	2020 年	2020 年	2019 年	2020 年	2019 年
农业产业化省级以上龙头企业数（家）	3.77	1	1	1	1
经济社会发展	3.02	8	28	3	5
经济增长	3.14	9	30	2	5
GDP 较上一年增长（%）	3.17	11	32	2	5
本级地方财政科技支出占本级公共财政支出比重（%）	3.11	10	8	2	2
社会生活	2.84	9	9	3	3
居民人均可支配收入（元）	3.19	4	4	3	3
万人社会消费品零售额（亿元）	2.41	22	24	2	2

如表 3-29 所示，芦溪县科技创新能力排在全省三类县（市、区）第 6 位，较上一年下降了 4 位，排在萍乡市第 2 位，与上一年排名相同。在一级指标中，经济社会发展排在全省三类县（市、区）第 8 位，较上一年上升了 20 位，排在萍乡市第 3 位，较上一年上升了 2 位；创新投入排在全省三类县（市、区）第 12 位，较上一年下降了 1 位，排在萍乡市第 5 位，与上一年排名相同；创新成效排在全省三类县（市、区）第 3 位，较上一年下降了 2 位，排在萍乡市第 2 位，较上一年下降了 1 位；创新环境排在全省三类县（市、区）第 25 位，较上一年下降了 12 位，排在萍乡市第 3 位，较上一年下降了 2 位。

综上所述，芦溪县科技创新能力居全省三类县（市、区）前列，在规模以上工业企业中万人 R&D 人员全时当量、每万家企业法人科技型中小企业数、技术合同成交额、农业产业化省级以上龙头企业数等方面具有一定优势，但规模以上工业企业建立研发机构的比例、人均科普经费投入、万人社会消费品零售额排名靠后。建议该县加大科普经费投入，加大科研活动支持力度，优化创新环境，助力经济高质量发展。

四、上栗县

上栗县，位于江西省西部萍乡市北部，其为萍乡市下辖县。2020 年，该县常住人口为47万人，地区GDP为168.52亿元。居民人均可支配收入为27 775元，排在全省二类县（市、区）第9位，排在萍乡市第4位。GDP较上一年增长3.60%，排在全省二类县（市、区）第26位，排在萍乡市第4位。规模以上企业数为193家，排在全省二类县（市、区）第9位，排在萍乡市第1位。人均科普经费投入为0.67元，排在全省二类县（市、区）第22位，排在萍乡市第2位。规模以上工业企业中万人R&D人员全时当量为39.64人·年，排在全省二类县（市、区）第3位，排在萍乡市第2位。万人有效发明专利拥有量增量为0.73件，排在全省二类县（市、区）第10位，排在萍乡市第3位。每万家企业法人科技型中小企业数为52.15家，排在全省二类县（市、区）第20位，排在萍乡市第3位。规模以上工业企业新产品销售收入占营业收入比重为6.37%，排在全省二类县（市、区）第30位，排在萍乡市第5位。技术合同成交额为30 700万元、与GDP之比为1.82%，排在全省二类县（市、区）第4位，排在萍乡市第4位。万人社会消费品零售额为0.80亿元，排在全省二类县（市、区）第32位，排在萍乡市第4位（表3-30）。

表3-30　上栗县（二类）科技创新能力评价指标得分与排名

指标名称	得分（分）	全省二类县（市、区）排名		本市排名	
	2020年	2020年	2019年	2020年	2019年
科技创新能力	61.98	12	16	5	5
创新环境	2.53	28	22	4	5
创新基础	2.48	27	21	4	5
规模以上企业数（家）	3.04	9	7	1	1
规模以上工业企业建立研发机构的比例（%）	1.68	31	28	5	5
当年新增省级及以上研发平台/创新载体（个）	2.74	4	17	3	5
科技意识	2.61	24	17	2	1
人均科普经费投入（元）	2.55	22	15	2	1
科普专题活动次数（次）	2.68	10	12	3	3
创新投入	3.25	6	6	3	4
人力投入	3.29	6	9	4	4

续表

指标名称	得分（分）	全省二类县（市、区）排名		本市排名	
	2020 年	2020 年	2019 年	2020 年	2019 年
规模以上工业企业中万人 R&D 人员全时当量（人·年）	3.85	3	5	2	2
规模以上工业企业 R&D 人员占从业人员比重（%）	2.74	15	19	5	5
财力投入	3.22	10	6	2	3
规模以上工业企业 R&D 经费支出	3.48	7	5	1	2
规模以上工业企业 R&D 经费支出占营业收入比重（%）	3.01	15	14	4	5
创新成效	2.87	13	16	5	5
技术创新	2.61	22	14	4	3
万人有效发明专利拥有量增量（件）	2.87	10	4	3	2
每万家企业法人高新技术企业数（家）	2.33	28	13	4	3
每万家企业法人科技型中小企业数（家）	2.63	20	27	3	5
产业化水平	3.13	11	16	5	5
规模以上工业企业新产品销售收入占营业收入比重（%）	2.14	30	23	5	4
高新技术产业增加值占规模以上工业增加值比重（%）	3.30	12	17	4	5
技术合同成交额	3.90	4	10	4	4
农业产业化省级以上龙头企业数（家）	2.91	13	8	4	3
经济社会发展	2.64	23	29	4	4
经济增长	2.68	26	31	4	3
GDP 较上一年增长（%）	2.61	26	29	4	2
本级地方财政科技支出占本级公共财政支出比重（%）	2.75	17	15	4	4
社会生活	2.58	18	18	4	4
居民人均可支配收入（元）	3.05	9	8	4	4
万人社会消费品零售额（亿元）	1.99	32	33	4	4

如表 3-30 所示，上栗县科技创新能力排在全省二类县（市、区）总第 12 位，较上一年上升了 4 位，排在萍乡市第 5 位，与上一年排名相同。在一级指标中，经济社会发展排在全省二类县（市、区）第 23 位，较上一年上

升了 6 位，排在萍乡市第 4 位，与上一年排名相同；创新投入排在全省二类县（市、区）第 6 位，与上一年排名相同，排在萍乡市第 3 位，较上一年上升 1 位；创新成效排在全省二类县（市、区）第 13 位，较上一年上升了 3 位，排在萍乡市第 5 位，与上一年排名相同；创新环境排在全省二类县（市、区）第 28 位，较上一年下降了 6 位，排在萍乡市第 4 位，较上一年上升了 1 位。

综上所述，上栗县当年新增省级及以上研发平台 / 创新载体、规模以上工业企业中万人 R&D 人员全时当量、技术合同成交额排名靠前，但规模以上工业企业建立研发机构的比例、每万家企业法人高新技术企业数、规模以上工业企业新产品销售收入占营业收入比重等排名靠后。建议该县加速培育高新技术企业和科技型中小企业，鼓励企业自主研发，提高新产品产业化水平。

五、莲花县

莲花县，位于江西省西部萍乡市南部，其为萍乡市下辖县。2020 年，该县常住人口为 21.69 万人，地区 GDP 为 63.96 亿元。居民人均可支配收入为 19 352 元，排在全省三类县（市、区）第 29 位，排在萍乡市第 5 位。GDP 较上一年增长 3.80%，排在全省三类县（市、区）第 15 位，排在萍乡市第 3 位。规模以上企业数为 67 家，排在全省三类县（市、区）第 27 位，排在萍乡市第 5 位。人均科普经费投入为 0.73 元，排在全省三类县（市、区）第 27 位，排在萍乡市第 1 位。规模以上工业企业中万人 R&D 人员全时当量为 11.16 人·年，排在全省三类县（市、区）第 24 位，排在萍乡市第 5 位。万人有效发明专利拥有量增量为 1.01 件，排在全省三类县（市、区）6 位，排在萍乡市第 2 位。每万家企业法人科技型中小企业数为 25.40 家，排在全省三类县（市、区）第 31 位，排在萍乡市第 5 位。规模以上工业企业新产品销售收入占营业收入比重为 11.06%，排在全省三类县（市、区）第 24 位，排在萍乡市第 4 位。技术合同成交额为 21 502.58 万元、与 GDP 之比为 3.36%，排在全省三类县（市、区）第 2 位，排在萍乡市第 2 位。农业产业化省级以上龙头企业数为 13 家，排在全省三类县（市、区）第 4 位，排在萍乡市第2位。万人社会消费品零售额为1.08亿元，排在全省三类县（市、区）第31位，排在萍乡市第3位（表3-31）。

表3-31　莲花县（三类）科技创新能力评价指标得分与排名

指标名称	得分（分）	全省三类县（市、区）排名		本市排名	
	2020年	2020年	2019年	2020年	2019年
科技创新能力	63.78	12	9	4	3
创新环境	2.45	32	20	5	4
创新基础	2.31	30	16	5	4
规模以上企业数（家）	2.08	27	27	5	5
规模以上工业企业建立研发机构的比例（%）	2.18	28	13	4	2
当年新增省级及以上研发平台/创新载体（个）	2.74	6	3	3	2
科技意识	2.65	27	26	1	3
人均科普经费投入（元）	2.71	27	24	1	2
科普专题活动次数（次）	2.57	17	19	4	4
创新投入	3.45	5	5	2	2
人力投入	3.08	12	11	5	5
规模以上工业企业中万人R&D人员全时当量（人·年）	2.37	24	23	5	5
规模以上工业企业R&D人员占从业人员比重（%）	3.79	5	7	2	2
财力投入	3.75	1	1	1	1
规模以上工业企业R&D经费支出	2.88	9	1	2	4
规模以上工业企业R&D经费支出占营业收入比重（%）	4.47	2	1	1	1
创新成效	3.01	14	15	3	3
技术创新	2.45	30	28	5	5
万人有效发明专利拥有量增量（件）	2.97	6	4	2	4
每万家企业法人高新技术企业数（家）	2.11	30	31	5	5
每万家企业法人科技型中小企业数（家）	2.25	31	31	5	4
产业化水平	3.56	4	3	3	1
规模以上工业企业新产品销售收入占营业收入比重（%）	2.51	24	26	4	5

续表

指标名称	得分（分）	全省三类县（市、区）排名		本市排名	
	2020 年	2020 年	2019 年	2020 年	2019 年
高新技术产业增加值占规模以上工业增加值比重（%）	3.47	12	6	2	2
技术合同成交额	4.57	2	2	2	1
农业产业化省级以上龙头企业数（家）	3.48	4	2	2	2
经济社会发展	2.49	25	17	5	2
经济增长	2.78	20	10	3	1
GDP 较上一年增长（%）	2.89	15	4	3	1
本级地方财政科技支出占本级公共财政支出比重（%）	2.67	22	22	5	5
社会生活	2.05	30	32	5	5
居民人均可支配收入（元）	1.93	29	28	5	5
万人社会消费品零售额（亿元）	2.20	31	31	3	3

如表 3-31 所示，莲花县科技创新能力排在全省三类县（市、区）第 12 位，较上一年下降了 3 位，排在萍乡市第 4 位，较上一年下降了 1 位。在一级指标中，经济社会发展排在全省三类县（市、区）第 25 位，较上一年下降了 8 位，排在萍乡市第 5 位，较上一年下降了 3 位；创新投入排在全省三类县（市、区）第 5 位，排在萍乡市第 2 位，都与上一年排名相同；创新成效排在全省三类县（市、区）第 14 位，较上一年上升了 1 位，排在萍乡市第 3 位，与上一年排名相同；创新环境排在全省三类县（市、区）第 32 位，较上一年下降了 12 位，排在萍乡市第 5 位，较上一年下降了 1 位。

综上所述，莲花县科技创新能力居全省三类县（市、区）中游，规模以上工业企业 R&D 人员占从业人员比重、规模以上工业企业 R&D 经费支出占营业收入比重、技术合同成交额、农业产业化省级以上龙头企业数排名靠前。但规模以上工业企业建立研发机构的比例、每万家企业法人高新技术企业数、每万家企业法人科技型中小企业数等排名靠后。建议该县加大科普宣传力度，提高民众科技意识，鼓励有能力的规模以上工业企业建立研发平台，夯实创新基础，同时加速培育高新技术企业和科技型中小企业，促进经济高质量发展。

第五节　新　余　市

一、分宜县

分宜县，位于江西省西中部，其为新余市下辖县。2020 年，该县常住人口为 27.45 万人，地区 GDP 为 188.12 亿元。居民人均可支配收入为 23 420 元，排在全省二类县（市、区）第 6 位，排在新余市第 2 位。GDP 较上一年增长 5.0%，排在全省二类县（市、区）第 1 位，排在新余市第 1 位。规模以上工业企业建立研发机构的比例为 14.42%，排在全省二类县（市、区）第 29 位，排在新余市第 1 位。规模以上工业企业 R&D 人员占从业人员比重为 8.24%，排在全省二类县（市、区）第 2 位，排在新余市第 1 位。万人有效发明专利拥有量增量为 0.06 件，排在全省二类县（市、区）第 23 位，排在新余市第 2 位。每万家企业法人高新技术企业数为 17.88 家，排在全省二类县（市、区）第 32 位，排在新余市第 2 位。规模以上工业企业新产品销售收入占营业收入比重为 10.85%，排在全省二类县（市、区）第 23 位，排在新余市第 2 位。技术合同成交额为 26 670 万元、与 GDP 之比为 1.42%，排在全省二类县（市、区）第 6 位，排在新余市第 2 位。本级地方财政科技支出占本级公共财政支出比重为 2.35%，排在全省二类县（市、区）第 11 位，排在新余市第 2 位（表 3-32）。

表 3-32　分宜县（二类）科技创新能力评价指标得分与排名

指标名称	得分（分）	全省二类县（市、区）排名		本市排名	
	2020 年	2020 年	2019 年	2020 年	2019 年
科技创新能力	68.34	4	5	1	1
创新环境	2.54	27	12	2	2
创新基础	2.29	33	19	2	2
规模以上企业数（家）	2.53	28	29	2	2
规模以上工业企业建立研发机构的比例（%）	1.88	29	11	1	[illegible]

续表

指标名称	得分（分）	全省二类县（市、区）排名		本市排名	
	2020 年	2020 年	2019 年	2020 年	2019 年
当年新增省级及以上研发平台 / 创新载体（个）	2.50	15	9	2	2
科技意识	2.91	23	13	1	1
人均科普经费投入（元）	3.26	21	11	1	1
科普专题活动次数（次）	2.49	22	26	2	2
创新投入	3.86	1	1	1	1
人力投入	3.49	2	5	1	1
规模以上工业企业中万人 R&D 人员全时当量（人·年）	3.32	5	8	1	1
规模以上工业企业 R&D 人员占从业人员比重（%）	3.66	2	3	1	1
财力投入	4.17	1	1	1	1
规模以上工业企业 R&D 经费支出	3.51	6	3	1	1
规模以上工业企业 R&D 经费支出占营业收入比重（%）	4.71	2	1	1	1
创新成效	2.85	16	11	2	2
技术创新	2.31	32	31	2	2
万人有效发明专利拥有量增量（件）	2.64	23	17	2	2
每万家企业法人高新技术企业数（家）	2.03	32	32	2	2
每万家企业法人科技型中小企业数（家）	2.25	29	33	2	2
产业化水平	3.39	5	4	2	1
规模以上工业企业新产品销售收入占营业收入比重（%）	2.49	23	7	2	1
高新技术产业增加值占规模以上工业增加值比重（%）	3.72	8	4	1	1
技术合同成交额	3.56	6	4	2	1
农业产业化省级以上龙头企业数（家）	3.91	4	3	2	2
经济社会发展	3.54	3	5	1	1
经济增长	3.72	5	6	1	1
GDP 较上一年增长（%）	4.55	1	6	1	1
本级地方财政科技支出占本级公共财政支出比重（%）	2.89	11	8	2	2
社会生活	3.27	1	1	2	2
居民人均可支配收入（元）	3.14	6	6	2	2
万人社会消费品零售额（亿元）	3.42	1	1	2	2

如表3-32所示，分宜县科技创新能力排在全省二类县（市、区）第4位，较上一年上升了1位，排在新余市第1位，与上一年排名相同。在一级指标中，经济社会发展排在全省二类县（市、区）第3位，较上一年上升了2位，排在新余市第1位，与上一年排名相同；创新投入排在全省二类县（市、区）第1位，排在新余市第1位，都与上一年排名相同；创新成效排在全省二类县（市、区）第16位，较上一年下降了5位，排在新余市第2位，与上一年排名相同；创新环境排在全省二类县（市、区）第27位，较上一年下降了15位，排在新余市第2位，与上一年排名相同。

综上所述，分宜县GDP较上一年增长、万人社会消费品零售额居全省二类县（市、区）首位，规模以上工业企业R&D人员占从业人员比重、规模以上工业企业R&D经费支出占营业收入比重、农业产业化省级以上龙头企业数排名靠前。但规模以上企业数、规模以上工业企业建立研发机构的比例、每万家企业法人高新技术企业数、每万家企业法人科技型中小企业数等排名靠后。建议该县加大科普投入，增强企业及民众科技创新意识，加速培育高技术和科技型中小企业，提升新产品产业化水平，不断提高科技对经济增长的贡献率。

二、渝水区

渝水区，位于江西省中部偏西、新余市东部，其为新余市市辖区。2020年，该区常住人口为92.80万人，地区GDP为813.21亿元。居民人均可支配收入为37 329元，排在全省一类县（市、区）第14位，排在新余市第2位。GDP较上一年增长3.10%，排在全省一类县（市、区）第31位，排在新余市第1位。规模以上企业数为479家，排在全省一类县（市、区）第5位，排在新余市第2位。规模以上工业企业R&D人员占从业人员比重为6.56%，排在全省一类县（市、区）第19位，排在新余市第1位。万人有效发明专利拥有量增量为0.38件，排在全省一类县（市、区）第23位，排在新余市第2位。每万家企业法人高新技术企业数为81.15家，排在全省一类县（市、区）第17位，排在新余市第2位。规模以上工业企业新产品销售收入占营业收入比重为17.35%，排在全省一类县（市、区）第15位，排在新余市第2位。技术合同成交额为47 508.80万元、与GDP之比为0.58%，排在全省一类县（市、区）第11位，排在新余市第2位。本级地方财政科技支出占本级公共财政支出比重为2.90%，排在全省一类县（市、区）第13位，排在新余市第2位（表3-33）。

表3-33 渝水区（一类）科技创新能力评价指标得分与排名

指标名称	得分（分）	全省一类县（市、区）排名		本市排名	
	2020年	2020年	2019年	2020年	2019年
科技创新能力	65.00	19	20	1	2
创新环境	3.24	14	21	2	1
创新基础	3.57	13	14	2	1
规模以上企业数（家）	5.23	5	6	2	1
规模以上工业企业建立研发机构的比例（%）	1.63	33	25	1	2
当年新增省级及以上研发平台/创新载体（个）	3.92	8	17	2	1
科技意识	2.75	26	23	1	2
人均科普经费投入（元）	1.77	28	26	1	2
科普专题活动次数（次）	3.94	8	8	2	1
创新投入	2.85	23	24	1	2
人力投入	3.08	19	22	1	2
规模以上工业企业中万人R&D人员全时当量（人·年）	3.04	20	20	1	2
规模以上工业企业R&D人员占从业人员比重（%）	3.12	19	22	1	2
财力投入	2.66	26	27	1	2
规模以上工业企业R&D经费支出	2.72	26	26	1	2
规模以上工业企业R&D经费支出占营业收入比重（%）	2.62	26	29	1	2
创新成效	3.13	16	17	2	1
技术创新	2.84	23	25	2	1
万人有效发明专利拥有量增量（件）	2.75	23	18	2	1
每万家企业法人高新技术企业数（家）	2.90	17	27	2	1
每万家企业法人科技型中小企业数（家）	2.86	20	23	2	1

续表

指标名称	得分（分）	全省一类县（市、区）排名		本市排名	
	2020 年	2020 年	2019 年	2020 年	2019 年
产业化水平	3.41	10	8	2	2
规模以上工业企业新产品销售收入占营业收入比重（%）	3.00	15	15	2	2
高新技术产业增加值占规模以上工业增加值比重（%）	1.81	34	25	1	2
技术合同成交额	3.62	11	11	2	2
农业产业化省级以上龙头企业数（家）	6.91	2	2	2	1
经济社会发展	3.15	23	17	1	2
经济增长	2.59	26	21	1	2
GDP 较上一年增长（%）	1.92	31	25	1	2
本级地方财政科技支出占本级公共财政支出比重（%）	3.26	13	11	2	1
社会生活	3.99	14	13	2	1
居民人均可支配收入（元）	4.33	14	13	2	1
万人社会消费品零售额（亿元）	3.57	12	13	2	1

如表 3-33 所示，渝水区科技创新能力排在全省一类县（市、区）第 19 位，排在新余市第 1 位，都较上一年上升了 1 位。在一级指标中，经济社会发展排在全省一类县（市、区）第 23 位，较上一年下降了 6 位，排在新余市第 1 位，较上一年上升了 1 位；创新投入排在全省一类县（市、区）第 23 位，排在新余市第 1 位，都较上一年上升了 1 位；创新成效排在全省一类县（市、区）第 16 位，较上一年上升了 1 位，排在新余市第 2 位，较上一年下降了 1 位；创新环境排在全省一类县（市、区）第 14 位，较上一年上升了 7 位，排在新余市第 2 位，较上一年下降了 1 位。

综上所述，渝水区规模以上企业数、科普专题活动次数、农业产业化省级以上龙头企业数等居全省一类县（市、区）前列，但人均科普经费投入、规模以上工业企业建立研发机构的比例、高新技术产业增加值占规模以上工业增加值比重、GDP 较上一年增长等排名靠后。建议该区加大科普投入，增强企业及民众科技创新意识，加大科技投入，支持企业自主研发，加速培育高技术和科技型中小企业，助推经济高质量发展。

第六节　鹰　潭　市

一、贵溪市

贵溪市，位于江西省东北部，其为鹰潭市下辖县级市。2020 年，该市常住人口为 54.06 万人，地区 GDP 为 506.17 亿元。居民人均可支配收入为 27 846 元，排在全省一类县（市、区）第 25 位，排在鹰潭市第 2 位。GDP 较上一年增长 4.10%，排在全省一类县（市、区）第 15 位，排在鹰潭市第 2 位。规模以上企业数为 215 家，排在全省一类县（市、区）第 19 位，排在鹰潭市第 1 位。规模以上工业企业 R&D 人员占从业人员比重为 10.55%，排在全省一类县（市、区）第 3 位，排在鹰潭市第 1 位。万人有效发明专利拥有量增量为 1.42 件，排在全省一类县（市、区）第 8 位，排在鹰潭市第 2 位。每万家企业法人高新技术企业数为 136.04 家，排在全省一类县（市、区）第 10 位，排在鹰潭市第 2 位。规模以上工业企业新产品销售收入占营业收入比重为 35.66%，排在全省一类县（市、区）第 6 位，排在鹰潭市第 1 位。技术合同成交额为 34 608 万元、与 GDP 之比为 0.68%，排在全省一类县（市、区）第 14 位，排在鹰潭市第 2 位。本级地方财政科技支出占本级公共财政支出比重为 2.35%，排在全省一类县（市、区）第 17 位，排在鹰潭市第 2 位（表 3-34）。

表 3-34　贵溪市（一类）科技创新能力评价指标得分与排名

指标名称	得分（分）	全省一类县（市、区）排名		本市排名	
	2020 年	2020 年	2019 年	2020 年	2019 年
科技创新能力	67.23	15	10	3	2
创新环境	2.72	33	26	2	2
创新基础	2.63	32	29	2	2
规模以上企业数（家）	3.21	19	20	1	1

续表

指标名称	得分（分）	全省一类县（市、区）排名		本市排名	
	2020 年	2020 年	2019 年	2020 年	2019 年
规模以上工业企业建立研发机构的比例（%）	1.74	31	33	3	3
当年新增省级及以上研发平台 / 创新载体（个）	2.97	18	10	2	1
科技意识	2.85	24	21	2	2
人均科普经费投入（元）	2.22	24	19	1	1
科普专题活动次数（次）	3.63	12	12	2	2
创新投入	3.33	11	3	3	1
人力投入	4.08	7	4	1	1
规模以上工业企业中万人 R&D 人员全时当量（人・年）	3.75	12	5	2	1
规模以上工业企业 R&D 人员占从业人员比重（%）	4.41	3	5	1	1
财力投入	2.71	24	4	3	1
规模以上工业企业 R&D 经费支出	2.83	21	3	3	1
规模以上工业企业R&D经费支出占营业收入比重（%）	2.60	27	20	3	3
创新成效	3.27	10	13	2	2
技术创新	3.37	9	9	2	2
万人有效发明专利拥有量增量（件）	3.11	8	11	2	1
每万家企业法人高新技术企业数（家）	3.65	10	9	2	2
每万家企业法人科技型中小企业数（家）	3.34	10	6	2	2
产业化水平	3.18	14	14	2	2
规模以上工业企业新产品销售收入占营业收入比重（%）	4.43	6	8	1	2
高新技术产业增加值占规模以上工业增加值比重（%）	1.82	30	26	3	3
技术合同成交额	3.33	14	10	2	2
农业产业化省级以上龙头企业数（家）	3.48	12	12	1	1
经济社会发展	3.07	28	27	3	3
经济增长	3.10	17	17	2	3
GDP 较上一年增长（%）	3.31	15	20	2	3
本级地方财政科技支出占本级公共财政支出比重（%）	2.90	17	10	2	2

续表

指标名称	得分（分）	全省一类县（市、区）排名		本市排名	
	2020 年	2020 年	2019 年	2020 年	2019 年
社会生活	3.02	26	25	3	3
居民人均可支配收入（元）	3.06	25	25	2	2
万人社会消费品零售额（亿元）	2.96	21	21	3	3

如表 3-34 所示，贵溪市科技创新能力排在全省一类县（市、区）第 15 位，较上一年下降了 5 位，排在鹰潭市第 3 位，较上一年下降了 1 位。在一级指标中，经济社会发展排在全省一类县（市、区）第 28 位，较上一年下降了 1 位，排在鹰潭市第 3 位，与上一年排名相同；创新投入排在全省一类县（市、区）第 11 位，较上一年下降了 8 位，排在鹰潭市第 3 位，较上一年下降了 2 位；创新成效排在全省一类县（市、区）第 10 位，较上一年上升了 3 位，排在鹰潭市第 2 位，与上一年排名相同；创新环境排在全省一类县（市、区）第 33 位，较上一年下降了 7 位，排在鹰潭市第 2 位，与上一年排名相同。

综上所述，贵溪市规模以上工业企业 R&D 人员占从业人员比重、万人有效发明专利拥有量增量、规模以上工业企业新产品销售收入占营业收入比重居全省一类县（市、区）前列。但规模以上工业企业建立研发机构的比例、高新技术产业增加值占规模以上工业增加值比重、规模以上工业企业 R&D 经费支出、居民人均可支配收入等排名靠后。建议该市加大科普投入，增强企业及民众科技创新意识，鼓励企业自主研发、做大做强，提高科技成果转移转化能力，加速人才引进和培育，进一步提升区域科技竞争力。

二、余江区

余江区，原名余江县，位于江西省东北部，其隶属于鹰潭市。2020 年，该区常住人口为 32.62 万人，地区 GDP 为 164.45 亿元。居民人均可支配收入为 27 074 元，排在全省二类县（市、区）第 11 位，排在鹰潭市第 3 位。GDP 较上一年增长 5.0%，排在全省二类县（市、区）第 1 位，排在鹰潭市第 1 位。当年新增省级及以上研发平台 / 创新载体共 1 个，排在全省二类县

（市、区）第4位，排在鹰潭市第3位。规模以上工业企业R&D人员占从业人员比重为7.19%，排在全省二类县（市、区）第7位，排在鹰潭市第3位。万人有效发明专利拥有量增量为0.30件，排在全省二类县（市、区）第13位，排在鹰潭市第3位。每万家企业法人高新技术企业数为62.23家，排在全省二类县（市、区）第16位，排在鹰潭市第3位。规模以上工业企业新产品销售收入占营业收入比重为33.31%，排在全省二类县（市、区）第3位，排在鹰潭市第2位。技术合同成交额为32 727.12万元、与GDP之比为1.99%，排在全省二类县（市、区）第3位，排在鹰潭市第1位。本级地方财政科技支出占本级公共财政支出比重为10.78%，排在全省二类县（市、区）第1位，排在鹰潭市第1位（表3-35）。

表3-35　余江区（二类）科技创新能力评价指标得分与排名

指标名称	得分（分）	全省二类县（市、区）排名		本市排名	
	2020年	2020年	2019年	2020年	2019年
科技创新能力	70.49	2	3	2	3
创新环境	2.49	29	24	3	3
创新基础	2.61	23	25	3	3
规模以上企业数（家）	2.82	19	23	3	3
规模以上工业企业建立研发机构的比例（%）	2.30	25	22	2	2
当年新增省级及以上研发平台/创新载体（个）	2.74	4	17	3	3
科技意识	2.31	27	22	3	3
人均科普经费投入（元）	2.11	24	18	2	2
科普专题活动次数（次）	2.55	18	15	3	3
创新投入	3.57	3	5	2	3
人力投入	3.31	5	10	3	3
规模以上工业企业中万人R&D人员全时当量（人·年）	3.29	6	13	3	3
规模以上工业企业R&D人员占从业人员比重（%）	3.32	7	8	3	3
财力投入	3.78	5	5	1	2
规模以上工业企业R&D经费支出	4.05	3	4	1	2
规模以上工业企业R&D经费支出占营业收入比重（%）	3.56	5	7	1	1

续表

指标名称	得分（分）	全省二类县（市、区）排名		本市排名	
	2020 年	2020 年	2019 年	2020 年	2019 年
创新成效	3.01	10	2	3	3
技术创新	2.69	16	13	3	3
万人有效发明专利拥有量增量（件）	2.72	13	10	3	3
每万家企业法人高新技术企业数（家）	2.64	16	16	3	3
每万家企业法人科技型中小企业数（家）	2.72	17	10	3	3
产业化水平	3.32	7	3	1	1
规模以上工业企业新产品销售收入占营业收入比重（%）	4.25	3	2	2	1
高新技术产业增加值占规模以上工业增加值比重（%）	2.10	30	9	2	2
技术合同成交额	4.06	3	3	1	1
农业产业化省级以上龙头企业数（家）	2.77	20	20	2	3
经济社会发展	5.14	1	1	1	1
经济增长	6.51	1	1	1	1
GDP 较上一年增长（%）	4.55	1	2	1	1
本级地方财政科技支出占本级公共财政支出比重（%）	8.46	1	1	1	1
社会生活	3.09	6	4	2	2
居民人均可支配收入（元）	2.96	11	10	3	3
万人社会消费品零售额（亿元）	3.26	3	3	2	2

如表3-35所示，余江区科技创新能力排在全省二类县（市、区）第2位，排在鹰潭市第 2 位，都较上一年上升了 1 位。在一级指标中，经济社会发展排在全省二类县（市、区）第 1 位，排在鹰潭市第 1 位，都与上一年排名相同；创新投入排在全省二类县（市、区）第 3 位，较上一年上升了 2 位，排在鹰潭市第 2 位，较上一年上升了 1 位；创新成效排在全省二类县（市、区）第 10 位，较上一年下降了 8 位，排在鹰潭市第 3 位，与上一年排名相同；创新环境排在全省二类县（市、区）第 29 位，较上一年下降了 5 位，排在鹰潭市第 3 位，与上一年排名相同。

综上所述，余江区 GDP 较上一年增长、本级地方财政科技支出占本级公共财政支出比重居全省二类县（市、区）首位，规模以上工业企业 R&D 经费支出、规模以上工业企业新产品销售收入占营业收入比重、技术合同成交额排名靠前。但规模以上工业企业建立研发机构的比例、高新技术产业增加值占规模以上工业增加值比重、人均科普经费投入排名靠后。建议该区加大科普投入，增强企业及民众科技创新意识，鼓励有条件的企业建立研发平台，提高科技成果转移转化工作成效，助推经济高质量发展。

三、月湖区

月湖区，位于江西省东部偏北、鹰潭市中部，其为鹰潭市市辖区。2020 年，该区常住人口为 28.75 万人，地区 GDP 为 312.04 亿元。居民人均可支配收入为 41 683 元，排在全省一类县（市、区）第 8 位，排在鹰潭市第 1 位。GDP 较上一年增长 3.50%，排在全省一类县（市、区）第 27 位，排在鹰潭市第 3 位。规模以上企业数为 192 家，排在全省一类县（市、区）第 20 位，排在鹰潭市第 2 位。规模以上工业企业 R&D 人员占从业人员比重为 9.75%，排在全省一类县（市、区）第 4 位，排在鹰潭市第 2 位。万人有效发明专利拥有量增量为 2.09 件，排在全省一类县（市、区）第 6 位，排在鹰潭市第 1 位。每万家企业法人高新技术企业数为 617.58 家，排在全省一类县（市、区）第 1 位，排在鹰潭市第 1 位。规模以上工业企业新产品销售收入占营业收入比重为 25.65%，排在全省一类县（市、区）第 7 位，排在鹰潭市第 3 位。技术合同成交额为 6339.85 万元、与 GDP 之比为 0.20%，排在全省一类县（市、区）第 33 位，排在鹰潭市第 3 位。本级地方财政科技支出占本级公共财政支出比重为 1.83%，排在全省一类县（市、区）第 26 位，排在鹰潭市第 3 位（表 3-36）。

表 3-36　月湖区（一类）科技创新能力评价指标得分与排名

指标名称	得分（分）	全省一类县（市、区）排名		本市排名	
	2020 年	2020 年	2019 年	2020 年	2019 年
科技创新能力	90.69	2	4	1	1

续表

指标名称	得分（分）	全省一类县（市、区）排名		本市排名	
	2020 年	2020 年	2019 年	2020 年	2019 年
创新环境	3.35	10	12	1	1
创新基础	3.39	16	22	1	1
规模以上企业数（家）	3.04	20	21	2	2
规模以上工业企业建立研发机构的比例（%）	2.90	16	12	1	1
当年新增省级及以上研发平台 / 创新载体（个）	4.39	6	17	1	2
科技意识	3.29	11	8	1	1
人均科普经费投入（元）	2.11	25	23	2	3
科普专题活动次数（次）	4.73	5	2	1	1
创新投入	3.59	8	11	1	2
人力投入	4.01	8	9	2	2
规模以上工业企业中万人 R&D 人员全时当量（人·年）	3.87	10	8	1	2
规模以上工业企业 R&D 人员占从业人员比重（%）	4.15	4	8	2	2
财力投入	3.25	9	19	2	3
规模以上工业企业 R&D 经费支出	3.46	10	17	2	3
规模以上工业企业 R&D 经费支出占营业收入比重（%）	3.08	8	17	2	2
创新成效	5.66	1	1	1	1
技术创新	8.15	1	1	1	1
万人有效发明专利拥有量增量（件）	3.35	6	18	1	2
每万家企业法人高新技术企业数（家）	10.26	1	1	1	1
每万家企业法人科技型中小企业数（家）	11.29	1	1	1	1
产业化水平	3.16	16	17	3	3
规模以上工业企业新产品销售收入占营业收入比重（%）	3.65	7	9	3	3
高新技术产业增加值占规模以上工业增加值比重（%）	3.83	4	10	1	1
技术合同成交额	2.29	33	23	3	3
农业产业化省级以上龙头企业数（家）	2.77	19	17	2	2
经济社会发展	3.55	9	5	2	2

续表

指标名称	得分（分）	全省一类县（市、区）排名		本市排名	
	2020 年	2020 年	2019 年	2020 年	2019 年
经济增长	2.51	28	16	3	2
GDP 较上一年增长（%）	2.48	27	14	3	2
本级地方财政科技支出占本级公共财政支出比重（%）	2.55	26	24	3	3
社会生活	5.11	5	5	1	1
居民人均可支配收入（元）	4.91	8	8	1	1
万人社会消费品零售额（亿元）	5.34	5	5	1	1

如表3-36所示，月湖区科技创新能力排在全省一类县（市、区）第2位，较上一年上升了2位，排在鹰潭市第1位，与上一年排名相同。在一级指标中，经济社会发展排在全省一类县（市、区）第9位，较上一年下降了4位，排在鹰潭市第2位，与上一年排名相同；创新投入排在全省一类县（市、区）第8位，较上一年上升了3位，排在鹰潭市第1位，较上一年上升了1位；创新成效排在全省一类县（市、区）第1位，排在鹰潭市第1位，都与上一年排名相同；创新环境排在全省一类县（市、区）第10位，较上一年上升了2位，排在鹰潭市第1位，与上一年排名相同。

综上所述，月湖区每万家企业法人高新技术企业数、每万家企业法人科技型中小企业数居全省一类县（市、区）首位，科普专题活动次数、规模以上工业企业 R&D 人员占从业人员比重、高新技术产业增加值占规模以上工业增加值比重排名靠前。但技术合同成交额、人均科普经费投入、GDP 较上一年增长、本级地方财政科技支出占本级公共财政支出比重排名靠后。建议该区加大科普投入，增强企业及民众科技创新意识，加强产学研深度合作，提高高科技产品产业化水平，以科技带动经济高质量发展。

第七节　赣　州　市

一、章贡区

章贡区，位于江西省南部、赣州市中偏西北部，其为赣州市市辖区。2020年，该区常住人口为112.33万人，地区GDP为521.94亿元。居民人均可支配收入为39 425元，排在全省一类县（市、区）第10位，排在赣州市第1位。GDP较上一年增长4.60%，排在全省一类县（市、区）第7位，排在赣州市第2位。规模以上企业数为527家，排在全省一类县（市、区）第4位，排在赣州市第2位。科普专题活动次数为158次，排在全省一类县（市、区）第2位，排在赣州市第1位。当年新增省级及以上研发平台/创新载体共12个，其中国家级1个、省级11个，排在全省一类县（市、区）第4位，排在赣州市第1位。万人有效发明专利拥有量增量为8.06件，排在全省一类县（市、区）第4位，排在赣州市第1位。每万家企业法人高新技术企业数为67.68家，排在全省一类县（市、区）第23位，排在赣州市第11位。技术合同成交额为303 95.98万元、与GDP之比为0.58%，排在全省一类县（市、区）第15位，排在赣州市第1位。万人社会消费品零售额为2.77亿元，排在全省一类县（市、区）第14位，排在赣州市第1位（表3-37）。

表3-37　章贡区（一类）科技创新能力评价指标得分与排名

指标名称	得分（分）	全省一类县（市、区）排名		本市排名	
	2020年	2020年	2019年	2020年	2019年
科技创新能力	78.68	6	9	1	1
创新环境	4.73	4	3	1	1
创新基础	4.92	3	4	1	1
规模以上企业数（家）	5.59	4	4	2	2

续表

指标名称	得分（分）	全省一类县（市、区）排名		本市排名	
	2020 年	2020 年	2019 年	2020 年	2019 年
规模以上工业企业建立研发机构的比例（%）	3.47	11	24	9	12
当年新增省级及以上研发平台 / 创新载体（个）	5.80	4	5	1	1
科技意识	4.46	2	3	1	1
人均科普经费投入（元）	3.41	6	4	3	2
科普专题活动次数（次）	5.74	2	5	1	1
创新投入	3.01	20	27	8	7
人力投入	2.93	21	27	5	10
规模以上工业企业中万人 R&D 人员全时当量（人·年）	3.10	19	25	3	5
规模以上工业企业 R&D 人员占从业人员比重（%）	2.76	24	26	8	11
财力投入	3.08	12	16	10	6
规模以上工业企业 R&D 经费支出	3.28	14	15	5	1
规模以上工业企业R&D经费支出占营业收入比重（%）	2.91	12	11	13	14
创新成效	3.76	5	5	1	1
技术创新	3.85	6	3	3	1
万人有效发明专利拥有量增量（件）	5.45	4	4	1	2
每万家企业法人高新技术企业数（家）	2.72	23	12	11	7
每万家企业法人科技型中小企业数（家）	3.29	11	2	9	1
产业化水平	3.67	6	13	1	4
规模以上工业企业新产品销售收入占营业收入比重（%）	3.07	13	14	6	4
高新技术产业增加值占规模以上工业增加值比重（%）	4.84	1	4	1	3
技术合同成交额	3.16	15	32	1	16
农业产业化省级以上龙头企业数（家）	3.34	14	20	1	3
经济社会发展	3.83	5	8	1	1
经济增长	3.65	7	14	3	14
GDP 较上一年增长（%）	4.00	7	14	2	15
本级地方财政科技支出占本级公共财政支出比重（%）	3.29	12	14	4	5

续表

指标名称	得分（分）	全省一类县（市、区）排名		本市排名	
	2020 年	2020 年	2019 年	2020 年	2019 年
社会生活	4.10	11	14	1	1
居民人均可支配收入（元）	4.61	10	10	1	1
万人社会消费品零售额（亿元）	3.48	14	14	1	1

如表3-37所示，章贡区科技创新能力排在全省一类县（市、区）第6位，较上一年上升了3位，排在赣州市第1位，与上一年排名相同。在一级指标中，经济社会发展排在全省一类县（市、区）第5位，较上一年上升了3位，排在赣州市第1位，与上一年排名相同；创新投入排在全省一类县（市、区）第20位，较上一年上升了7位，排在赣州市第8位，较上一年下降了1位；创新成效排在全省一类县（市、区）第5位，排在赣州市第1位，均与上一年排名相同；创新环境排在全省一类县（市、区）第4位，较上一年下降了1位，排在赣州市第1位，与上一年排名相同。

综上所述，章贡区高新技术产业增加值占规模以上工业增加值比重排名居全省一类县（市、区）首位，规模以上企业数、当年新增省级及以上研发平台/创新载体、科普专题活动次数排名靠前，但规模以上工业企业R&D人员占从业人员比重、每万家企业法人高新技术企业数排名靠后。建议该区加大科技投入，加速培育高技术及科技型中小企业，促进传统企业转型升级，提高科技竞争力。

二、南康区

南康区，位于江西省南部、赣州市西部，其为赣州市市辖区。2020年，该区常住人口为88.85万人，地区GDP为354.60亿元。居民人均可支配收入为23 536元，排在全省一类县（市、区）第33位，排在赣州市第4位。GDP较上一年增长4.70%，排在全省一类县（市、区）第4位，排在赣州市第1位。规模以上企业数为638家，排在全省一类县（市、区）第2位，排在赣州市第1位。科普专题活动次数为8次，排在全省一类县（市、区）第

26 位，排在赣州市第 12 位。规模以上工业企业中万人 R&D 人员全时当量为 12.75 人·年，排在全省一类县（市、区）第 26 位，排在赣州市第 8 位。规模以上工业企业 R&D 经费支出为 38 790.30 万元、较上一年增长 106.97%，排在全省一类县（市、区）第 9 位，排在赣州市第 3 位。万人有效发明专利拥有量增量为 0.36 件，排在全省一类县（市、区）第 24 位，排在赣州市第 3 位。每万家企业法人高新技术企业数为 48.90 家，排在全省一类县（市、区）第 27 位，排在赣州市第 15 位。技术合同成交额为 3010 万元、与 GDP 之比为 0.08%，排在全省一类县（市、区）第 35 位，排在赣州市第 18 位。万人社会消费品零售额为 1.77 亿元，排在全省一类县（市、区）第 28 位，排在赣州市第 3 位（表 3-38）。

表 3-38 南康区（一类）科技创新能力评价指标得分与排名

指标名称	得分（分）	全省一类县（市、区）排名		本市排名	
	2020 年	2020 年	2019 年	2020 年	2019 年
科技创新能力	61.12	30	30	12	9
创新环境	3.41	9	7	2	2
创新基础	3.70	8	7	2	2
规模以上企业数（家）	6.44	2	2	1	1
规模以上工业企业建立研发机构的比例（%）	1.78	29	30	18	13
当年新增省级及以上研发平台 / 创新载体（个）	2.74	28	30	5	7
科技意识	2.98	19	14	13	6
人均科普经费投入（元）	3.41	6	4	3	2
科普专题活动次数（次）	2.44	26	26	12	9
创新投入	2.85	24	31	11	17
人力投入	2.39	29	32	11	1
规模以上工业企业中万人 R&D 人员全时当量（人·年）	2.45	26	30	8	12
规模以上工业企业 R&D 人员占从业人员比重（%）	2.33	29	33	14	13
财力投入	3.23	10	28	8	15
规模以上工业企业 R&D 经费支出	3.51	9	29	3	18

续表

指标名称	得分（分）	全省一类县（市、区）排名		本市排名	
	2020 年	2020 年	2019 年	2020 年	2019 年
规模以上工业企业 R&D 经费支出占营业收入比重（%）	2.99	11	27	10	16
创新成效	2.52	32	27	17	11
技术创新	2.89	19	18	10	9
万人有效发明专利拥有量增量（件）	2.74	24	23	8	7
每万家企业法人高新技术企业数（家）	2.46	27	32	15	15
每万家企业法人科技型中小企业数（家）	3.57	5	3	3	4
产业化水平	2.15	34	34	18	18
规模以上工业企业新产品销售收入占营业收入比重（%）	2.18	27	31	17	15
高新技术产业增加值占规模以上工业增加值比重（%）	1.99	28	28	18	18
技术合同成交额	2.13	35	33	18	18
农业产业化省级以上龙头企业数（家）	2.48	24	23	8	7
经济社会发展	3.11	26	13	4	3
经济增长	3.46	13	4	5	4
GDP 较上一年增长（%）	4.14	4	1	1	1
本级地方财政科技支出占本级公共财政支出比重（%）	2.78	22	21	11	12
社会生活	2.59	33	33	2	2
居民人均可支配收入（元）	2.49	33	33	4	4
万人社会消费品零售额（亿元）	2.73	28	30	3	6

如表 3-38 所示，南康区科技创新能力排在全省一类县（市、区）第 30 位，与上一年排名相同，排在赣州市第 12 位，较上一年下降了 3 位。在一级指标中，经济社会发展排在全省一类县（市、区）第 26 位，较上一年下降了 13 位，排在赣州市第 4 位，较上一年下降了 1 位；创新投入排在全省一类县（市、区）第 24 位，较上一年上升了 7 位，排在赣州市第 11 位，较上一年上升了 6 位；创新成效排在全省一类县（市、区）第 32 位，较上一年下降了 5 位，排在赣州市第 17 位，较上一年下降了 6 位；创新环境排在全省一类县（市、区）第 9 位，较上一年下降了 2 位，排在赣州市第 2 位，与上一年排名

相同。

综上所述，南康区规模以上企业数、每万家企业法人科技型中小企业数、GDP 较上一年增长排名靠前，但规模以上工业企业建立研发机构的比例、规模以上工业企业 R&D 人员占从业人员比重、技术合同成交额、规模以上工业企业新产品销售收入占营业收入比重等排名靠后。建议该区加大科技创新投入，积极引进和培育人才，加速产业转型升级，大力培育高新技术产业，加强人才引进和培养，促进经济高质量发展。

三、赣县区

赣县区，原赣县，2017 年 10 月撤销赣县设立赣县区。其位于江西省南部、赣州市中部，其为赣州市市辖区。2020 年，该区常住人口为 57.63 万人，地区 GDP 为 202.28 亿元。居民人均可支配收入 22 489 元，排在全省一类县（市、区）第 34 位，排在赣州市第 7 位。GDP 较上一年增长 4.40%，排在全省一类县（市、区）第 9 位，排在赣州市第 4 位。规模以上企业数为 147 家，排在全省一类县（市、区）第 29 位，排在赣州市第 5 位。科普专题活动次数为 34 次，排在全省一类县（市、区）第 19 位，排在赣州市第 5 位。规模以上工业企业中万人 R&D 人员全时当量为 8.71 人·年，排在全省一类县（市、区）第 31 位，排在赣州市第 10 位。规模以上工业企业 R&D 经费支出为 21 306.90 万元、较上一年下降 11.49%，排在全省一类县（市、区）第 27 位，排在赣州市第 11 位。万人有效发明专利拥有量增量为 0.30 件，排在全省一类县（市、区）第 26 位，排在赣州市第 10 位。每万家企业法人高新技术企业数为 265.47 家，排在全省一类县（市、区）第 3 位，排在赣州市第 1 位。技术合同成交额为 4189.55 万元、与 GDP 之比为 0.21%，排在全省一类县（市、区）第 34 位，排在赣州市第 15 位。万人社会消费品零售额为 1.45 亿元，排在全省一类县（市、区）第 33 位，排在赣州市第 7 位（表 3-39）。

表 3-39　赣县区（一类）科技创新能力评价指标得分与排名

指标名称	得分（分）	全省一类县（市、区）排名		本市排名	
	2020 年	2020 年	2019 年	2020 年	2019 年
科技创新能力	62.89	24	17	6	5
创新环境	2.93	27	14	11	3
创新基础	2.73	29	26	13	7
规模以上企业数（家）	2.69	29	30	5	4
规模以上工业企业建立研发机构的比例（%）	2.56	22	17	13	9
当年新增省级及以上研发平台 / 创新载体（个）	2.97	18	10	2	2
科技意识	3.23	13	9	5	2
人均科普经费投入（元）	3.41	6	4	3	2
科普专题活动次数（次）	3.01	19	15	5	3
创新投入	2.64	27	21	13	4
人力投入	2.70	24	24	6	4
规模以上工业企业中万人 R&D 人员全时当量（人·年）	2.24	31	27	10	8
规模以上工业企业 R&D 人员占从业人员比重（%）	3.17	16	13	4	2
财力投入	2.58	28	18	17	7
规模以上工业企业 R&D 经费支出	2.52	27	20	11	7
规模以上工业企业 R&D 经费支出占营业收入比重（%）	2.63	25	6	18	10
创新成效	3.23	11	16	4	6
技术创新	3.87	5	10	1	5
万人有效发明专利拥有量增量（件）	2.72	26	23	10	7
每万家企业法人高新技术企业数（家）	5.43	3	10	1	4
每万家企业法人科技型中小企业数（家）	3.39	8	5	6	6
产业化水平	2.60	27	25	14	9
规模以上工业企业新产品销售收入占营业收入比重（%）	2.44	21	22	14	10
高新技术产业增加值占规模以上工业增加值比重（%）	3.22	13	11	11	8
技术合同成交额	2.23	34	26	15	9
农业产业化省级以上龙头企业数（家）	2.34	26	23	12	7

续表

指标名称	得分（分）	全省一类县（市、区）排名		本市排名	
	2020 年	2020 年	2019 年	2020 年	2019 年
经济社会发展	3.15	24	15	3	5
经济增长	3.65	6	3	2	2
GDP 较上一年增长（%）	3.72	9	3	4	3
本级地方财政科技支出占本级公共财政支出比重（%）	3.57	6	8	3	2
社会生活	2.41	35	35	6	10
居民人均可支配收入（元）	2.35	34	34	7	7
万人社会消费品零售额（亿元）	2.48	33	34	7	14

如表 3-39 所示，赣县区科技创新能力排在全省一类县（市、区）第 24 位，较上一年下降了 7 位，排在赣州市第 6 位，较上一年下降了 1 位。在一级指标中，经济社会发展排在全省一类县（市、区）第 24 位，较上一年下降了 9 位，排在赣州市第 3 位，较上一年上升了 2 位；创新投入排在全省一类县（市、区）第 27 位，较上一年下降了 6 位，排在赣州市第 13 位，较上一年下降了 9 位；创新成效排在全省一类县（市、区）第 11 位，较上一年上升了 5 位，排在赣州市第 4 位，较上一年上升了 2 位；创新环境排在全省一类县（市、区）第 27 位，较上一年下降了 13 位，排在赣州市第 11 位，较上一年下降了 8 位。

综上所述，赣县区每万家企业法人高新技术企业数、本级地方财政科技支出占本级公共财政支出比重排名靠前，但规模以上企业数、规模以上工业企业中万人 R&D 人员全时当量、规模以上工业企业 R&D 经费支出、技术合同成交额、居民人均可支配收入等排名靠后。建议该区加大科技创新投入，积极引进和培育人才，鼓励企业做大做强，加强产学研合作，提升高科技产品产业化水平，助推经济高质量发展。

四、信丰县

信丰县，位于江西省南部、赣州市中部，其为赣州市下辖县。2020 年，该县常住人口为 67.38 万人，地区 GDP 为 244.94 亿元。居民人均可支配收入为 23 806 元，排在全省二类县（市、区）第 20 位，排在赣州市第 2 位。GDP 较上一年增长 4.20%，排在全省二类县（市、区）第 10 位，排在赣州市第 6 位。规模以上企业数为 170 家，排在全省二类县（市、区）第 15 位，排在赣州市第 4 位。科普专题活动次数为 27 次，排在全省二类县（市、区）第 7 位，排在赣州市第 6 位。规模以上工业企业中万人 R&D 人员全时当量为 24.73 人·年，排在全省二类县（市、区）第 10 位，排在赣州市第 4 位。规模以上工业企业 R&D 经费支出为 45 794.90 万元、较上一年增长 57.69%，排在全省二类县（市、区）第 5 位，排在赣州市第 2 位。万人有效发明专利拥有量增量为 0.84 件，排在全省二类县（市、区）第 7 位，排在赣州市第 4 位。每万家企业法人高新技术企业数为 112.99 家，排在全省二类县（市、区）第 2 位，排在赣州市第 5 位。技术合同成交额为 4000 万元，与 GDP 之比为 0.16%，排在全省二类县（市、区）第 32 位，排在赣州市第 16 位。万人社会消费品零售额为 0.68 亿元，排在全省二类县（市、区）第 33 位，排在赣州市第 18 位（表 3-40）。

表 3-40　信丰县（二类）科技创新能力评价指标得分与排名

指标名称	得分（分）	全省二类县（市、区）排名		本市排名	
	2020 年	2020 年	2019 年	2020 年	2019 年
科技创新能力	69.31	3	6	2	7
创新环境	2.99	11	11	9	8
创新基础	2.88	14	15	9	9
规模以上企业数（家）	2.87	15	21	4	6
规模以上工业企业建立研发机构的比例（%）	3.02	15	12	11	7
当年新增省级及以上研发平台 / 创新载体（个）	2.74	4	9	5	4
科技意识	3.16	6	15	7	13
人均科普经费投入（元）	3.41	5	12	3	10
科普专题活动次数（次）	2.86	7	9	6	6
创新投入	3.69	2	22	2	8

续表

指标名称	得分（分）	全省二类县（市、区）排名		本市排名	
	2020 年	2020 年	2019 年	2020 年	2019 年
人力投入	3.31	4	21	2	7
规模以上工业企业中万人 R&D 人员全时当量（人·年）	3.07	10	21	4	7
规模以上工业企业 R&D 人员占从业人员比重（%）	3.55	5	17	2	10
财力投入	4.01	3	10	2	10
规模以上工业企业 R&D 经费支出	3.54	5	18	2	9
规模以上工业企业 R&D 经费支出占营业收入比重（%）	4.38	3	4	3	11
创新成效	3.12	6	4	6	5
技术创新	3.04	5	3	9	7
万人有效发明专利拥有量增量（件）	2.91	7	5	4	3
每万家企业法人高新技术企业数（家）	3.34	2	4	5	5
每万家企业法人科技型中小企业数（家）	2.84	9	3	11	9
产业化水平	3.21	10	8	2	3
规模以上工业企业新产品销售收入占营业收入比重（%）	3.91	4	4	1	1
高新技术产业增加值占规模以上工业增加值比重（%）	3.77	6	7	7	5
技术合同成交额	2.20	32	32	16	15
农业产业化省级以上龙头企业数（家）	2.91	13	20	3	3
经济社会发展	2.74	20	14	10	13
经济增长	3.07	15	12	8	16
GDP 较上一年增长（%）	3.44	10	6	6	12
本级地方财政科技支出占本级公共财政支出比重（%）	2.69	22	24	14	15
社会生活	2.24	26	22	11	5
居民人均可支配收入（元）	2.52	20	20	2	2
万人社会消费品零售额（亿元）	1.90	33	27	18	16

如表3-40所示，信丰县科技创新能力排在全省二类县（市、区）第3位，较上一年上升了3位，排在赣州市第2位，较上一年上升了5位。在一级指标中，经济社会发展排在全省二类县（市、区）第20位，较上一年下降了

6位，排在赣州市第10位，较上一年上升了3位；创新投入排在全省二类县（市、区）第2位，较上一年上升了20位，排在赣州市第2位，较上一年上升了6位；创新成效排在全省二类县（市、区）第6位，较上一年下降了2位，排在赣州市第6位，较上一年下降了1位；创新环境排在全省第11位，与上一年排名相同，排在赣州市第9位，较上一年下降了1位。

综上所述，信丰县当年新增省级及以上研发平台/创新载体、规模以上工业企业R&D经费支出占营业收入比重、每万家企业法人高新技术企业数、规模以上工业企业新产品销售收入占营业收入比重排名靠前，但技术合同成交额、万人社会消费品零售额、本级地方财政科技支出占本级公共财政支出比重排名靠后。建议该县加大科技创新投入，加大产学研合作力度，提升高科技产品产业化水平，助推经济高质量发展。

五、大余县

大余县，位于江西省西南部、赣州市西南端，其为赣州市下辖县。2020年，该县常住人口为26.50万人，地区GDP为110.94亿元。居民人均可支配收入为22 525元，排在全省三类县（市、区）第15位，排在赣州市第6位。GDP较上一年增长3.50%，排在全省三类县（市、区）第24位，排在赣州市第14位。规模以上企业数为82家，排在全省三类县（市、区）第19位，排在赣州市第11位。科普专题活动次数为13次，排在全省三类县（市、区）第19位，排在赣州市第9位。规模以上工业企业中万人R&D人员全时当量为6.83人·年，排在全省三类县（市、区）第30位，排在赣州市第15位。规模以上工业企业R&D经费支出为8591.10万元、较上一年下降37.30%，排在全省三类县（市、区）第32位，排在赣州市第18位。万人有效发明专利拥有量增量为0.38件，排在全省三类县（市、区）第14位，排在赣州市第6位。每万家企业法人高新技术企业数为84.03家，排在全省三类县（市、区）第16位，排在赣州市第9位。技术合同成交额为3563万元，与GDP之比为0.32%，排在全省三类县（市、区）第32位，排在赣州市第12位。万人社会消费品零售额为1.73亿元，排在全省三类县（市、区）第14

位，排在赣州市第4位（表3-41）。

表3-41 大余县（三类）科技创新能力评价指标得分与排名

指标名称	得分（分）	全省三类县（市、区）排名		本市排名	
	2020年	2020年	2019年	2020年	2019年
科技创新能力	57.75	24	21	15	10
创新环境	2.87	13	8	12	7
创新基础	2.77	15	8	11	6
规模以上企业数（家）	2.20	19	16	11	9
规模以上工业企业建立研发机构的比例（%）	3.18	17	10	10	4
当年新增省级及以上研发平台/创新载体（个）	2.97	2	5	2	4
科技意识	3.03	14	15	10	14
人均科普经费投入（元）	3.41	1	11	3	10
科普专题活动次数（次）	2.55	19	21	9	9
创新投入	2.45	29	18	16	10
人力投入	2.37	27	25	12	9
规模以上工业企业中万人R&D人员全时当量（人·年）	2.14	30	30	15	11
规模以上工业企业R&D人员占从业人员比重（%）	2.60	24	18	11	8
财力投入	2.51	31	10	18	9
规模以上工业企业R&D经费支出	2.15	32	17	18	10
规模以上工业企业R&D经费支出占营业收入比重（%）	2.81	21	10	15	9
创新成效	2.85	19	24	10	12
技术创新	2.84	16	16	12	12
万人有效发明专利拥有量增量（件）	2.75	14	30	6	18
每万家企业法人高新技术企业数（家）	2.94	16	12	9	8
每万家企业法人科技型中小企业数（家）	2.82	20	13	12	11
产业化水平	2.86	18	30	9	15
规模以上工业企业新产品销售收入占营业收入比重（%）	2.17	29	27	18	16
高新技术产业增加值占规模以上工业增加值比重（%）	4.34	2	17	2	11
技术合同成交额	2.28	32	27	12	11
农业产业化省级以上龙头企业数（家）	2.20	26	29	15	17

续表

指标名称	得分（分）	全省三类县（市、区）排名		本市排名	
	2020 年	2020 年	2019 年	2020 年	2019 年
经济社会发展	2.85	10	13	6	8
经济增长	3.08	10	9	7	7
GDP 较上一年增长（%）	2.48	24	7	14	8
本级地方财政科技支出占本级公共财政支出比重（%）	3.69	5	9	2	4
社会生活	2.51	14	19	3	7
居民人均可支配收入（元）	2.35	15	15	6	6
万人社会消费品零售额（亿元）	2.70	14	23	4	10

如表 3-41 所示，大余县科技创新能力排在全省三类县（市、区）第 24 位，较上一年下降了 3 位，排在赣州市第 15 位，较上一年下降了 5 位。在一级指标中，经济社会发展排在全省三类县（市、区）第 10 位，较上一年上升了 3 位，排在赣州市第 6 位，较上一年上升了 2 位；创新投入排在全省三类县（市、区）第 29 位，较上一年下降了 11 位，排在赣州市第 16 位，较上一年下降了 6 位；创新成效排在全省三类县（市、区）第 19 位，较上一年上升了 5 位，排在赣州市第 10 位，较上一年上升了 2 位；创新环境排在全省三类县（市、区）第 13 位，排在赣州市第 12 位，均较上一年下降了 5 位。

综上所述，大余县人均科普经费投入居全省三类县（市、区）首位，当年新增省级及以上研发平台 / 创新载体、高新技术产业增加值占规模以上工业增加值比重、本级地方财政科技支出占本级公共财政支出比重排名靠前，但规模以上工业企业中万人 R&D 人员全时当量、规模以上工业企业 R&D 经费支出、技术合同成交额等排名靠后。建议该县加大科技创新投入，加强科技人才培养，鼓励有条件的企业加大对新产品的研发投入，增强科技成果转移转化能力，提高经济发展质量。

六、上犹县

上犹县，位于江西省边缘、赣州市西部，其为赣州市下辖县。2020 年，该县常住人口为26.86万人，地区GDP为92.47亿元。居民人均可支配收入为19 355元，排在全省三类县（市、区）第28位，排在赣州市第14位。GDP较上一年增长3.70%，排在全省三类县（市、区）第18位，排在赣州市第11位。规模以上企业数为69家，排在全省三类县（市、区）第24位，排在赣州市第14位。科普专题活动次数为6次，排在全省三类县（市、区）第28位，排在赣州市第16位。规模以上工业企业中万人R&D人员全时当量为8.49人·年，排在全省三类县（市、区）第28位，排在赣州市第12位。万人有效发明专利拥有量增量为0.21件，排在全省三类县（市、区）第21位，排在赣州市第13位。每万家企业法人高新技术企业数为187.90家，排在全省三类县（市、区）第1位，排在赣州市2位。技术合同成交额为4552.50万元，与GDP之比为0.49%，排在全省三类县（市、区）第22位，排在赣州市第4位。农业产业化省级以上龙头企业数为8家，排在全省三类县（市、区）第10位，排在赣州市第5位。万人社会消费品零售额为1.35亿元，排在全省三类县（市、区）第21位，排在赣州市第10位（表3-42）。

表3-42 上犹县（三类）科技创新能力评价指标得分与排名

指标名称	得分（分）	全省三类县（市、区）排名		本市排名	
	2020年	2020年	2019年	2020年	2019年
科技创新能力	61.45	18	8	10	6
创新环境	2.68	22	22	15	14
创新基础	2.50	25	29	14	14
规模以上企业数（家）	2.10	24	23	14	13
规模以上工业企业建立研发机构的比例（%）	2.91	20	26	12	11
当年新增省级及以上研发平台/创新载体（个）	2.50	13	11	9	7
科技意识	2.96	21	9	16	8
人均科普经费投入（元）	3.41	1	2	3	2
科普专题活动次数（次）	2.40	28	30	16	16
创新投入	2.49	27	17	15	9
人力投入	2.36	28	19	13	6

续表

指标名称	得分（分）	全省三类县（市、区）排名		本市排名	
	2020 年	2020 年	2019 年	2020 年	2019 年
规模以上工业企业中万人 R&D 人员全时当量（人·年）	2.23	28	25	12	9
规模以上工业企业 R&D 人员占从业人员比重（%）	2.49	26	14	12	6
财力投入	2.60	27	17	16	12
规模以上工业企业 R&D 经费支出	2.45	25	18	13	11
规模以上工业企业 R&D 经费支出占营业收入比重（%）	2.72	24	16	16	13
创新成效	3.51	2	3	2	3
技术创新	3.87	2	3	2	3
万人有效发明专利拥有量增量（件）	2.69	21	16	13	10
每万家企业法人高新技术企业数（家）	4.37	1	3	2	2
每万家企业法人科技型中小企业数（家）	4.66	1	2	1	3
产业化水平	3.15	8	8	4	2
规模以上工业企业新产品销售收入占营业收入比重（%）	3.75	6	7	2	2
高新技术产业增加值占规模以上工业增加值比重（%）	3.58	11	4	8	2
技术合同成交额	2.41	22	14	4	2
农业产业化省级以上龙头企业数（家）	2.77	10	10	5	3
经济社会发展	2.52	24	7	14	6
经济增长	2.77	21	3	14	5
GDP 较上一年增长（%）	2.75	18	2	11	3
本级地方财政科技支出占本级公共财政支出比重（%）	2.79	15	23	9	13
社会生活	2.15	28	30	14	15
居民人均可支配收入（元）	1.93	28	29	14	14
万人社会消费品零售额（亿元）	2.41	21	22	10	9

如表 3-42 所示，上犹县科技创新能力排在全省三类县（市、区）第 18 位，较上一年下降了 10 位，排在赣州市第 10 位，较上一年下降了 4 位。在一级指标中，经济社会发展排在全省三类县（市、区）第 24 位，较上一年下降了 17 位，排在赣州市第 14 位，较上一年下降了 8 位；创新投入排在全省

三类县（市、区）第27位，较上一年下降了10位，排在赣州市第15位，较上一年下降了6位；创新成效排在全省三类县（市、区）第2位，排在赣州市第2位，均比上一年上升了1位；创新环境排在全省三类县（市、区）第22位，与上一年排名相同，排在赣州市第15位，较上一年下降了1位。

综上所述，上犹县人均科普经费投入、每万家企业法人高新技术企业数、每万家企业法人科技型中小企业数居全省三类县（市、区）首位，但规模以上工业企业中万人R&D人员全时当量、规模以上工业企业R&D人员占从业人员比重、规模以上工业企业R&D经费支出、规模以上工业企业R&D经费支出占营业收入比重、居民人均可支配收入等排名相对靠后。建议该县加大科技创新投入，积极引进和培育科研人员，同时鼓励有条件的企业自主创新，加强产学研合作，促进经济高质量发展。

七、崇义县

崇义县，位于江西省西南边缘，其为赣州市下辖县。2020年，该县常住人口为17.78万人，地区GDP为89.15亿元。居民人均可支配收入为20 277元，排在全省三类县（市、区）第20位，排在赣州市第12位。GDP较上一年增长3.80%，排在全省三类县（市、区）第15位，排在赣州市第10位。规模以上企业数为54家，排在全省三类县（市、区）第30位，排在赣州市第18位。科普专题活动次数为16次，排在全省三类县（市、区）第15位，排在赣州市第8位。规模以上工业企业中万人R&D人员全时当量为13.66人·年，排在全省三类县（市、区）第19位，排在赣州市第7位。规模以上工业企业R&D经费支出为5254.70万元、较上一年增长34.57%，排在全省三类县（市、区）第19位，排在赣州市第10位。万人有效发明专利拥有量增量为2.49件，排在全省三类县（市、区）第3位，排在赣州市第3位。每万家企业法人高新技术企业数为81.12家，排在全省三类县（市、区）第18位，排在赣州市第10位。技术合同成交额为4350万元，与GDP之比为0.49%，排在全省三类县（市、区）第26位，排在赣州市第6位。万人社会消费品零售额为1.65亿元，排在全省三类县（市、区）第15位，排在赣州市第 5 位（表 3-43）。

表 3-43 崇义县（三类）科技创新能力评价指标得分与排名

指标名称	得分（分）	全省三类县（市、区）排名		本市排名	
	2020 年	2020 年	2019 年	2020 年	2019 年
科技创新能力	58.63	22	28	14	14
创新环境	2.57	27	26	17	16
创新基础	2.24	31	30	17	16
规模以上企业数（家）	1.98	30	30	18	18
规模以上工业企业建立研发机构的比例（%）	1.87	31	29	16	15
当年新增省级及以上研发平台 / 创新载体（个）	2.97	2	11	2	7
科技意识	3.06	11	5	8	3
人均科普经费投入（元）	3.41	1	2	3	2
科普专题活动次数（次）	2.62	15	16	8	7
创新投入	2.64	24	29	12	13
人力投入	2.61	23	13	10	3
规模以上工业企业中万人 R&D 人员全时当量（人·年）	2.50	19	18	7	3
规模以上工业企业 R&D 人员占从业人员比重（%）	2.72	20	8	10	3
财力投入	2.67	24	32	13	17
规模以上工业企业 R&D 经费支出	2.64	19	32	10	17
规模以上工业企业 R&D 经费支出占营业收入比重（%）	2.69	26	30	17	17
创新成效	3.02	13	21	8	10
技术创新	3.23	8	14	6	11
万人有效发明专利拥有量增量（件）	3.49	3	9	3	5
每万家企业法人高新技术企业数（家）	2.90	18	16	10	11
每万家企业法人科技型中小企业数（家）	3.30	11	11	8	10
产业化水平	2.82	19	26	10	10
规模以上工业企业新产品销售收入占营业收入比重（%）	2.98	16	18	9	9
高新技术产业增加值占规模以上工业增加值比重（%）	3.28	15	24	10	14
技术合同成交额	2.40	26	21	6	6

续表

指标名称	得分（分）	全省三类县（市、区）排名		本市排名	
	2020 年	2020 年	2019 年	2020 年	2019 年
农业产业化省级以上龙头企业数（家）	2.48	15	18	8	7
经济社会发展	2.60	21	19	11	15
经济增长	2.79	19	18	13	17
GDP 较上一年增长（%）	2.89	15	15	10	15
本级地方财政科技支出占本级公共财政支出比重（%）	2.68	20	24	15	14
社会生活	2.31	23	18	9	6
居民人均可支配收入（元）	2.05	20	21	12	12
万人社会消费品零售额（亿元）	2.63	15	12	5	4

如表 3-43 所示，崇义县科技创新能力排在全省三类县（市、区）第 22 位，较上一年上升了 6 位，排在赣州市第 14 位，与上一年排名相同。在一级指标中，经济社会发展排在全省三类县（市、区）第 21 位，较上一年下降了 2 位，排在赣州市第 11 位，较上一年上升了 4 位；创新投入排在全省三类县（市、区）第 24 位，较上一年上升了 5 位，排在赣州市第 12 位，较上一年上升了 1 位；创新成效排在全省三类县（市、区）第 13 位，较上一年上升了 8 位，排在赣州市第 8 位，较上一年上升了 2 位；创新环境排在全省三类县（市、区）第 27 位，排在赣州市第 17 位，均比上一年下降 1 位。

综上所述，崇义县人均科普经费投入在全省三类县（市、区）排名第一，当年新增省级及以上研发平台 / 创新载体、万人有效发明专利拥有量增量排名靠前，但规模以上工业企业建立研发机构的比例、规模以上企业数、技术合同成交额等排名靠后。建议该县鼓励企业做大做强，建立研发机构，夯实创新基础，同时加大科技创新投入，积极引进和培育人才，加速企业转型升级，加速产业转型升级，不断提升经济发展质量。

八、安远县

安远县，位于江西省南部，其为赣州市下辖县。2020 年，该县常住人口为 34.64 万人，地区 GDP 为 92.12 亿元。居民人均可支配收入为 18 592 元，排在全省三类县（市、区）第 31 位，排在赣州市第 17 位。GDP 较上一年增长 3.40%，排在全省三类县（市、区）第 28 位，排在赣州市第 16 位。规模以上企业数为 57 家，排在全省三类县（市、区）第 29 位，排在赣州市第 17 位。规模以上工业企业中万人 R&D 人员全时当量为 14.09 人·年，排在全省三类县（市、区）第 18 位，排在赣州市第 6 位。万人有效发明专利拥有量增量为 0.24 件，排在全省三类县（市、区）第 20 位，排在赣州市第 11 位。每万家企业法人高新技术企业数为 84.22 家，排在全省三类县（市、区）第 14 位，排在赣州市第 8 位。技术合同成交额为 3713 万元，与 GDP 之比为 0.40%，排在全省三类县（市、区）第 29 位，排在赣州市第 8 位。农业产业化省级以上龙头企业数为 10 家，排在全省三类县（市、区）第 5 位，排在赣州市第 2 位。万人社会消费品零售额为 1.22 亿元，排在全省三类县（市、区）第 28 位，排在赣州市第 12 位。本级地方财政科技支出占本级公共财政支出比重为 1.85%，排在全省三类县（市、区）第 26 位，排在赣州市第 18 位（表 3-44）。

表 3-44　安远县（三类）科技创新能力评价指标得分与排名

指标名称	得分（分）	全省三类县（市、区）排名		本市排名	
	2020 年	2020 年	2019 年	2020 年	2019 年
科技创新能力	62.71	14	24	7	13
创新环境	2.79	17	31	14	17
创新基础	2.09	32	32	18	18
规模以上企业数（家）	2.01	29	28	17	17
规模以上工业企业建立研发机构的比例（%）	1.83	32	32	17	18
当年新增省级及以上研发平台 / 创新载体（个）	2.50	13	11	9	7
科技意识	3.83	1	10	2	9
人均科普经费投入（元）	3.41	1	2	3	2
科普专题活动次数（次）	4.35	1	31	2	17
创新投入	3.17	9	23	5	11

续表

指标名称	得分（分）	全省三类县（市、区）排名		本市排名	
	2020 年	2020 年	2019 年	2020 年	2019 年
人力投入	2.69	19	24	7	8
规模以上工业企业中万人 R&D 人员全时当量（人·年）	2.52	18	28	6	10
规模以上工业企业 R&D 人员占从业人员比重（%）	2.87	16	20	7	9
财力投入	3.56	3	19	4	14
规模以上工业企业 R&D 经费支出	2.83	12	28	8	16
规模以上工业企业 R&D 经费支出占营业收入比重（%）	4.16	3	9	4	8
创新成效	3.00	15	14	9	8
技术创新	2.85	15	12	11	10
万人有效发明专利拥有量增量（件）	2.70	20	24	11	11
每万家企业法人高新技术企业数（家）	2.94	14	13	8	9
每万家企业法人科技型中小企业数（家）	2.93	17	6	10	8
产业化水平	3.15	7	14	3	5
规模以上工业企业新产品销售收入占营业收入比重（%）	3.03	14	17	8	7
高新技术产业增加值占规模以上工业增加值比重（%）	4.11	6	9	5	6
技术合同成交额	2.34	29	23	8	8
农业产业化省级以上龙头企业数（家）	3.05	5	7	2	2
经济社会发展	2.29	30	30	18	18
经济增长	2.45	26	29	17	18
GDP 较上一年增长（%）	2.34	28	30	16	18
本级地方财政科技支出占本级公共财政支出比重（%）	2.56	26	25	18	17
社会生活	2.04	31	27	17	13
居民人均可支配收入（元）	1.83	31	31	17	17
万人社会消费品零售额（亿元）	2.31	28	17	12	7

如表 3-44 所示，安远县科技创新能力排在全省三类县（市、区）第 14 位，较上一年上升了 10 位，排在赣州市第 7 位，较上一年上升了 6 位。在一级指标中，经济社会发展排在全省三类县（市、区）第 30 位，排在赣州市第

18位，均与上一年排名相同；创新投入排在全省三类县（市、区）第9位，较上一年上升了14位，排在赣州市第5位，较上一年上升了6位；创新成效排在全省三类县（市、区）第15位，排在赣州市第9位，均比上一年下降了1位；创新环境排在全省三类县（市、区）第17位，较上一年上升了14位，排在赣州市第14位，较上一年上升了3位。

综上所述，安远县人均科普经费投入、科普专题活动次数居全省三类县（市、区）首位，规模以上工业企业R&D经费支出占营业收入比重、高新技术产业增加值占规模以上工业增加值比重、农业产业化省级以上龙头企业数排名靠前，但规模以上企业数、规模以上工业企业建立研发机构的比例、技术合同成交额、居民人均可支配收入等排名靠后。建议该县鼓励有条件的企业建立研发平台，加强产学研合作，提高成果转移转化能力，助力经济高质量发展。

九、龙南市

龙南市，原龙南县，位于江西省最南端，其为赣州市下辖县级市。2020年，该市常住人口为31.92万人，地区GDP为171.52亿元。居民人均可支配收入为23 627元，排在全省三类县（市、区）第12位，排在赣州市第3位。GDP较上一年增长4.50%，排在全省三类县（市、区）第3位，排在赣州市第3位。规模以上企业数为142家，排在全省三类县（市、区）第7位，排在赣州市第6位。科普专题活动次数为9次，排在全省三类县（市、区）第25位，排在赣州市第11位。规模以上工业企业中万人R&D人员全时当量为36.60人·年，排在全省三类县（市、区）第1位，排在赣州市第1位。规模以上工业企业R&D经费支出为32 972.60万元、较上一年下降1.30%，排在全省三类县（市、区）第4位，排在赣州市第6位。万人有效发明专利拥有量增量为2.63件，排在全省三类县（市、区）第2位，排在赣州市第2位。每万家企业法人高新技术企业数为183.23家，排在全省三类县（市、区）第2位，排在赣州市第3位。技术合同成交额为7054万元，与GDP之比为0.41%，排在全省三类县（市、区）第20位，排在赣州市第3位。万人社会消费品零售额为 1.44 亿元，排在全省三类县（市、区）第 19 位，排在赣州市第 8 位（表 3-45）。

表 3-45　龙南市（三类）科技创新能力评价指标得分与排名

指标名称	得分（分）	全省三类县（市、区）排名		本市排名	
	2020 年	2020 年	2019 年	2020 年	2019 年
科技创新能力	67.69	2	4	4	3
创新环境	2.65	23	19	16	12
创新基础	2.42	28	22	15	11
规模以上企业数（家）	2.65	7	7	6	5
规模以上工业企业建立研发机构的比例（%）	2.13	30	30	15	16
当年新增省级及以上研发平台 / 创新载体（个）	2.50	13	1	9	2
科技意识	2.99	19	17	12	16
人均科普经费投入（元）	3.41	1	11	3	10
科普专题活动次数（次）	2.46	25	26	11	13
创新投入	3.25	7	14	4	5
人力投入	3.21	10	27	4	11
规模以上工业企业中万人 R&D 人员全时当量（人·年）	3.69	1	14	1	2
规模以上工业企业 R&D 人员占从业人员比重（%）	2.73	19	29	9	14
财力投入	3.27	8	6	7	5
规模以上工业企业 R&D 经费支出	3.09	4	3	6	2
规模以上工业企业 R&D 经费支出占营业收入比重（%）	3.42	11	7	8	6
创新成效	3.44	5	2	3	2
技术创新	3.77	3	1	4	2
万人有效发明专利拥有量增量（件）	3.54	2	1	2	1
每万家企业法人高新技术企业数（家）	4.30	2	1	3	1
每万家企业法人科技型中小企业数（家）	3.42	8	18	5	12
产业化水平	3.12	9	16	5	6
规模以上工业企业新产品销售收入占营业收入比重（%）	3.58	7	14	3	5
高新技术产业增加值占规模以上工业增加值比重（%）	3.81	9	11	6	7

续表

指标名称	得分（分）	全省三类县（市、区）排名		本市排名	
	2020 年	2020 年	2019 年	2020 年	2019 年
技术合同成交额	2.43	20	20	3	5
农业产业化省级以上龙头企业数（家）	2.34	22	18	12	7
经济社会发展	3.10	7	16	5	9
经济增长	3.51	5	13	4	10
GDP 较上一年增长（%）	3.86	3	15	3	15
本级地方财政科技支出占本级公共财政支出比重（%）	3.17	9	7	5	3
社会生活	2.49	16	15	5	4
居民人均可支配收入（元）	2.50	12	13	3	3
万人社会消费品零售额（亿元）	2.47	19	28	8	12

如表 3-45 所示，龙南市科技创新能力排在全省三类县（市、区）第 2 位，较上一年上升了 2 位，排在赣州市第 4 位，较上一年下降了 1 位。在一级指标中，经济社会发展排在全省三类县（市、区）第 7 位，较上一年上升了 9 位，排在赣州市第 5 位，较上一年上升了 4 位；创新投入排在全省三类县（市、区）第 7 位，较上一年上升了 7 位，排在赣州市第 4 位，较上一年上升了 1 位；创新成效排在全省三类县（市、区）第 5 位，较上一年下降了 3 位，排在赣州市第 3 位，较上一年下降了 1 位；创新环境排在全省三类县（市、区）第 23 位，排在赣州市第 16 位，均比上一年下降了 4 位。

综上所述，龙南市人均科普经费投入、规模以上工业企业中万人 R&D 人员全时当量居全省三类县（市、区）首位，规模以上工业企业 R&D 经费支出、万人有效发明专利拥有量增量、每万家企业法人高新技术企业数、GDP 较上一年增长排名靠前，但规模以上工业企业建立研发机构的比例、科普专题活动次数等排名相对靠后。建议该市加大科普宣传力度，提高民众及企业科技创新意识，优化创新环境，同时，加强产学研合作，提高成果转移转化能力，推进经济高质量发展。

十、全南县

全南县，位于江西省最南端，其为赣州市下辖县。2020 年，该县常住人口为 16.95 万人，地区 GDP 为 86.96 亿元。居民人均可支配收入为 19 169 元，排在全省三类县（市、区）第 30 位，排在赣州市第 16 位。GDP 较上一年增长 4.10%，排在全省三类县（市、区）第 5 位，排在赣州市第 7 位。规模以上企业数为 68 家，排在全省三类县（市、区）第 26 位，排在赣州市第 16 位。科普专题活动次数为 40 次，排在全省三类县（市、区）第 4 位，排在赣州市第 4 位。规模以上工业企业中万人 R&D 人员全时当量为 25.84 人·年，排在全省三类县（市、区）第 11 位，排在赣州市第 2 位。规模以上工业企业 R&D 经费支出为 9602 万元、较上一年下降 26.50 %，排在全省三类县（市、区）第 26 位，排在赣州市第 14 位。万人有效发明专利拥有量增量为 0.56 件，排在全省三类县（市、区）第 12 位，排在赣州市第 5 位。每万家企业法人高新技术企业数为 91.37 家，排在全省三类县（市、区）第 12 位，排在赣州市第 7 位。技术合同成交额为 4179.70 万元，与 GDP 之比为 0.48%，排在全省三类县（市、区）第 27 位，排在赣州市第 7 位。万人社会消费品零售额为 2.41 亿元，排在全省三类县（市、区）第 6 位，排在赣州市第 2 位（表 3-46）。

表 3-46　全南县（三类）科技创新能力评价指标得分与排名

指标名称	得分（分）	全省三类县（市、区）排名		本市排名	
	2020 年	2020 年	2019 年	2020 年	2019 年
科技创新能力	65.75	9	5	5	4
创新环境	3.19	3	6	4	6
创新基础	3.12	4	6	5	5
规模以上企业数（家）	2.09	26	24	16	14
规模以上工业企业建立研发机构的比例（%）	4.69	4	5	2	2
当年新增省级及以上研发平台 / 创新载体（个）	2.50	13	5	9	4
科技意识	3.29	4	11	4	11
人均科普经费投入（元）	3.41	1	11	3	10
科普专题活动次数（次）	3.15	4	4	4	4

续表

指标名称	得分（分）	全省三类县（市、区）排名		本市排名	
	2020 年	2020 年	2019 年	2020 年	2019 年
创新投入	3.11	11	6	6	2
人力投入	3.26	8	12	3	2
规模以上工业企业中万人 R&D 人员全时当量（人·年）	3.13	11	10	2	1
规模以上工业企业 R&D 人员占从业人员比重（%）	3.39	9	13	3	5
财力投入	2.99	15	2	12	1
规模以上工业企业 R&D 经费支出	2.43	26	4	14	3
规模以上工业企业 R&D 经费支出占营业收入比重（%）	3.46	10	2	7	2
创新成效	3.09	10	12	7	7
技术创新	3.08	11	7	8	6
万人有效发明专利拥有量增量（件）	2.81	12	6	5	4
每万家企业法人高新技术企业数（家）	3.04	12	14	7	10
每万家企业法人科技型中小企业数（家）	3.44	7	3	4	5
产业化水平	3.09	10	21	6	7
规模以上工业企业新产品销售收入占营业收入比重（%）	3.33	9	23	4	11
高新技术产业增加值占规模以上工业增加值比重（%）	4.12	5	8	4	4
技术合同成交额	2.40	27	18	7	4
农业产业化省级以上龙头企业数（家）	2.05	29	24	16	14
经济社会发展	2.82	13	11	8	7
经济增长	3.04	12	5	10	6
GDP 较上一年增长（%）	3.31	5	3	7	5
本级地方财政科技支出占本级公共财政支出比重（%）	2.76	16	17	12	10
社会生活	2.49	15	22	4	9
居民人均可支配收入（元）	1.90	30	30	16	16
万人社会消费品零售额（亿元）	3.21	6	8	2	2

如表 3-46 所示，全南县科技创新能力排在全省三类县（市、区）第 9 位，较上一年下降了 4 位，排在赣州市第 5 位，较上一年下降了 1 位。在一

级指标中，经济社会发展排在全省三类县（市、区）第 13 位，较上一年下降了 2 位，排在赣州市第 8 位，较上一年下降了 1 位；创新投入排在全省三类县（市、区）第 11 位，较上一年下降了 5 位，排在赣州市第 6 位，较上一年下降了 4 位；创新成效排在全省三类县（市、区）第 10 位，较上一年上升了 2 位，排在赣州市第 7 位，与上一年排名相同；创新环境排在全省三类县（市、区）第 3 位，较上一年上升了 3 位，排在赣州市第 4 位，较上一年上升了 2 位。

综上所述，全南县规模以上工业企业建立研发机构的比例、人均科普经费投入、科普专题活动次数、高新技术产业增加值占规模以上工业增加值比重、GDP 较上一年增长排名靠前，但规模以上企业数、规模以上工业企业 R&D 经费支出、技术合同成交额、农业产业化省级以上龙头企业数、居民人均可支配收入等排名相对靠后。建议该县加大科技创新投入，鼓励有条件的企业进行自主研发，加大产学研合作力度，提高成果转移转化效率，持续促进经济高质量发展。

十一、定南县

定南县，位于江西省最南端，其为赣州市下辖县。2020 年，该县常住人口为 20.99 万人，地区 GDP 为 87.07 亿元。居民人均可支配收入为 21 330 元，排在全省三类县（市、区）第 17 位，排在赣州市第 9 位。GDP 较上一年增长 4.10%，排在全省三类县（市、区）第 5 位，排在赣州市第 7 位。规模以上企业数为 80 家，排在全省三类县（市、区）第 20 位，排在赣州市第 12 位。科普专题活动次数为 4 次，排在全省三类县（市、区）第 30 位，排在赣州市第 18 位。规模以上工业企业中万人 R&D 人员全时当量为 11.53 人・年，排在全省三类县（市、区）第 23 位，排在赣州市第 9 位。每万家企业法人高新技术企业数为 138.46 家，排在全省三类县（市、区）第 7 位，排在赣州市第 4 位。技术合同成交额为 4300 万元，与 GDP 之比为 0.49%，排在全省三类县（市、区）第 25 位，排在赣州市第 5 位。万人社会消费品零售额为 1.43 亿元，排在全省三类县（市、区）第 20 位，排在赣州市第 9 位。本级地方财政科技支出占本级公共财政支出比重为2.22%，排在全省三类县（市、区）第14位，排在赣州市第8位（表3-47）。

表3-47　定南县（三类）科技创新能力评价指标得分与排名

指标名称	得分（分）	全省三类县（市、区）排名		本市排名	
	2020年	2020年	2019年	2020年	2019年
科技创新能力	62.10	17	3	8	2
创新环境	2.57	28	32	18	18
创新基础	2.32	29	31	16	17
规模以上企业数（家）	2.18	20	22	12	12
规模以上工业企业建立研发机构的比例（%）	2.30	27	31	14	17
当年新增省级及以上研发平台/创新载体（个）	2.50	13	11	9	7
科技意识	2.94	23	17	18	16
人均科普经费投入（元）	3.41	1	11	3	10
科普专题活动次数（次）	2.35	30	26	18	13
创新投入	2.90	15	9	10	3
人力投入	2.65	21	16	8	5
规模以上工业企业中万人R&D人员全时当量（人·年）	2.39	23	21	9	6
规模以上工业企业R&D人员占从业人员比重（%）	2.92	14	9	6	4
财力投入	3.10	11	3	9	3
规模以上工业企业R&D经费支出	2.40	27	5	15	4
规模以上工业企业R&D经费支出占营业收入比重（%）	3.67	7	4	5	4
创新成效	3.19	7	4	5	4
技术创新	3.33	6	4	5	4
万人有效发明专利拥有量增量（件）	2.61	31	10	17	6
每万家企业法人高新技术企业数（家）	3.69	7	6	4	3
每万家企业法人科技型中小企业数（家）	3.76	4	1	2	2
产业化水平	3.04	12	7	7	1
规模以上工业企业新产品销售收入占营业收入比重（%）	3.05	13	9	7	3
高新技术产业增加值占规模以上工业增加值比重（%）	4.16	4	1	3	1

续表

指标名称	得分（分）	全省三类县（市、区）排名		本市排名	
	2020 年	2020 年	2019 年	2020 年	2019 年
技术合同成交额	2.41	25	11	5	1
农业产业化省级以上龙头企业数（家）	2.05	29	26	16	15
经济社会发展	2.76	16	1	9	4
经济增长	3.06	11	2	9	3
GDP 较上一年增长（%）	3.31	5	1	7	2
本级地方财政科技支出占本级公共财政支出比重（%）	2.81	14	10	8	6
社会生活	2.32	22	14	8	3
居民人均可支配收入（元）	2.19	17	18	9	9
万人社会消费品零售额（亿元）	2.47	20	9	9	3

如表 3-47 所示，定南县科技创新能力排在全省三类县（市、区）第 17 位，较上一年下降了 14 位，排在赣州市第 8 位，较上一年下降了 6 位。在一级指标中，经济社会发展排在全省三类县（市、区）第 16 位，较上一年下降了 15 位，排在赣州市第 9 位，较上一年下降了 5 位；创新投入排在全省三类县（市、区）第 15 位，较上一年下降了 6 位，排在赣州市第 10 位，较上一年下降了 7 位；创新成效排在全省三类县（市、区）第 7 位，较上一年下降了 3 位，排在赣州市第 5 位，较上一年下降了 1 位；创新环境排在全省三类县（市、区）第 28 位，较上一年上升了 4 位，排在赣州市第 18 位，与上一年排名相同。

综上所述，定南县人均科普经费投入居全省三类县（市、区）首位，高新技术产业增加值占规模以上工业增加值比重、每万家企业法人高新技术企业数、GDP 较上一年增长排名靠前，但规模以上工业企业建立研发机构的比例、科普专题活动次数、规模以上工业企业 R&D 经费支出、万人有效发明专利拥有量增量、农业产业化省级以上龙头企业数等排名靠后。建议该县加大科普宣传力度，提高民众及企业科技意识，鼓励有条件的企业建立研发平台，积极开展科研活动，增强专利意识，带动传统产业转型升级，推进经济高质量发展。

十二、兴国县

兴国县，位于江西省中南部、赣州市北部，其为赣州市下辖县。2020年，该县常住人口为71.51万人，地区GDP为201.11亿元。居民人均可支配收入为20 328元，排在全省二类县（市、区）第28位，排在赣州市第11位。GDP较上一年增长3.40%，排在全省二类县（市、区）第28位，排在赣州市第16位。规模以上企业数为127家，排在全省二类县（市、区）第26位，排在赣州市第7位。科普专题活动次数为58次，排在全省二类县（市、区）第3位，排在赣州市第3位。规模以上工业企业中万人R&D人员全时当量为4.61人·年，排在全省二类县（市、区）第31位，排在赣州市第17位。规模以上工业企业R&D经费支出为24 238.80万元、较上一年下降28.86%，排在全省二类县（市、区）第28位，排在赣州市第12位。万人有效发明专利拥有量增量为0.05件，排在全省二类县（市、区）第25位，排在赣州市第15位。每万家企业法人高新技术企业数为43.28家，排在全省二类县（市、区）第26位，排在赣州市第18位。技术合同成交额为4591万元，与GDP之比为0.23%，排在全省二类县（市、区）第31位，排在赣州市第14位。万人社会消费品零售额为1.19亿元，排在全省二类县（市、区）第26位，排在赣州市第13位（表3-48）。

表3-48　兴国县（二类）科技创新能力评价指标得分与排名

指标名称	得分（分）	全省二类县（市、区）排名		本市排名	
	2020年	2020年	2019年	2020年	2019年
科技创新能力	56.15	28	19	17	12
创新环境	3.11	5	6	5	5
创新基础	2.87	15	5	10	3
规模以上企业数（家）	2.54	26	27	7	7
规模以上工业企业建立研发机构的比例（%）	3.52	8	3	8	1
当年新增省级及以上研发平台/创新载体（个）	2.50	15	17	9	7

续表

指标名称	得分（分）	全省二类县（市、区）排名		本市排名	
	2020 年	2020 年	2019 年	2020 年	2019 年
科技意识	3.47	2	12	3	10
人均科普经费投入（元）	3.41	5	12	3	10
科普专题活动次数（次）	3.54	3	4	3	2
创新投入	2.63	25	15	14	6
人力投入	2.14	29	25	17	13
规模以上工业企业中万人 R&D 人员全时当量（人·年）	2.03	31	26	17	14
规模以上工业企业 R&D 人员占从业人员比重（%）	2.25	24	23	17	12
财力投入	3.03	16	4	11	2
规模以上工业企业 R&D 经费支出	2.46	28	9	12	5
规模以上工业企业 R&D 经费支出占营业收入比重（%）	3.50	6	2	6	1
创新成效	2.44	31	28	18	16
技术创新	2.49	27	26	17	17
万人有效发明专利拥有量增量（件）	2.63	25	21	15	12
每万家企业法人高新技术企业数（家）	2.38	26	27	18	16
每万家企业法人科技型中小企业数（家）	2.45	26	22	17	17
产业化水平	2.40	32	29	17	16
规模以上工业企业新产品销售收入占营业收入比重（%）	2.22	27	28	15	14
高新技术产业增加值占规模以上工业增加值比重（%）	2.63	24	20	17	16
技术合同成交额	2.26	31	29	14	12
农业产业化省级以上龙头企业数（家）	2.48	27	23	8	6
经济社会发展	2.41	27	18	15	16
经济增长	2.58	28	9	15	11
GDP 较上一年增长（%）	2.34	28	5	16	11
本级地方财政科技支出占本级公共财政支出比重（%）	2.83	12	16	7	8
社会生活	2.16	27	28	12	16
居民人均可支配收入（元）	2.06	28	28	11	11
万人社会消费品零售额（亿元）	2.29	26	31	13	18

如表 3-48 所示，兴国县科技创新能力排在全省二类县（市、区）第 28 位，较上一年下降了 9 位，排在赣州市第 17 位，较上一年下降了 5 位。在一级指标中，经济社会发展排在全省二类县（市、区）第 27 位，较上一年下降了 9 位，排在赣州市第 15 位，较上一年上升了 1 位；创新投入排在全省二类县（市、区）第 25 位，较上一年下降了 10 位，排在赣州市第 14 位，较上一年下降了 8 位；创新成效排在全省二类县（市、区）第 31 位，较上一年下降了 3 位，排在赣州市第 18 位，较上一年下降了 2 位；创新环境排在全省第 5 位，较上一年上升了 1 位，排在赣州市第 5 位，与上一年排名相同。

综上所述，兴国县人均科普经费投入、科普专题活动次数、规模以上工业企业 R&D 经费支出占营业收入比重排名靠前，但规模以上工业企业中万人 R&D 人员全时当量、规模以上工业企业 R&D 经费支出、技术合同成交额、规模以上工业企业新产品销售收入占营业收入比重、GDP 较上一年增长、居民人均可支配收入等排名靠后。建议该县加大创新投入，积极引进和培育人才，鼓励有条件的企业自主研发，加强科技成果转移转化能力，促进经济高质量发展。

十三、宁都县

宁都县，位于江西省东南部，其为赣州市下辖县。2020 年，该县常住人口为 70.24 万人，地区 GDP 为 219.31 亿元。居民人均可支配收入为 19 182 元，排在全省二类县（市、区）第 30 位，排在赣州市第 15 位。GDP 较上一年增长 3.90%，排在全省二类县（市、区）第 19 位，排在赣州市第 9 位。规模以上企业数为 103 家，排在全省二类县（市、区）第 29 位，排在赣州市第 8 位。科普专题活动次数为 8 次，排在全省二类县（市、区）第 24 位，排在赣州市第 12 位。规模以上工业企业中万人 R&D 人员全时当量为 8.67 人·年，排在全省二类县（市、区）第 24 位，排在赣州市第 11 位。万人有效发明专利拥有量减少 0.02 件，排在全省二类县（市、区）第 33 位，排在赣州市第 18 位。每万家企业法人高新技术企业数为 45.77 家，排在全省二类县（市、区）第 24 位，排在赣州市第 17 位。技术合同成交额为 5020 万元，与 GDP 之比为0.23%，排在全省二类县（市、区）第30位，排在赣州市第13位。农业产业化省级以上龙头企业数为9家，排在全省二类县（市、区）第13位，排在赣州市第3位。万人社会消费品零售额为1.23亿元，排在全省二类县（市、区）第25位，排在赣州市第11位（表3-49）。

表3-49　宁都县（二类）科技创新能力评价指标得分与排名

指标名称	得分（分）	全省二类县（市、区）排名		本市排名	
	2020年	2020年	2019年	2020年	2019年
科技创新能力	61.78	14	24	9	15
创新环境	3.05	8	13	7	10
创新基础	3.10	6	17	6	10
规模以上企业数（家）	2.36	29	28	8	8
规模以上工业企业建立研发机构的比例（%）	4.36	1	9	3	6
当年新增省级及以上研发平台/创新载体（个）	2.50	15	17	9	7
科技意识	2.98	17	14	13	12
人均科普经费投入（元）	3.41	5	12	3	10
科普专题活动次数（次）	2.44	24	8	12	5
创新投入	3.26	5	27	3	15
人力投入	2.27	25	27	14	15
规模以上工业企业中万人R&D人员全时当量（人·年）	2.24	24	25	11	13
规模以上工业企业R&D人员占从业人员比重（%）	2.31	23	26	16	15
财力投入	4.07	2	16	1	11
规模以上工业企业R&D经费支出	2.99	17	29	7	15
规模以上工业企业R&D经费支出占营业收入比重（%）	4.95	1	3	1	5
创新成效	2.55	28	26	15	14
技术创新	2.39	30	21	18	14
万人有效发明专利拥有量增量（件）	2.61	33	21	18	12
每万家企业法人高新技术企业数（家）	2.41	24	20	17	12
每万家企业法人科技型中小企业数（家）	2.12	32	20	18	16
产业化水平	2.72	25	21	12	11
规模以上工业企业新产品销售收入占营业收入比重（%）	2.74	18	25	12	13

续表

指标名称	得分（分）	全省二类县（市、区）排名		本市排名	
	2020 年	2020 年	2019 年	2020 年	2019 年
高新技术产业增加值占规模以上工业增加值比重（%）	3.04	14	13	13	12
技术合同成交额	2.27	30	31	13	14
农业产业化省级以上龙头企业数（家）	2.91	13	12	3	1
经济社会发展	2.58	25	15	13	14
经济增长	2.90	22	8	12	9
GDP 较上一年增长（%）	3.03	19	2	9	8
本级地方财政科技支出占本级公共财政支出比重（%）	2.78	15	20	10	11
社会生活	2.09	29	29	16	17
居民人均可支配收入（元）	1.91	30	30	15	15
万人社会消费品零售额（亿元）	2.31	25	26	11	15

如表3-49所示，宁都县科技创新能力排在全省二类县（市、区）第14位，较上一年上升了10位，排在赣州市第9位，较上一年上升了6位。在一级指标中，经济社会发展排在全省二类县（市、区）第25位，较上一年下降了10位，排在赣州市第13位，较上一年上升了1位；创新投入排在全省二类县（市、区）第5位，较上一年上升了22位，排在赣州市第3位，较上一年上升了12位；创新成效排在全省二类县（市、区）第28位，较上一年下降了2位，排在赣州市第15位，较上一年下降了1位；创新环境排在全省二类县（市、区）第8位，较上一年上升了5位，排在赣州市第7位，较上一年上升了3位。

综上所述，宁都县规模以上工业企业建立研发机构的比例、规模以上工业企业R&D经费支出占营业收入比重在全省二类县（市、区）排名第一，但万人有效发明专利拥有量增量、每万家企业法人高新技术企业数、每万家企业法人科技型中小企业数、技术合同成交额、居民人均可支配收入等排名靠后。建议该县加速高新技术企业和科技型中小企业培育，同时支持有条件的企业进行自主研发，加大产学研合作力度，提高成果转移转化效率，不断提高综合竞争力。

十四、于都县

于都县，位于江西省南部、赣州市东部，其为赣州市下辖县。2020 年，该县常住人口为 90.54 万人，地区 GDP 为 279.43 亿元。居民人均可支配收入为 22 734 元，排在全省二类县（市、区）第 22 位，排在赣州市第 5 位。GDP 较上一年增长 4.30%，排在全省二类县（市、区）第 9 位，排在赣州市第 5 位。规模以上企业数为 191 家，排在全省二类县（市、区）第 10 位，排在赣州市第 3 位。科普专题活动次数为 21 次，排在全省二类县（市、区）第 9 位，排在赣州市第 7 位。规模以上工业企业中万人 R&D 人员全时当量为 7.21 人・年，排在全省二类县（市、区）第 27 位，排在赣州市第 14 位。规模以上工业企业 R&D 经费支出为 24 927.70 万元、较上一年下降了 21.92%，排在全省二类县（市、区）第 31 位，排在赣州市第 16 位。万人有效发明专利拥有量增量为 0.22 件，排在全省二类县（市、区）第 16 位，排在赣州市第 12 位。每万家企业法人高新技术企业数为 54.88 家，排在全省二类县（市、区）第 20 位，排在赣州市第 13 位。技术合同成交额为 4022.20 万元，与 GDP 之比为 0.14%，排在全省二类县（市、区）第 33 位，排在赣州市第 17 位。万人社会消费品零售额为 1.12 亿元，排在全省二类县（市、区）第 29 位，排在赣州市第 16 位（表 3-50）。

表 3-50　于都县（二类）科技创新能力评价指标得分与排名

指标名称	得分（分）	全省二类县（市、区）排名		本市排名	
	2020 年	2020 年	2019 年	2020 年	2019 年
科技创新能力	56.49	27	27	16	16
创新环境	3.32	2	5	3	4
创新基础	3.39	2	8	3	4
规模以上企业数（家）	3.03	10	8	3	3
规模以上工业企业建立研发机构的比例（%）	4.32	2	6	4	5
当年新增省级及以上研发平台 / 创新载体（个）	2.74	4	17	5	7
科技意识	3.22	5	5	6	7
人均科普经费投入（元）	3.62	3	2	1	2

续表

指标名称	得分（分）	全省二类县（市、区）排名		本市排名	
	2020 年	2020 年	2019 年	2020 年	2019 年
科普专题活动次数（次）	2.73	9	19	7	11
创新投入	2.35	31	29	18	16
人力投入	2.04	31	29	18	16
规模以上工业企业中万人 R&D 人员全时当量（人·年）	2.16	27	27	14	15
规模以上工业企业 R&D 人员占从业人员比重（%）	1.91	31	32	18	17
财力投入	2.61	28	19	15	13
规模以上工业企业 R&D 经费支出	2.35	31	24	16	12
规模以上工业企业 R&D 经费支出占营业收入比重（%）	2.82	18	8	14	12
创新成效	2.53	30	31	16	18
技术创新	2.61	21	25	14	16
万人有效发明专利拥有量增量（件）	2.69	16	25	12	14
每万家企业法人高新技术企业数（家）	2.54	20	28	13	17
每万家企业法人科技型中小企业数（家）	2.60	23	19	16	15
产业化水平	2.45	31	32	16	17
规模以上工业企业新产品销售收入占营业收入比重（%）	2.22	28	33	16	18
高新技术产业增加值占规模以上工业增加值比重（%）	2.80	19	19	16	15
技术合同成交额	2.19	33	33	17	17
农业产业化省级以上龙头企业数（家）	2.62	23	27	6	7
经济社会发展	2.82	18	13	7	11
经济增长	3.16	13	10	6	15
GDP 较上一年增长（%）	3.58	9	6	5	12
本级地方财政科技支出占本级公共财政支出比重（%）	2.74	18	18	13	9
社会生活	2.31	24	23	10	8
居民人均可支配收入（元）	2.38	22	22	5	5
万人社会消费品零售额（亿元）	2.23	29	23	16	11

如表 3-50 所示，于都县科技创新能力在全省二类县（市、区）排名第

27位，排在赣州市第16位，均与上一年排名相同。在一级指标中，经济社会发展排在全省二类县（市、区）第18位，较上一年下降了5位，排在赣州市第7位，较上一年上升了4位；创新投入排在全省二类县（市、区）第31位，排在赣州市第18位，均比上一年下降了2位；创新成效排在全省二类县（市、区）第30位，较上一年上升了1位，排在赣州市第16位，较上一年上升了2位；创新环境排在全省二类县（市、区）第2位，较上一年上升了3位，排在赣州市第3位，较上一年上升了1位。

综上所述，于都县规模以上工业企业建立研发机构的比例、人均科普经费投入、当年新增省级及以上研发平台/创新载体排名靠前，但规模以上工业企业中万人R&D人员全时当量、规模以上工业企业R&D人员占从业人员比重、规模以上工业企业R&D经费支出、技术合同成交额、万人社会消费品零售额等排名靠后。建议该县加大财政科技投入力度，大力支持引导企业开展创新活动，加速科技成果转移转化，增加科技在经济发展的贡献度。

十五、瑞金市

瑞金市，位于江西省东南部，赣州市东部，其为赣州市下辖县级市。2020年，该市常住人口为61.39万人，地区GDP为174.69亿元。居民人均可支配收入为22 291元，排在全省二类县（市、区）第24位，排在赣州市第8位。GDP较上一年增长3.70%，排在全省二类县（市、区）第25位，排在赣州市第11位。规模以上企业数为101家，排在全省二类县（市、区）第30位，排在赣州市第9位。科普专题活动次数为6次，排在全省二类县（市、区）第28位，排在赣州市第16位。万人有效发明专利拥有量增量为0.17件，排在全省二类县（市、区）第18位，排在赣州市第14位。每万家企业法人高新技术企业数为51.41家，排在全省二类县（市、区）第22位，排在赣州市第14位。技术合同成交额为8338.24万元，与GDP之比为0.48%，排在全省二类县（市、区）第21位，排在赣州市第2位。农业产业化省级以上龙头企业数为7家，排在全省二类县（市、区）第23位，排在赣州市第6位。万人社会消费品零售额为1.47亿元，排在全省二类县（市、区）第18

位，排在赣州市第 6 位。本级地方财政科技支出占本级公共财政支出比重为 6.05%，排在全省二类县（市、区）第 3 位，排在赣州市第 1 位（表 3-51）。

表 3-51　瑞金市（二类）科技创新能力评价指标得分与排名

指标名称	得分（分）	全省二类县（市、区）排名		本市排名	
	2020 年	2020 年	2019 年	2020 年	2019 年
科技创新能力	61.37	16	30	11	18
创新环境	2.95	13	23	10	15
创新基础	2.95	11	33	8	15
规模以上企业数（家）	2.34	30	30	9	10
规模以上工业企业建立研发机构的比例（%）	3.73	5	31	6	14
当年新增省级及以上研发平台 / 创新载体（个）	2.74	4	17	5	7
科技意识	2.96	20	3	16	3
人均科普经费投入（元）	3.41	5	2	3	2
科普专题活动次数（次）	2.40	28	17	16	7
创新投入	2.91	15	33	9	18
人力投入	2.23	28	32	15	18
规模以上工业企业中万人 R&D 人员全时当量（人·年）	2.07	29	30	16	18
规模以上工业企业 R&D 人员占从业人员比重（%）	2.38	22	31	13	16
财力投入	3.46	7	33	5	18
规模以上工业企业 R&D 经费支出	4.11	2	33	1	18
规模以上工业企业 R&D 经费支出占营业收入比重（%）	2.94	16	33	12	18
创新成效	2.68	23	22	14	13
技术创新	2.59	23	22	15	15
万人有效发明专利拥有量增量（件）	2.67	18	29	14	17
每万家企业法人高新技术企业数（家）	2.49	22	21	14	13
每万家企业法人科技型中小企业数（家）	2.62	21	18	14	14
产业化水平	2.76	23	18	11	8
规模以上工业企业新产品销售收入占营业收入比重（%）	2.90	14	10	10	6
高新技术产业增加值占规模以上工业增加值比重（%）	2.98	15	15	14	13

续表

指标名称	得分（分）	全省二类县（市、区）排名		本市排名	
	2020 年	2020 年	2019 年	2020 年	2019 年
技术合同成交额	2.51	21	19	2	7
农业产业化省级以上龙头企业数（家）	2.62	23	27	6	7
经济社会发展	3.39	4	3	2	2
经济增长	4.05	3	3	1	1
GDP 较上一年增长（%）	2.75	25	2	11	8
本级地方财政科技支出占本级公共财政支出比重（%）	5.34	3	3	1	1
社会生活	2.40	22	25	7	11
居民人均可支配收入（元）	2.32	24	24	8	8
万人社会消费品零售额（亿元）	2.50	18	24	6	13

如表 3-51 所示，瑞金市科技创新能力排在全省二类县（市、区）第 16 位，较上一年上升了 14 位，排在赣州市第 11 位，较上一年上升了 7 位。在一级指标中，经济社会发展排在全省二类县（市、区）第 4 位，较上一年下降了 1 位，排在赣州市第 2 位，与上一年排名相同；创新投入排在全省二类县（市、区）第 15 位，较上一年上升了 18 位，排在赣州市第 9 位，较上一年上升了 9 位；创新成效排在全省二类县（市、区）第 23 位，排在赣州市第 14 位，都比上一年下降了 1 位；创新环境排在全省二类县（市、区）第 13 位，较上一年上升了 10 位，排在赣州市第 10 位，较上一年上升了 5 位。

综上所述，瑞金市规模以上工业企业建立研发机构的比例、当年新增省级及以上平台 / 创新载体、规模以上工业企业 R&D 经费支出、本级地方财政科技支出占本级公共财政支出比重在全省二类县（市、区）排名靠前，但规模以上企业数、科普专题活动次数、规模以上工业企业中万人 R&D 人员全时当量等排名相对靠后。建议该市加强科普宣传力度，加大科技创新投入，鼓励并引导企业做大做强做优，发挥科技对地方经济的贡献力。

十六、会昌县

会昌县，位于江西省东南部、赣州市东南部，其为赣州市下辖县。2020年，该县常住人口为45.15万人，地区GDP为134.35亿元。居民人均可支配收入为20 542元，排在全省二类县（市、区）第27位，排在赣州市第10位。GDP较上一年增长3.30%，排在全省二类县（市、区）第29位，排在赣州市第18位。规模以上企业数为93家，排在全省二类县（市、区）第31位，排在赣州市第10位。科普专题活动次数为8次，排在全省二类县（市、区）第24位，排在赣州市第12位。规模以上工业企业中万人R&D人员全时当量为7.24人·年，排在全省二类县（市、区）第26位，排在赣州市第13位。规模以上工业企业R&D经费支出为12 946.90万元、较上一年增长110.78%，排在全省二类县（市、区）第8位，排在赣州市第4位。规模以上工业企业R&D经费支出占营业收入比重为1.26%、同比提高0.61%，排在全省二类县（市、区）第8位，排在赣州市第9位。每万家企业法人高新技术企业数为47.82家，排在全省二类县（市、区）第23位，排在赣州市第16位。技术合同成交额为4550万元，与GDP之比为0.34%，排在全省二类县（市、区）第29位，排在赣州市第10位。万人社会消费品零售额为1.14亿元，排在全省二类县（市、区）第28位，排在赣州市第15位（表3-52）。

表3-52　会昌县（二类）科技创新能力评价指标得分与排名

指标名称	得分（分）	全省二类县（市、区）排名		本市排名	
	2020年	2020年	2019年	2020年	2019年
科技创新能力	60.94	17	28	13	17
创新环境	3.03	9	15	8	11
创新基础	3.02	8	30	7	13
规模以上企业数（家）	2.28	31	31	10	11
规模以上工业企业建立研发机构的比例（%）	4.20	3	21	5	10
当年新增省级及以上研发平台/创新载体（个）	2.50	15	17	9	7
科技意识	3.03	13	4	9	5
人均科普经费投入（元）	3.52	4	1	2	1

续表

指标名称	得分（分）	全省二类县（市、区）排名		本市排名	
	2020 年	2020 年	2019 年	2020 年	2019 年
科普专题活动次数（次）	2.44	24	33	12	18
创新投入	3.04	13	26	7	14
人力投入	2.61	20	23	9	12
规模以上工业企业中万人 R&D 人员全时当量（人·年）	2.16	26	29	13	17
规模以上工业企业 R&D 人员占从业人员比重（%）	3.06	11	14	5	7
财力投入	3.40	8	28	6	16
规模以上工业企业 R&D 经费支出	3.47	8	28	4	14
规模以上工业企业 R&D 经费支出占营业收入比重（%）	3.34	8	20	9	15
创新成效	2.75	21	29	12	17
技术创新	2.55	24	29	16	18
万人有效发明专利拥有量增量（件）	2.62	30	28	16	16
每万家企业法人高新技术企业数（家）	2.44	23	30	16	18
每万家企业法人科技型中小企业数（家）	2.60	22	26	15	18
产业化水平	2.94	16	25	8	13
规模以上工业企业新产品销售收入占营业收入比重（%）	3.32	8	16	5	8
高新技术产业增加值占规模以上工业增加值比重（%）	3.54	11	23	9	17
技术合同成交额	2.32	29	30	10	13
农业产业化省级以上龙头企业数（家）	2.34	30	27	12	7
经济社会发展	2.33	30	12	16	10
经济增长	2.44	29	7	18	8
GDP 较上一年增长（%）	2.20	29	1	18	6
本级地方财政科技支出占本级公共财政支出比重（%）	2.68	23	25	16	1[illegible]
社会生活	2.16	28	27	13	14
居民人均可支配收入（元）	2.09	27	27	10	10
万人社会消费品零售额（亿元）	2.25	28	28	15	17

如表 3-52 所示，会昌县科技创新能力排在全省二类县（市、区）第 17

位，较上一年上升了 11 位，排在赣州市第 13 位，较上一年上升了 4 位。在一级指标中，经济社会发展排在全省二类县（市、区）第 30 位，较上一年下降了 18 位，排在赣州市第 16 位，较上一年下降了 6 位；创新投入排在全省二类县（市、区）第 13 位，较上一年上升了 13 位，排在赣州市第 7 位，较上一年上升了 7 位；创新成效排在全省二类县（市、区）第 21 位，较上一年上升了 8 位，排在赣州市第 12 位，较上一年上升了 5 位；创新环境排在全省二类县（市、区）第 9 位，较上一年上升了 6 位，排在赣州市第 8 位，较上一年上升了 3 位。

综上所述，会昌县规模以上工业企业建立研发机构的比例、人均科普经费投入、规模以上工业企业 R&D 经费支出、规模以上工业企业新产品销售收入占营业收入比重等排名相对靠前，但规模以上企业数、万人有效发明专利拥有量增量、技术合同成交额、农业产业化省级以上龙头企业数、GDP 较上一年增长等排名靠后。建议该县加强高新技术企业和科技型中小企业培育，加大产学研合作力度，提高成果转移转化效率，强化企业专利意识，不断推进经济高质量发展。

十七、寻乌县

寻乌县，位于江西省东南端，其为赣州市下辖县。2020 年，该县常住人口为 28.02 万人，地区 GDP 为 102.68 亿元。居民人均可支配收入为 19 847 元，排在全省三类县（市、区）第 25 位，排在赣州市第 13 位。GDP 较上一年增长 3.70%，排在全省三类县（市、区）第 18 位，排在赣州市第 11 位。规模以上企业数为 70 家，排在全省三类县（市、区）第 23 位，排在赣州市第 13 位。科普专题活动次数为 11 次，排在全省三类县（市、区）第 22 位，排在赣州市第 10 位。规模以上工业企业中万人 R&D 人员全时当量为 14.92 人·年，排在全省三类县（市、区）第 16 位，排在赣州市第 5 位。规模以上工业企业 R&D 经费支出为 14 450.70 万元、较上一年下降 15.10%，排在全省三类县（市、区）第 18 位，排在赣州市第 9 位。每万家企业法人高新技术企业数为 59.41 家，排在全省三类县（市、区）第 22 位，排在赣州市第 12 位。

技术合同成交额为3415万元，与GDP之比为0.33%，排在全省三类县（市、区）第31位，排在赣州市第11位。万人社会消费品零售额为1.09亿元，排在全省三类县（市、区）第30位，排在赣州市第17位（表3-53）。

表3-53 寻乌县（三类）科技创新能力评价指标得分与排名

指标名称	得分（分）	全省三类县（市、区）排名		本市排名	
	2020年	2020年	2019年	2020年	2019年
科技创新能力	68.12	1	14	3	8
创新环境	3.10	5	10	6	9
创新基础	3.16	3	12	4	8
规模以上企业数（家）	2.11	23	24	13	14
规模以上工业企业建立研发机构的比例（%）	4.77	2	7	1	3
当年新增省级及以上研发平台/创新载体（个）	2.50	13	11	9	7
科技意识	3.01	17	17	11	16
人均科普经费投入（元）	3.41	1	11	3	10
科普专题活动次数（次）	2.51	22	26	10	13
创新投入	3.96	1	2	1	1
人力投入	4.24	1	3	1	1
规模以上工业企业中万人R&D人员全时当量（人·年）	2.56	16	20	5	4
规模以上工业企业R&D人员占从业人员比重（%）	5.92	1	2	1	1
财力投入	3.72	2	4	3	4
规模以上工业企业R&D经费支出	2.69	18	7	9	6
规模以上工业企业R&D经费支出占营业收入比重（%）	4.57	1	3	2	3
创新成效	2.68	25	26	13	15
技术创新	2.66	24	22	13	13
万人有效发明专利拥有量增量（件）	2.75	14	13	6	9
每万家企业法人高新技术企业数（家）	2.60	22	27	12	14
每万家企业法人科技型中小企业数（家）	2.64	23	21	13	13
产业化水平	2.70	23	28	13	14
规模以上工业企业新产品销售收入占营业收入比重（%）	2.85	20	29	11	17

续表

指标名称	得分（分）	全省三类县（市、区）排名		本市排名	
	2020年	2020年	2019年	2020年	2019年
高新技术产业增加值占规模以上工业增加值比重（%）	3.10	17	15	12	10
技术合同成交额	2.29	31	25	11	10
农业产业化省级以上龙头企业数（家）	2.48	15	26	8	15
经济社会发展	2.58	22	18	12	12
经济增长	2.91	17	16	11	13
GDP较上一年增长（%）	2.75	18	12	11	12
本级地方财政科技支出占本级公共财政支出比重（%）	3.07	11	11	6	7
社会生活	2.09	29	24	15	12
居民人均可支配收入（元）	1.99	25	27	13	13
万人社会消费品零售额（亿元）	2.21	30	15	17	5

如表3-53所示，寻乌县科技创新能力排在全省三类县（市、区）第1位，较上一年上升了13位，排在赣州市第3位，较上一年上升了5位。在一级指标中，经济社会发展排在全省三类县（市、区）第22位，较上一年下降了4位，排在赣州市第12位，与上一年排名相同；创新投入排在全省三类县（市、区）第1位，较上一年上升了1位，排在赣州市第1位，与上一年排名相同；创新成效排在全省三类县（市、区）第25位，较上一年上升了1位，排在赣州市第13位，较上一年上升了2位；创新环境排在全省三类县（市、区）第5位，较上一年上升了5位，排在赣州市第6位，较上一年上升了3位。

综上所述，寻乌县人均科普经费投入、规模以上工业企业R&D人员占从业人员比重、规模以上工业企业R&D经费支出占营业收入比重居全省三类县（市、区）首位，规模以上工业企业建立研发机构的比例排名靠前，但规模以上企业数、技术合同成交额、万人社会消费品零售额等排名相对靠后。建议该县鼓励企业进行自主研发，提高产品性能，同时加大产学研合作力度，提高成果转移转化效率，帮助企业做大做强，助推经济高质量发展。

十八、石城县

石城县，位于江西省东南端，其为赣州市下辖县。2020 年，该县常住人口为 28.32 万人，地区 GDP 为 84.42 亿元。居民人均可支配收入为 17 937 元，排在全省三类县（市、区）第 32 位，排在赣州市第 18 位。GDP 较上一年增长 3.50%，排在全省三类县（市、区）第 24 位，排在赣州市第 14 位。规模以上企业数为 69 家，排在全省三类县（市、区）第 24 位，排在赣州市第 14 位。科普专题活动次数为 8 次，排在全省三类县（市、区）第 26 位，排在赣州市第 12 位。规模以上工业企业中万人 R&D 人员全时当量为 4.06 人·年，排在全省三类县（市、区）第 31 位，排在赣州市第 18 位。规模以上工业企业 R&D 经费支出为 7212.20 万元、较上一年下降 31.53 %，排在全省三类县（市、区）第 30 位，排在赣州市第 17 位。万人有效发明专利拥有量增量为 0.36 件，排在全省三类县（市、区）第 18 位，排在赣州市第 8 位。每万家企业法人高新技术企业数为 107.08 家，排在全省三类县（市、区）第 8 位，排在赣州市第 6 位。技术合同成交额为 3446 万元，与 GDP 之比为 0.41%，排在全省三类县（市、区）第 30 位，排在赣州市第 9 位。万人社会消费品零售额为 1.18 亿元，排在全省三类县（市、区）第 29 位，排在赣州市第 14 位（表 3-54）。

表 3-54 石城县（三类）科技创新能力评价指标得分与排名

指标名称	得分（分）	全省三类县（市、区）排名		本市排名	
	2020 年	2020 年	2019 年	2020 年	2019 年
科技创新能力	55.98	29	22	18	11
创新环境	2.84	15	21	13	13
创新基础	2.74	18	25	12	12
规模以上企业数（家）	2.10	24	26	14	16
规模以上工业企业建立研发机构的比例（%）	3.60	10	19	7	8
当年新增省级及以上研发平台 / 创新载体（个）	2.50	13	11	9	7
科技意识	2.98	20	16	13	15
人均科普经费投入（元）	3.41	1	11	3	10
科普专题活动次数（次）	2.44	26	23	12	11

续表

指标名称	得分（分）	全省三类县（市、区）排名		本市排名	
	2020 年	2020 年	2019 年	2020 年	2019 年
创新投入	2.43	30	25	17	12
人力投入	2.16	31	31	16	14
规模以上工业企业中万人 R&D 人员全时当量（人·年）	2.00	31	32	18	16
规模以上工业企业 R&D 人员占从业人员比重（%）	2.32	29	28	15	13
财力投入	2.64	26	9	14	8
规模以上工业企业 R&D 经费支出	2.25	30	14	17	8
规模以上工业企业 R&D 经费支出占营业收入比重（%）	2.97	18	8	11	7
创新成效	2.81	20	16	11	9
技术创新	3.11	9	8	7	8
万人有效发明专利拥有量增量（件）	2.74	18	27	8	14
每万家企业法人高新技术企业数（家）	3.26	8	10	6	6
每万家企业法人科技型中小企业数（家）	3.37	9	4	7	7
产业化水平	2.52	28	27	15	12
规模以上工业企业新产品销售收入占营业收入比重（%）	2.60	23	24	13	12
高新技术产业增加值占规模以上工业增加值比重（%）	2.93	20	14	15	9
技术合同成交额	2.33	30	15	9	3
农业产业化省级以上龙头企业数（家）	1.91	31	32	18	18
经济社会发展	2.31	29	21	17	17
经济增长	2.52	25	15	16	12
GDP 较上一年增长（%）	2.48	24	5	14	6
本级地方财政科技支出占本级公共财政支出比重（%）	2.57	25	27	17	18
社会生活	1.98	32	31	18	18
居民人均可支配收入（元）	1.74	32	32	18	18
万人社会消费品零售额（亿元）	2.28	29	18	14	8

如表 3-54 所示，石城县科技创新能力排在全省三类县（市、区）第 29 位，排在赣州市第 18 位，均较上一年下降了 7 位。在一级指标中，经济社会

发展排在全省三类县（市、区）第29位，较上一年下降了8位，排在赣州市第17位，与上一年排名相同；创新投入排在全省三类县（市、区）第30位，排在赣州市第17位，均较上一年下降了5位；创新成效排在全省三类县（市、区）第20位，较上一年下降了4位，排在赣州市第11位，较上一年下降了2位；创新环境排在全省三类县（市、区）第15位，较上一年上升了6位，排在赣州市第13位，与上一年排名相同。

综上所述，石城县人均科普经费投入、每万家企业法人高新技术企业数、每万家企业法人科技型中小企业数排名靠前，但规模以上工业企业中万人R&D人员全时当量、规模以上工业企业R&D人员占从业人员比重、规模以上工业企业R&D经费支出、技术合同成交额、居民人均可支配收入等排名靠后。建议该县夯实创新基础，优化创新环境，加大科技投入，加强人才培养，支持企业自主创新，加强产学研合作，因地制宜发展自身优势产业，提高人民生活水平。

第八节　宜　春　市

一、袁州区

袁州区，位于江西省西部，其为宜春市市辖区。2020年，该区常住人口为112.17万人，地区GDP为456.81亿元。居民人均可支配收入为29 703元，排在全省一类县（市、区）第22位，排在宜春市第1位。GDP较上一年增长4.0%，排在全省一类县（市、区）第18位，排在宜春市第3位。规模以上企业数为447家，排在全省一类县（市、区）第6位，排在宜春市第1位。当年新增省级及以上研发平台/创新载体共4个，其中国家级1个、省级3个，排在全省一类县（市、区）第8位，排在宜春市第2位。科普专题活动次数为88次，排在全省一类县（市、区）第6位，排在宜春市第3位。规模以上工业企业R&D经费支出为35 293.30万元、较上一年下降17.32%，排在全省一类县（市、区）第31位，排在宜春市第10位。每万家企业法人科技型中小企业数为60.07家，排在全省一类县（市、区）第22位，排在宜春市第8位。高新技术产业增加值占规模以上工业增加值比重为55.15%、较上一年增幅2.51%，排在全省一类县（市、区）第5位，排在宜春市第1位。农业产业化省级以上龙头企业数为16家，排在全省一类县（市、区）第10位，排在宜春市第3位。万人社会消费品零售额为2.52亿元，排在全省一类县（市、区）第16位，排在宜春市第1位（表3-55）。

表3-55 袁州区（一类）科技创新能力评价指标得分与排名

指标名称	得分（分）	全省一类县（市、区）排名		本市排名	
	2020年	2020年	2019年	2020年	2019年
科技创新能力	62.36	28	21	7	4
创新环境	3.28	12	18	1	3
创新基础	3.64	11	11	3	3
规模以上企业数（家）	4.98	6	5	1	1
规模以上工业企业建立研发机构的比例（%）	2.05	26	15	9	7
当年新增省级及以上研发平台/创新载体（个）	3.92	8	17	2	4
科技意识	2.74	27	27	3	3
人均科普经费投入（元）	1.54	33	35	9	9
科普专题活动次数（次）	4.20	6	10	3	3
创新投入	2.48	30	23	9	9
人力投入	2.32	32	25	9	9
规模以上工业企业中万人R&D人员全时当量（人·年）	2.41	28	23	9	8
规模以上工业企业R&D人员占从业人员比重（%）	2.23	32	21	7	7
财力投入	2.62	27	21	9	8
规模以上工业企业R&D经费支出	2.32	31	23	10	9
规模以上工业企业R&D经费支出占营业收入比重（%）	2.87	15	7	7	4
创新成效	3.09	17	22	3	5
技术创新	2.86	21	20	4	4
万人有效发明专利拥有量增量（件）	2.79	21	17	2	3

续表

指标名称	得分（分）	全省一类县（市、区）排名		本市排名	
	2020 年	2020 年	2019 年	2020 年	2019 年
每万家企业法人高新技术企业数（家）	3.03	13	13	2	3
每万家企业法人科技型中小企业数（家）	2.74	22	30	8	9
产业化水平	3.31	12	12	2	3
规模以上工业企业新产品销售收入占营业收入比重（%）	3.24	12	7	4	2
高新技术产业增加值占规模以上工业增加值比重（%）	3.78	5	19	1	5
技术合同成交额	2.60	26	18	7	3
农业产业化省级以上龙头企业数（家）	3.91	10	8	3	1
经济社会发展	3.26	14	16	4	2
经济增长	3.23	15	12	6	3
GDP 较上一年增长（%）	3.17	18	8	3	1
本级地方财政科技支出占本级公共财政支出比重（%）	3.30	11	26	6	9
社会生活	3.30	18	18	1	1
居民人均可支配收入（元）	3.31	22	22	1	1
万人社会消费品零售额（亿元）	3.29	16	16	1	1

如表3-55所示，袁州区科技创新能力排在全省一类县（市、区）第28位，较上一年下降了7位，排在宜春市第7位，较上一年下降了3位。在一级指标中，经济社会发展排在全省一类县（市、区）第14位，较上一年上升了2位，排在宜春市第4位，较上一年下降了2位；创新环境排在全省一类县（市、区）第12位，较上一年上升了6位，排在宜春市第1位，较上一年上升了2位；创新投入排在全省一类县（市、区）第30位，较上一年下降了7位，排在宜春市第9位，与上一年排名相同；创新成效排在全省一类县（市、区）第17位，较上一年上升了5位，排在宜春市第3位，较上一年上升了2位。

综上所述，袁州区规模以上企业数、当年新增省级及以上研发平台/创新载体、高新技术产业增加值占规模以上工业增加值比重在全省一类县（市、区）排名靠前，但人均科普经费投入、规模以上工业企业R&D人员占从业人员比重、规模以上工业企业R&D经费支出、规模以上工业企业中万人

R&D 人员全时当量等排名靠后。建议该区加大科普宣传力度，提高民众及企业创新意识，加快人才引进和培育，同时鼓励企业加大创新投入，提高科技成果转移转化成效，为经济社会发展提供科技支撑。

二、樟树市

樟树市，位于江西省中部，其为宜春市下辖县级市。2020 年，该市常住人口为 48.56 万人，地区 GDP 为 424.74 亿元。居民人均可支配收入为 28 255 元，排在全省一类县（市、区）第 24 位，排在宜春市第 3 位。GDP 较上一年增长 4.1%，排在全省一类县（市、区）第 15 位，排在宜春市第 2 位。规模以上企业数为 344 家，排在全省一类县（市、区）第 8 位，排在宜春市第 3 位。规模以上工业企业 R&D 人员占从业人员比重为 6.65%，排在全省一类县（市、区）第 17 位，排在宜春市第 4 位。规模以上工业企业 R&D 经费支出为 72 338.20 万元、较上一年增幅 39.54%，排在全省一类县（市、区）第 13 位，排在宜春市第 1 位。万人有效发明专利拥有量增量 1.52 件，排在全省一类县（市、区）第 7 位，排在宜春市第 1 位。每万家企业法人高新技术企业数为 101.45，排在全省一类县（市、区）第 11 位，排在宜春市第 1 位。技术合同成交额为 14 098 万元，与 GDP 之比为 0.33%，排在全省一类县（市、区）第 27 位，排在宜春市第 8 位。规模以上工业企业新产品销售收入占营业收入比为 15.62%，排在全省一类县（市、区）第 18 位，排在宜春市第 6 位。万人社会消费品零售额为 2.30 亿元，排在全省一类县（市、区）第 18 位，排在宜春市第 2 位（表 3-56）。

表 3-56　樟树市（一类）科技创新能力评价指标得分与排名

指标名称	得分（分）	全省一类县（市、区）排名		本市排名	
	2020 年	2020 年	2019 年	2020 年	2019 年
科技创新能力	68.96	11	14	1	2
创新环境	3.00	25	16	4	2
创新基础	3.69	10	6	2	2
规模以上企业数（家）	4.20	8	11	3	3

续表

指标名称	得分（分）	全省一类县（市、区）排名		本市排名	
	2020 年	2020 年	2019 年	2020 年	2019 年
规模以上工业企业建立研发机构的比例（%）	3.61	7	6	3	3
当年新增省级及以上研发平台 / 创新载体（个）	3.21	15	9	4	1
科技意识	1.95	35	33	10	8
人均科普经费投入（元）	1.59	31	26	5	4
科普专题活动次数（次）	2.40	30	33	10	10
创新投入	3.37	9	13	3	2
人力投入	3.51	13	12	3	2
规模以上工业企业中万人 R&D 人员全时当量（人·年）	3.88	9	10	2	2
规模以上工业企业 R&D 人员占从业人员比重（%）	3.15	17	12	4	2
财力投入	3.26	8	17	3	4
规模以上工业企业 R&D 经费支出	3.30	13	18	1	3
规模以上工业企业 R&D 经费支出占营业收入比重（%）	3.22	5	9	4	5
创新成效	3.20	12	15	1	2
技术创新	3.23	12	17	1	2
万人有效发明专利拥有量增量（件）	3.15	7	13	1	2
每万家企业法人高新技术企业数（家）	3.18	11	11	1	2
每万家企业法人科技型中小企业数（家）	3.40	7	9	1	3
产业化水平	3.17	15	18	3	5
规模以上工业企业新产品销售收入占营业收入比重（%）	2.86	18	17	6	6
高新技术产业增加值占规模以上工业增加值比重（%）	3.52	8	12	2	2
技术合同成交额	2.57	27	24	8	8
农业产业化省级以上龙头企业数（家）	4.19	7	8	1	1
经济社会发展	3.40	12	22	2	4
经济增长	3.59	9	15	3	4
GDP 较上一年增长（%）	3.31	15	23	2	5
本级地方财政科技支出占本级公共财政支出比重（%）	3.87	4	4	4	4

续表

指标名称	得分（分）	全省一类县（市、区）排名		本市排名	
	2020 年	2020 年	2019 年	2020 年	2019 年
社会生活	3.12	23	22	2	2
居民人均可支配收入（元）	3.12	24	24	3	3
万人社会消费品零售额（亿元）	3.13	18	18	2	2

如表 3-56 所示，樟树市科技创新能力排在全省一类县（市、区）第 11 位，较上一年上升了 3 位，排在宜春市第 1 位，较上一年上升了 1 位。在一级指标中，经济社会发展排在全省一类县（市、区）第 12 位，较上一年上升了 10 位，排在宜春市第 2 位，较上一年上升了 2 位；创新环境排在全省一类县（市、区）第 25 位，较上一年下降了 9 位，排在宜春市第 4 位，较上一年下降了 2 位；创新投入排在全省一类县（市、区）第 9 位，较上一年上升了 4 位，排在宜春市第 3 位，较上一年下降了 1 位；创新成效排在全省一类县（市、区）第 12 位，较上一年上升了 3 位，排在宜春市第 1 位，较上一年上升了 1 位。

综上所述，樟树市万人有效发明专利拥有量增量、规模以上工业企业 R&D 经费支出占营业收入比重、本级地方财政科技支出占本级公共财政支出比重、每万家企业法人科技型中小企业数在全省一类县（市、区）排名靠前，但科普专题活动次数、人均科普经费投入、技术合同成交额等排名偏后。建议该市加强创新科普宣传，适当增加人均科普经费投入，提高民众及企业创新意识，加大产学研合作力度，提高科技成果转移转化效率，促进经济高质量发展。

三、丰城市

丰城市，位于江西省中部，其为省试点直管市。2020 年，该市常住人口为 106.56 万人，地区 GDP 为 535.22 亿元。居民人均可支配收入为 26 961 元，排在全省一类县（市、区）第 30 位，排在宜春市第 6 位。GDP 较上一年增长3.3%，排在全省一类县（市、区）第29位，排在宜春市第7位。规模以上企业数为305家，排在全省一类县（市、区）第13位，排在宜春市第4位。规模以上工业企业建立研发机构的比例为24.9%，排在全省一类县（市、区）第21位，排在宜春市第7位。人均科普经费投入为0.31元，排在全省一类县（市、区）第30位，排在宜春市第4位。规模以上工业企业中万人R&D人员全时当量为19.94人·年，排在全省一类县（市、区）第22位，排在宜春市第8位。规模以上工业企业R&D经费支出为78 786.10万元、较上一年增幅28.03%，排在全省一类县（市、区）第17位，排在宜春市第4位。每万家企业法人科技型中小企业数为76.08家，排在全省一类县（市、区）第18位，排在宜春市第5位。高新技术产业增加值占规模以上工业增加值比重为38.21%、较上一年增幅1.2%，排在一类县（市、区）第15位，排在宜春市第4位。农业产业化省级以上龙头企业数为15家，排在全省一类县（市、区）第11位，排在宜春市第4位。（表3-57）

表3-57 丰城市（一类）科技创新能力评价指标得分与排名

指标名称	得分（分）	全省一类县（市、区）排名		本市排名	
	2020年	2020年	2019年	2020年	2019年
科技创新能力	62.75	25	28	6	7
创新环境	2.90	28	34	5	7
创新基础	3.51	14	24	4	6
规模以上企业数（家）	3.90	13	12	4	4
规模以上工业企业建立研发机构的比例（%）	2.56	21	21	7	8
当年新增省级及以上研发平台/创新载体（个）	4.15	7	26	1	6
科技意识	1.98	34	31	9	6
人均科普经费投入（元）	1.62	30	25	4	3
科普专题活动次数（次）	2.42	28	28	9	7
创新投入	3.10	19	22	6	7
人力投入	3.14	17	23	6	6
规模以上工业企业中万人R&D人员全时当量（人·年）	2.82	22	24	8	9

续表

指标名称	得分（分）	全省一类县（市、区）排名		本市排名	
	2020 年	2020 年	2019 年	2020 年	2019 年
规模以上工业企业 R&D 人员占从业人员比重（%）	3.45	13	16	3	4
财力投入	3.07	14	24	4	10
规模以上工业企业 R&D 经费支出	3.08	17	25	4	10
规模以上工业企业R&D经费支出占营业收入比重（%）	3.06	10	18	6	9
创新成效	2.94	22	19	6	4
技术创新	2.88	20	23	2	5
万人有效发明专利拥有量增量（件）	2.73	25	30	4	9
每万家企业法人高新技术企业数（家）	2.94	15	18	4	6
每万家企业法人科技型中小企业数（家）	2.97	18	14	5	6
产业化水平	3.00	21	9	6	2
规模以上工业企业新产品销售收入占营业收入比重（%）	2.96	16	10	5	3
高新技术产业增加值占规模以上工业增加值比重（%）	3.15	15	3	4	1
技术合同成交额	2.49	28	28	10	10
农业产业化省级以上龙头企业数（家）	3.77	11	11	4	4
经济社会发展	2.57	34	35	7	9
经济增长	2.50	29	27	8	9
GDP 较上一年增长（%）	2.20	29	27	7	7
本级地方财政科技支出占本级公共财政支出比重（%）	2.80	20	15	8	7
社会生活	2.69	31	32	7	8
居民人均可支配收入（元）	2.95	30	30	6	6
万人社会消费品零售额（亿元）	2.37	34	33	10	10

如表 3-57 所示，丰城市科技创新能力排在全省一类县（市、区）第 25 位，较上一年上升了 3 位，排在宜春市第 6 位，较上一年上升了 1 位。在一级指标中，经济社会发展排在全省一类县（市、区）第 34 位，较上一年上升了 1 位，排在宜春市第 7 位，较上一年上升了 2 位；创新环境排在全省一类县（市、区）第 28 位，较上一年上升了 6 位，排在宜春市第 5 位，较上一年

上升了2位；创新投入排在全省一类县（市、区）第19位，较上一年上升了3位，排在宜春市第6位，较上一年上升了1位；创新成效排在全省一类县（市、区）第22位，较上一年下降了3位，排在宜春市第6位，较上一年下降了2位。

综上所述，丰城市当年新增省级及以上研发平台/创新载体、规模以上工业企业R&D经费支出占营业收入比重在全省一类县（市、区）排名靠前，但万人社会消费品零售额、人均科普经费投入、GDP较上一年增长、技术合同成交额等排名落后。建议该市加强创新科普宣传，适当增加人均科普经费投入，提高民众创新意识，强化企业专利意识，提高科技成果转移转化效率，助推经济高质量发展。

四、靖安县

靖安县，位于江西省西北部、宜春市北部，其为宜春市下辖县。2020年，该县常住人口为12.18万人，地区GDP为67.04亿元。居民人均可支配收入为24 720元，排在全省三类县（市、区）第10位，排在宜春市第8位。GDP较上一年增长4.0%，排在全省三类县（市、区）第11位，排在宜春市第3位。规模以上企业数为92家，排在全省三类县（市、区）第18位，排在宜春市第9位。人均科普经费投入为0.48元，排在全省三类县（市、区）第29位，排在宜春市第1位。规模以上工业企业R&D人员占从业人员比重为7.84%，排在全省三类县（市、区）第7位，排在宜春市第2位。规模以上工业企业R&D经费支出占营业收入比重为1.72%、较上一年增幅0.17%，排在全省三类县（市、区）第6位，排在宜春市第2位。每万家企业法人高新技术企业数为58.24家，排在全省三类县（市、区）第23位，排在宜春市第8位。高新技术产业增加值占规模以上工业增加值比重28.08%、较上一年增幅8.66%，排在全省三类县（市、区）第16位，排在宜春市第5位。万人社会消费品零售额为1.74亿元，排在全省三类县（市、区）第13位，排在宜春市第5位（表3-58）。

表 3-58 靖安县（三类）科技创新能力评价指标得分与排名

指标名称	得分（分）	全省三类县（市、区）排名		本市排名	
	2020 年	2020 年	2019 年	2020 年	2019 年
科技创新能力	65.13	10	16	5	6
创新环境	2.48	31	27	9	8
创新基础	2.62	22	19	8	9
规模以上企业数（家）	2.27	18	19	9	9
规模以上工业企业建立研发机构的比例（%）	3.08	18	16	5	4
当年新增省级及以上研发平台 / 创新载体（个）	2.50	13	5	7	6
科技意识	2.26	29	29	4	5
人均科普经费投入（元）	2.06	29	28	1	2
科普专题活动次数（次）	2.51	22	19	7	6
创新投入	3.47	4	7	2	5
人力投入	3.49	5	8	4	5
规模以上工业企业中万人 R&D 人员全时当量（人·年）	3.45	5	6	4	7
规模以上工业企业 R&D 人员占从业人员比重（%）	3.53	7	10	2	5
财力投入	3.46	5	7	2	2
规模以上工业企业 R&D 经费支出	3.20	2	2	2	1
规模以上工业企业 R&D 经费支出占营业收入比重（%）	3.67	6	11	2	2
创新成效	2.94	16	20	5	7
技术创新	2.72	21	21	8	9
万人有效发明专利拥有量增量（件）	2.66	27	15	7	6
每万家企业法人高新技术企业数（家）	2.59	23	28	8	9
每万家企业法人科技型中小企业数（家）	2.95	16	16	6	5
产业化水平	3.16	6	18	4	7
规模以上工业企业新产品销售收入占营业收入比重（%）	3.26	10	19	3	9
高新技术产业增加值占规模以上工业增加值比重（%）	3.13	16	21	5	7
技术合同成交额	3.44	4	5	1	1
农业产业化省级以上龙头企业数（家）	2.48	15	14	8	8

续表

指标名称	得分（分）	全省三类县（市、区）排名		本市排名	
	2020 年	2020 年	2019 年	2020 年	2019 年
经济社会发展	3.21	5	5	6	3
经济增长	3.57	4	7	4	2
GDP 较上一年增长（%）	3.17	11	20	3	2
本级地方财政科技支出占本级公共财政支出比重（%）	3.97	3	3	3	3
社会生活	2.67	10	10	8	7
居民人均可支配收入（元）	2.65	10	10	8	8
万人社会消费品零售额（亿元）	2.70	13	16	5	5

如表 3-58 所示，靖安县科技创新能力排在全省三类县（市、区）第 10 位，较上一年上升了 6 位，排在宜春市第 5 位，较上一年上升了 1 位。在一级指标中，经济社会发展排在全省三类县（市、区）第 5 位，与上一年排名相同，排在宜春市第 6 位，较上一年下降了 3 位；创新环境排在全省三类县（市、区）第 31 位，较上一年下降了 4 位，排在宜春市第 9 位，较上一年下降了 1 位；创新投入排在全省三类县（市、区）第 4 位，排在宜春市第 2 位，均较上一年上升了 3 位；创新成效排在全省三类县（市、区）第 16 位，较上一年上升了 4 位，排在宜春市第 5 位，较上一年上升了 2 位。

综上所述，靖安县规模以上工业企业 R&D 经费支出、本级地方财政科技支出占本级公共财政支出比重、技术合同成交额、规模以上工业企业中万人 R&D 人员全时当量排名居全省三类县（市、区）前列，但人均科普经费投入、万人有效发明专利拥有量增量、每万家企业法人高新技术企业数等排名相对靠后。建议该县加强科普宣传力度，强化专利意识，同时加速培育高新技术企业和科技型中小企业，进一步提升科技竞争力。

五、奉新县

奉新县，位于江西省西北部，其为宜春市下辖县。2020 年，该县常住人口为 26.86 万人，地区 GDP 为 191.97 亿元。居民人均可支配收入为 27 917

元，排在全省二类县（市、区）第 8 位，排在宜春市第 4 位。GDP 较上一年增长 4.0%，排在全省二类县（市、区）第 15 位，排在宜春市第 3 位。规模以上工业企业建立研发机构的比例为 25%，排在全省二类县（市、区）第 23 位，排在宜春市第 6 位。科普专题活动次数为 219 次，排在全省二类县（市、区）第 1 位，排在宜春市第 1 位。规模以上工业企业 R&D 人员占从业人员比重为 6.62%，排在全省二类县（市、区）第 10 位，排在宜春市第 6 位。规模以上工业企业 R&D 经费支出为 32 058.30 万元、较上一年增幅 21.58%，排在全省二类县（市、区）第 10 位，排在宜春市第 3 位。万人有效发明专利拥有量增量为 0.40 件，排在全省二类县（市、区）第 12 位，排在宜春市第 3 位。高新技术产业增加值占规模以上工业增加值比重为 43.50%、较上一年下降 3.68%，排在全省二类县（市、区）第 13 位，排在宜春市第 6 位。农业产业化省级以上龙头企业数为 12 家，排在全省二类县（市、区）第 7 位，排在宜春市第 5 位。万人社会消费品零售额为 2.11 亿元，排在全省二类县（市、区）第 7 位，排在宜春市第 3 位（表 3-59）。

表 3-59 奉新县（二类）科技创新能力评价指标得分与排名

指标名称	得分（分）	全省二类县（市、区）排名		本市排名	
	2020 年	2020 年	2019 年	2020 年	2019 年
科技创新能力	67.73	6	4	2	1
创新环境	3.28	3	3	2	1
创新基础	2.75	20	6	7	5
规模以上企业数（家）	2.94	14	13	7	7
规模以上工业企业建立研发机构的比例（%）	2.57	23	15	6	6
当年新增省级及以上研发平台 / 创新载体（个）	2.74	4	1	6	2
科技意识	4.06	1	1	1	1
人均科普经费投入（元）	1.59	29	27	5	4
科普专题活动次数（次）	7.08	1	1	1	1
创新投入	3.23	7	4	4	3
人力投入	3.62	1	3	2	1

续表

指标名称	得分（分）	全省二类县（市、区）排名		本市排名	
	2020 年	2020 年	2019 年	2020 年	2019 年
规模以上工业企业中万人 R&D 人员全时当量（人·年）	4.11	1	2	1	1
规模以上工业企业 R&D 人员占从业人员比重（%）	3.13	10	6	6	3
财力投入	2.92	17	15	7	7
规模以上工业企业 R&D 经费支出	3.14	10	10	3	5
规模以上工业企业R&D经费支出占营业收入比重（%）	2.73	23	22	9	10
创新成效	2.85	17	7	7	3
技术创新	2.86	12	2	3	1
万人有效发明专利拥有量增量（件）	2.76	12	3	3	1
每万家企业法人高新技术企业数（家）	3.01	9	3	3	1
每万家企业法人科技型中小企业数（家）	2.82	12	2	7	1
产业化水平	2.83	19	13	7	8
规模以上工业企业新产品销售收入占营业收入比重（%）	2.37	25	18	9	7
高新技术产业增加值占规模以上工业增加值比重（%）	3.12	13	11	6	4
技术合同成交额	2.66	15	16	5	7
农业产业化省级以上龙头企业数（家）	3.34	7	8	5	5
经济社会发展	4.00	2	2	1	1
经济增长	4.64	2	2	1	1
GDP 较上一年增长（%）	3.17	15	20	3	3
本级地方财政科技支出占本级公共财政支出比重（%）	6.12	2	2	1	1
社会生活	3.03	7	7	3	3
居民人均可支配收入（元）	3.07	8	9	4	4
万人社会消费品零售额（亿元）	2.98	7	7	3	3

如表 3-59 所示，奉新县科技创新能力排在全省二类县（市、区）第 6 位，较上一年下降了 2 位，排在宜春市第 2 位，较上一年下降了 1 位。在一级指标中，经济社会发展排在全省二类县（市、区）第 2 位，排在宜春市第 1 位，均与上一年排名相同；创新环境排在全省二类县（市、区）第 3 位，与上一

年排名相同，排在宜春市第 2 位，较上一年下降了 1 位；创新投入排在全省二类县（市、区）第 7 位，较上一年下降了 3 位，排在宜春市第 4 位，较上一年下降了 1 位；创新成效排在全省二类县（市、区）第 17 位，较上一年下降了 10 位，排在宜春市第 7 位，较上一年下降了 4 位。

综上所述，奉新县科普专题活动次数、规模以上工业企业中万人 R&D 人员全时当量排名居全省二类县（市、区）首位，当年新增省级及以上研发平台 / 创新载体、本级地方财政科技支出占本级公共财政支出比重、农业产业化省级以上龙头企业数等排名靠前，但规模以上工业企业新产品销售收入占营业收入比重、人均科普经费投入、规模以上工业企业建立研发机构的比例等排名相对靠后。建议该县鼓励有条件的企业加大科技创新投入，建立研发平台，加速对新产品的研发投产，持续促进经济高质量发展。

六、高安市

高安市，位于江西省中部，其为宜春市代管县级市。2020 年，该市常住人口为 74.47 万人，地区 GDP 为 468.45 亿元。居民人均可支配收入为 27 276 元，排在全省一类县（市、区）第 29 位，排在宜春市第 5 位。GDP 较上一年增长 4.3%，排在全省一类县（市、区）第 12 位，排在宜春市第 1 位。规模以上企业数为 352 家，排在全省一类县（市、区）第 7 位，排在宜春市第 2 位。人均科普经费投入为 0.25 元，排在全省一类县（市、区）第 34 位，排在宜春市第 10 位。规模以上工业企业 R&D 经费支出占营业收入比重为 1.33%、较上一年下降 0.09%，排在全省一类县（市、区）第 4 位，排在宜春市第 3 位。规模以上工业企业 R&D 人员占从业人员比重为 6.63%，排在全省一类县（市、区）第 18 位，排在宜春市第 5 位。每万家企业法人科技型中小企业数为 79.70 家，排在全省一类县（市、区）第 14 位，排在宜春市第 2 位。技术合同成交额为 25 500 万元，与 GDP 之比为 0.54%，排在全省一类县（市、区）第 17 位，排在宜春市第 3 位。万人社会消费品零售额为 1.68 亿元，排在全省一类县（市、区）第 30 位，排在宜春市第 6 位（表 3-60）。

表 3-60　高安市（一类）科技创新能力评价指标得分与排名

指标名称	得分（分）	全省一类县（市、区）排名		本市排名	
	2020 年	2020 年	2019 年	2020 年	2019 年
科技创新能力	65.90	17	19	4	3
创新环境	3.12	17	20	3	4
创新基础	3.88	6	5	1	1
规模以上企业数（家）	4.26	7	8	2	2
规模以上工业企业建立研发机构的比例（%）	3.88	4	5	2	2
当年新增省级及以上研发平台 / 创新载体（个）	3.44	12	10	3	2
科技意识	1.98	33	34	8	10
人均科普经费投入（元）	1.46	34	32	10	8
科普专题活动次数（次）	2.62	23	29	6	8
创新投入	3.19	14	15	5	4
人力投入	3.37	14	15	5	4
规模以上工业企业中万人 R&D 人员全时当量（人·年）	3.61	13	16	3	3
规模以上工业企业 R&D 人员占从业人员比重（%）	3.14	18	19	5	6
财力投入	3.04	15	10	6	3
规模以上工业企业 R&D 经费支出	2.79	22	16	7	2
规模以上工业企业 R&D 经费支出占营业收入比重（%）	3.25	4	5	3	3
创新成效	2.95	21	23	4	6
技术创新	2.78	25	24	6	[illegible]
万人有效发明专利拥有量增量（件）	2.61	33	34	10	10
每万家企业法人高新技术企业数（家）	2.75	22	16	6	[illegible]
每万家企业法人科技型中小企业数（家）	3.02	14	20	2	[illegible]
产业化水平	3.11	19	15	5	[illegible]
规模以上工业企业新产品销售收入占营业收入比重（%）	3.36	9	12	2	[illegible]
高新技术产业增加值占规模以上工业增加值比重（%）	2.47	24	21	10	5
技术合同成交额	3.01	17	19	3	5
农业产业化省级以上龙头企业数（家）	4.19	7	8	1	1

续表

指标名称	得分（分）	全省一类县（市、区）排名		本市排名	
	2020 年	2020 年	2019 年	2020 年	2019 年
经济社会发展	3.24	16	31	5	5
经济增长	3.51	10	22	5	6
GDP 较上一年增长（%）	3.58	12	30	1	8
本级地方财政科技支出占本级公共财政支出比重（%）	3.45	8	6	5	5
社会生活	2.84	28	28	4	5
居民人均可支配收入（元）	2.99	29	28	5	5
万人社会消费品零售额（亿元）	2.65	30	29	6	6

如表 3-60 所示，高安市科技创新能力排在全省一类县（市、区）第 17 位，较上一年上升了 2 位，排在宜春市第 4 位，较上一年下降了 1 位。在一级指标中，经济社会发展排在全省一类县（市、区）第 16 位，较上一年上升了 15 位，排在宜春市第 5 位，与上一年排名相同；创新环境排在全省一类县（市、区）第 17 位，较上一年上升了 3 位，排在宜春市第 3 位，较上一年上升了 1 位；创新投入排在全省一类县（市、区）第 14 位，较上一年上升了 1 位，排在宜春市第 5 位，较上一年下降了 1 位；创新成效排在全省一类县（市、区）第 21 位，排在宜春市第 4 位，均比上一年上升了 2 位。

综上所述，高安市规模以上工业企业建立研发机构的比例、规模以上工业企业 R&D 经费支出占营业收入比重、农业产业化省级以上龙头企业数在全省一类县（市、区）排名靠前，但人均科普经费投入、万人有效发明专利拥有量增量、居民人均可支配收入、万人社会消费品零售额等排名靠后。建议该市加大科普宣传力度，适当增加人均科普经费投入，提高民众及企业创新意识、专利意识，同时加速培育高新技术企业，进一步提升区域科技竞争力。

七、上高县

上高县，位于江西省西北部，其为宜春市下辖县。2020 年，该县常住人口为 34.38 万人，地区 GDP 为 225.17 亿元。居民人均可支配收入为 28 280 元，排在全省二类县（市、区）第 7 位，排在宜春市第 2 位。GDP 较上一年增长 2.8%，排在全省二类县（市、区）第 32 位，排在宜春市第 9 位。规模以上企业数为 218 家，排在全省二类县（市、区）第 4 位，排在宜春市第 5 位。人均科普经费投入为 0.30 元，排在全省二类县（市、区）第 29 位，排在宜春市第 5 位。规模以上工业企业 R&D 经费支出为 36 689.10 万元、较上一年增幅 11.07%，排在全省二类县（市、区）第 15 位，排在宜春市第 5 位。每万家企业法人科技型中小企业数为 56.14 家，排在全省二类县（市、区）第 19 位，排在宜春市第 9 位。技术合同成交额为 9455 万元，与 GDP 之比为 0.42%，排在全省二类县（市、区）第 22 位，排在宜春市第 9 位。农业产业化省级以上龙头企业数为 10 家，排在全省二类县（市、区）第 9 位，排在宜春市第 6 位。万人社会消费品零售额为 1.45 亿元，排在全省二类县（市、区）第 20 位，排在宜春市第 8 位（表 3-61）。

表 3-61　上高县（二类）科技创新能力评价指标得分与排名

指标名称	得分（分）	全省二类县（市、区）排名		本市排名	
	2020 年	2020 年	2019 年	2020 年	2019 年
科技创新能力	57.66	25	22	8	10
创新环境	2.67	23	21	7	6
创新基础	3.13	5	4	5	4
规模以上企业数（家）	3.23	4	4	5	5
规模以上工业企业建立研发机构的比例（%）	3.15	14	10	4	5
当年新增省级及以上研发平台 / 创新载体（个）	2.97	3	9	5	6
科技意识	1.98	31	29	7	7
人均科普经费投入（元）	1.59	29	27	5	4
科普专题活动次数（次）	2.46	23	25	8	9
创新投入	2.86	19	17	7	8
人力投入	2.63	18	14	8	[illegible]
规模以上工业企业中万人 R&D 人员全时当量（人·年）	3.18	8	7	7	[illegible]

续表

指标名称	得分（分）	全省二类县（市、区）排名		本市排名	
	2020 年	2020 年	2019 年	2020 年	2019 年
规模以上工业企业 R&D 人员占从业人员比重（%）	2.08	29	24	9	9
财力投入	3.06	14	18	5	9
规模以上工业企业 R&D 经费支出	3.03	15	19	5	8
规模以上工业企业 R&D 经费支出占营业收入比重（%）	3.08	13	16	5	8
创新成效	2.67	24	23	9	10
技术创新	2.54	26	17	10	8
万人有效发明专利拥有量增量（件）	2.63	25	7	8	4
每万家企业法人高新技术企业数（家）	2.32	29	24	10	8
每万家企业法人科技型中小企业数（家）	2.68	19	12	9	7
产业化水平	2.80	22	23	9	9
规模以上工业企业新产品销售收入占营业收入比重（%）	2.78	16	19	7	8
高新技术产业增加值占规模以上工业增加值比重（%）	2.98	16	27	7	10
技术合同成交额	2.50	22	21	9	9
农业产业化省级以上龙头企业数（家）	3.05	9	17	6	7
经济社会发展	2.41	28	25	9	8
经济增长	2.12	31	29	9	8
GDP 较上一年增长（%）	1.51	32	28	9	6
本级地方财政科技支出占本级公共财政支出比重（%）	2.73	19	13	9	8
社会生活	2.84	12	12	5	4
居民人均可支配收入（元）	3.12	7	7	2	2
万人社会消费品零售额（亿元）	2.48	20	18	8	7

如表 3-61 所示，上高县科技创新能力排在全省二类县（市、区）第 25 位，较上一年下降了 3 位，排在宜春市第 8 位，较上一年上升了 2 位。在一级指标中，经济社会发展排在全省二类县（市、区）第 28 位，较上一年下降了 3 位，排在宜春市第 9 位，较上一年下降了 1 位；创新环境排在全省二类县（市、区）第 23 位，较上一年下降了 2 位，排在宜春市第 7 位，较上一年

下降了1位；创新投入排在全省二类县（市、区）第19位，较上一年下降了2位，排在宜春市第7位，较上一年上升了1位；创新成效排在全省二类县（市、区）第24位，较上一年下降了1位，排在宜春市第9位，较上一年上升了1位。

综上所述，上高县规模以上企业数、当年新增省级及以上研发平台/创新载体、居民人均可支配收入在全省二类县（市、区）排名靠前，但每万家企业法人高新技术企业数、GDP较上一年增长、人均科普经费投入、万人有效发明专利拥有量增量等排名靠后。建议该县加大科普宣传，提高民众及企业科技创新意识，鼓励企业自主研发，提高科技成果转移转化效率，同时加速培育高新技术企业和科技型中小企业，助推经济高质量发展。

八、宜丰县

宜丰县，位于江西省西部，其为宜春市下辖县。2020年，该县常住人口为25.30万人，地区GDP为154.55亿元。居民人均可支配收入为26 715元，排在全省二类县（市、区）第12位，排在宜春市第7位。GDP较上一年增长4.0%，排在全省二类县（市、区）第15位，排在宜春市第3位。规模以上工业企业建立研发机构的比例为18.24%，排在全省二类县（市、区）第27位，排在宜春市第8位。人均科普经费投入为0.32元，排在全省二类县（市、区）第28位，排在宜春市第3位。规模以上工业企业R&D人员占从业人员比重为3.67%，排在全省二类县（市、区）第26位，排在宜春市第8位。规模以上工业企业R&D经费支出占营业收入比重为0.56%、较上一年下降0.41%，排在全省二类县（市、区）第31位，排在宜春市第10位。每万家企业法人高新技术企业数为74.06家，排在全省二类县（市、区）第14位，排在宜春市第5位。技术合同成交额为10 120万元，与GDP之比为0.65%，排在全省二类县（市、区）第16位，排在宜春市第6位。高新技术产业增加值占规模以上工业增加值比重为34.80%、较上一年下降9.17%，排在全省二类县（市、区）第25位，排在宜春市第9位（表3-62）。

表 3-62　宜丰县（二类）科技创新能力评价指标得分与排名

指标名称	得分（分）	全省二类县（市、区）排名		本市排名	
	2020 年	2020 年	2019 年	2020 年	2019 年
科技创新能力	55.27	29	21	9	9
创新环境	2.32	32	26	10	10
创新基础	2.47	28	23	9	10
规模以上企业数（家）	2.78	20	19	8	8
规模以上工业企业建立研发机构的比例（%）	2.13	27	25	8	9
当年新增省级及以上研发平台 / 创新载体（个）	2.50	15	9	7	6
科技意识	2.10	28	26	5	4
人均科普经费投入（元）	1.64	28	27	3	4
科普专题活动次数（次）	2.66	12	5	5	4
创新投入	2.53	27	12	8	6
人力投入	2.70	17	13	7	7
规模以上工业企业中万人 R&D 人员全时当量（人·年）	3.22	7	9	6	5
规模以上工业企业 R&D 人员占从业人员比重（%）	2.18	26	21	8	8
财力投入	2.39	32	8	10	5
规模以上工业企业 R&D 经费支出	2.32	32	7	9	4
规模以上工业企业 R&D 经费支出占营业收入比重（%）	2.45	31	13	10	7
创新成效	2.63	26	21	10	9
技术创新	2.80	14	9	5	3
万人有效发明专利拥有量增量（件）	2.63	27	8	9	5
每万家企业法人高新技术企业数（家）	2.80	14	10	5	4
每万家企业法人科技型中小企业数（家）	3.01	6	4	4	2
产业化水平	2.46	30	31	10	10
规模以上工业企业新产品销售收入占营业收入比重（%）	2.12	32	31	10	10
高新技术产业增加值占规模以上工业增加值比重（%）	2.59	25	26	9	9
技术合同成交额	2.66	16	15	6	6
农业产业化省级以上龙头企业数（家）	2.34	30	27	9	10

续表

指标名称	得分（分）	全省二类县（市、区）排名		本市排名	
	2020年	2020年	2019年	2020年	2019年
经济社会发展	3.27	6	24	3	7
经济增长	3.64	6	25	2	7
GDP较上一年增长（%）	3.17	15	33	3	10
本级地方财政科技支出占本级公共财政支出比重（%）	4.11	4	4	2	2
社会生活	2.72	15	15	6	6
居民人均可支配收入（元）	2.91	12	12	7	7
万人社会消费品零售额（亿元）	2.50	19	19	7	8

如表3-62所示，宜丰县科技创新能力排在全省二类县（市、区）第29位，较上一年下降了8位，排在宜春市第9位，与上一年排名相同。在一级指标中，经济社会发展排在全省二类县（市、区）第6位，较上一年上升了18位，排在宜春市第3位，较上一年上升了4位；创新环境排在全省第32位，较上一年下降了6位，排在宜春市第10位，与上一年排名相同；创新投入排在全省二类县（市、区）第27位，较上一年下降了15位，排在宜春市第8位，较上一年下降了2位；创新成效排在全省二类县（市、区）第26位，较上一年下降了5位，排在宜春市第10位，较上一年下降了1位。

综上所述，宜丰县每万家企业法人科技型中小企业数、本级地方财政科技支出占本级公共财政支出比重、规模以上工业企业中万人R&D人员全时当量在全省二类县（市、区）排名靠前，但规模以上工业企业R&D经费支出、规模以上工业企业R&D经费支出占营业收入比重、规模以上工业企业新产品销售收入占营业收入比重、农业产业化省级以上龙头企业数、人均科普经费投入等排名靠后。建议该县夯实创新基础，优化创新环境，加大科技创新投入，加快引进和培育科技人才，鼓励有条件的企业自主创新，提升新产品产业化水平，增强科技在经济发展中的贡献度。

九、铜鼓县

铜鼓县，位于江西省西北部，其为宜春市下辖县。2020 年，该县常住人口为 11.64 万人，地区 GDP 为 56.91 亿元。居民人均可支配收入为 20 107 元，排在全省三类县（市、区）第 23 位，排在宜春市第 10 位。GDP 较上一年增长 2.2%，排在全省三类县（市、区）第 32 位，排在宜春市第 10 位。规模以上企业数为 59 家，排在全省三类县（市、区）第 28 位，排在宜春市第 10 位。人均科普经费投入为 0.29 元，排在全省三类县（市、区）第 32 位，排在宜春市第 8 位。规模以上工业企业 R&D 经费支出为 8084.30 万元、较上一年下降 0.49%，排在全省三类县（市、区）第 13 位，排在宜春市第 6 位。万人有效发明专利拥有量增量为 0.13 件，排在全省三类县（市、区）第 25 位，排在宜春市第 6 位。高新技术产业增加值占规模以上工业增加值比重为 43.75%、较上一年增幅 0.8%，排在全省三类县（市、区）第 14 位，排在宜春市第 3 位。技术合同成交额为 9000 万元，与 GDP 之比为 1.58%，排在全省三类县（市、区）第 5 位，排在宜春市第 2 位。万人社会消费品零售额为 1.84 亿元，排在全省三类县（市、区）第 11 位，排在宜春市第 4 位（表 3-63）。

表 3-63　铜鼓县（三类）科技创新能力评价指标得分与排名

指标名称	得分（分）	全省三类县（市、区）排名		本市排名	
	2020 年	2020 年	2019 年	2020 年	2019 年
科技创新能力	66.39	7	11	3	5
创新环境	2.59	26	28	8	9
创新基础	2.93	8	15	6	7
规模以上企业数（家）	2.02	28	28	10	10
规模以上工业企业建立研发机构的比例（%）	4.20	5	8	1	1
当年新增省级及以上研发平台 / 创新载体（个）	2.50	13	11	7	10
科技意识	2.08	31	32	6	9
人均科普经费投入（元）	1.55	32	32	8	10
科普专题活动次数（次）	2.73	11	11	4	5
创新投入	3.75	2	3	1	1

续表

指标名称	得分（分）	全省三类县（市、区）排名		本市排名	
	2020年	2020年	2019年	2020年	2019年
人力投入	4.06	2	4	1	3
规模以上工业企业中万人R&D人员全时当量（人·年）	3.42	6	5	5	6
规模以上工业企业R&D人员占从业人员比重（%）	4.70	2	5	1	1
财力投入	3.50	4	5	1	1
规模以上工业企业R&D经费支出	2.82	13	9	6	6
规模以上工业企业R&D经费支出占营业收入比重（%）	4.07	4	5	1	1
创新成效	3.15	8	8	2	1
技术创新	2.75	19	18	7	6
万人有效发明专利拥有量增量（件）	2.66	25	23	6	7
每万家企业法人高新技术企业数（家）	2.61	21	22	7	7
每万家企业法人科技型中小企业数（家）	3.01	15	14	3	4
产业化水平	3.56	3	2	1	1
规模以上工业企业新产品销售收入占营业收入比重（%）	5.05	1	1	1	1
高新技术产业增加值占规模以上工业增加值比重（%）	3.32	14	23	3	8
技术合同成交额	3.18	5	6	2	2
农业产业化省级以上龙头企业数（家）	2.34	22	14	9	8
经济社会发展	1.84	32	32	10	10
经济增长	1.49	32	32	10	10
GDP较上一年增长（%）	0.68	32	31	10	9
本级地方财政科技支出占本级公共财政支出比重（%）	2.31	27	26	10	10
社会生活	2.37	19	20	9	9
居民人均可支配收入（元）	2.03	23	19	10	10
万人社会消费品零售额（亿元）	2.78	11	13	4	4

如表3-63所示，铜鼓县科技创新能力排在全省三类县（市、区）第7位，较上一年上升了4位，排在宜春市第3位，较上一年上升了2位。在一级指标中，经济社会发展排在全省三类县（市、区）第32位，排在宜春市第10

位，均与上一年排名相同；创新环境排在全省三类县（市、区）第26位，较上一年上升了2位，排在宜春市第8位，较上一年上升了1位；创新投入排在全省三类县（市、区）第2位，较上一年上升了1位，排在宜春市第1位，与上一年排名相同；创新成效排在全省三类县（市、区）第8位，与上一年排名相同，排在宜春市第2位，较上一年下降了1位。

综上所述，铜鼓县规模以上工业企业新产品销售收入占营业收入比重居全省三类县（市、区）首位，规模以上工业企业建立研发机构的比例、规模以上工业企业R&D人员占从业人员比重、技术合同成交额排名靠前，但GDP较上一年增长、规模以上企业数、人均科普经费投入、本级地方财政科技支出占本级公共财政支出比重等排名靠后。建议该县加强创新科普宣传，适当增加人均科普经费投入，提高民众及企业创新意识，同时加速培育高新技术企业和科技型中小企业，强化专利意识，助推经济高质量发展。

十、万载县

万载县，位于江西省西北部，其为宜春市下辖县。2020年，该县常住人口为48.64万人，地区GDP为209.01亿元。居民人均可支配收入为20 823元，排在全省二类县（市、区）第26位，排在宜春市第9位。GDP较上一年增长3.3%，排在全省二类县（市、区）第29位，排在宜春市第7位。规模以上工业企业建立研发机构的比例为10.53%，排在全省二类县（市、区）第32位，排在宜春市第10位。科普专题活动次数为106次，排在全省二类县（市、区）第2位，排在宜春市第2位。规模以上工业企业中万人R&D人员全时当量为11.27人·年，排在全省二类县（市、区）第21位，排在宜春市第10位。规模以上工业企业R&D经费支出为23 863.30万元、较上一年下降12.23%，排在全省二类县（市、区）第27位，排在宜春市第8位。每万家企业法人科技型中小企业数为48.02家，排在全省二类县（市、区）第25位，排在宜春市第10位。技术合同成交额为13 455万元，与GDP之比为0.64%，排在全省二类县（市、区）第13位，排在宜春市第4位。本级地方财政科技支出占本级公共财政支出比重为2.78%，排在全省二类县（市、区）

第 8 位，排在宜春市第 7 位（表 3-64）。

表 3-64　万载县（二类）科技创新能力评价指标得分与排名

指标名称	得分（分）	全省二类县（市、区）排名		本市排名	
	2020 年	2020 年	2019 年	2020 年	2019 年
科技创新能力	54.72	30	20	10	8
创新环境	2.69	21	14	6	5
创新基础	2.43	30	16	10	8
规模以上企业数（家）	3.18	6	5	6	6
规模以上工业企业建立研发机构的比例（%）	1.63	32	27	10	10
当年新增省级及以上研发平台 / 创新载体（个）	2.50	15	4	7	4
科技意识	3.09	9	16	2	2
人均科普经费投入（元）	1.85	25	23	2	1
科普专题活动次数（次）	4.60	2	2	2	2
创新投入	2.41	29	23	10	10
人力投入	2.09	30	24	10	10
规模以上工业企业中万人 R&D 人员全时当量（人·年）	2.37	21	19	10	10
规模以上工业企业 R&D 人员占从业人员比重（%）	1.82	32	25	10	10
财力投入	2.67	25	12	8	6
规模以上工业企业 R&D 经费支出	2.56	27	14	8	7
规模以上工业企业 R&D 经费支出占营业收入比重（%）	2.76	21	10	8	6
创新成效	2.68	22	18	8	8
技术创新	2.54	25	27	9	10
万人有效发明专利拥有量增量（件）	2.67	19	15	5	8
每万家企业法人高新技术企业数（家）	2.38	27	26	9	10
每万家企业法人科技型中小企业数（家）	2.57	25	25	10	10
产业化水平	2.82	20	10	8	6
规模以上工业企业新产品销售收入占营业收入比重（%）	2.75	17	8	8	5
高新技术产业增加值占规模以上工业增加值比重（%）	2.92	17	10	8	3

续表

指标名称	得分（分）	全省二类县（市、区）排名		本市排名	
	2020 年	2020 年	2019 年	2020 年	2019 年
技术合同成交额	2.74	13	14	4	4
农业产业化省级以上龙头企业数（家）	2.91	13	8	7	5
经济社会发展	2.51	26	23	8	6
经济增长	2.69	25	18	7	5
GDP 较上一年增长（%）	2.20	29	25	7	4
本级地方财政科技支出占本级公共财政支出比重（%）	3.18	8	7	7	6
社会生活	2.25	25	26	10	10
居民人均可支配收入（元）	2.13	26	26	9	9
万人社会消费品零售额（亿元）	2.40	22	21	9	9

如表 3-64 所示，万载县科技创新能力排在全省二类县（市、区）第 30 位，较上一年下降了 10 位，排在宜春市第 10 位，较上一年下降了 2 位。在一级指标中，经济社会发展排在全省二类县（市、区）第 26 位，较上一年下降了 3 位，排在宜春市第 8 位，较上一年下降了 2 位；创新环境排在全省二类县（市、区）第 21 位，较上一年下降了 7 位，排在宜春市第 6 位，较上一年下降了 1 位；创新投入排在全省二类县（市、区）第 29 位，较上一年下降了 6 位，排在宜春市第 10 位，与上一年排名相同；创新成效排在全省二类县（市、区）第 22 位，较上一年下降了 4 位，排在宜春市第 8 位，与上一年排名相同。

综上所述，万载县科普专题活动次数、规模以上企业数、本级地方财政科技支出占本级公共财政支出比重等指标排名靠前，但规模以上工业企业建立研发机构的比例、规模以上工业企业 R&D 人员占从业人员比重、GDP 较上一年增长、规模以上工业企业 R&D 经费支出等排名落后。建议该县鼓励有条件的企业加大科技创新投入，建立研发平台，加速培育高新技术企业和科技型中小企业，促进经济的高质量发展。

第九节 上 饶 市

一、信州区

信州区，位于江西省东北部、上饶市东南部，其为上饶市市辖区。2020年，该区常住人口为54.51万人，地区GDP为342.26亿元。居民人均可支配收入为35 623元，排在全省一类县（市、区）第15位，排在上饶市第1位。GDP较上一年增长4.0%，排在全省一类县（市、区）第18位，排在上饶市第6位。规模以上企业数为188家，排在全省一类县（市、区）第21位，排在上饶市第8位。科普专题活动次数为39次，排在全省一类县（市、区）第16位，排在上饶市第5位。规模以上工业企业R&D人员占从业人员比重为5.53%，排在全省一类县（市、区）第23位，排在上饶市第7位。规模以上工业企业R&D经费支出占营业收入比重为0.80%、较上一年增幅0.13%，排在全省一类县（市、区）第18位，排在上饶市第4位。万人有效发明专利拥有量增量为2.93件，排在全省一类县（市、区）第5位，排在上饶市第1位。技术合同成交额为8954.22万元，与GDP之比为0.26%，排在全省一类县（市、区）第30位，排在上饶市第10位。万人社会消费品零售额为3.45亿元，排在全省一类县（市、区）第9位，排在上饶市第1位（表3-65）。

表3-65 信州区（一类）科技创新能力评价指标得分与排名

指标名称	得分（分）	全省一类县（市、区）排名		本市排名	
	2020年	2020年	2019年	2020年	2019年
科技创新能力	55.65	35	34	10	8
创新环境	2.72	34	31	6	5
创新基础	2.86	26	27	7	5
规模以上企业数（家）	3.01	21	28	8	9

续表

指标名称	得分（分）	全省一类县（市、区）排名		本市排名	
	2020 年	2020 年	2019 年	2020 年	2019 年
规模以上工业企业建立研发机构的比例（%）	2.63	20	19	8	9
当年新增省级及以上研发平台 / 创新载体（个）	2.97	18	15	1	2
科技意识	2.50	30	24	5	6
人均科普经费投入（元）	1.98	26	21	5	5
科普专题活动次数（次）	3.12	16	13	5	3
创新投入	2.60	28	29	9	6
人力投入	2.37	31	31	9	9
规模以上工业企业中万人 R&D 人员全时当量（人·年）	1.96	33	33	12	10
规模以上工业企业 R&D 人员占从业人员比重（%）	2.78	23	27	7	8
财力投入	2.79	22	12	8	4
规模以上工业企业 R&D 经费支出	2.78	24	10	8	4
规模以上工业企业 R&D 经费支出占营业收入比重（%）	2.81	18	16	4	3
创新成效	2.40	35	35	12	10
技术创新	2.70	28	34	5	10
万人有效发明专利拥有量增量（件）	3.65	5	12	1	1
每万家企业法人高新技术企业数（家）	2.05	34	35	12	12
每万家企业法人科技型中小企业数（家）	2.37	32	34	9	10
产业化水平	2.10	35	33	12	10
规模以上工业企业新产品销售收入占营业收入比重（%）	1.87	31	26	11	8
高新技术产业增加值占规模以上工业增加值比重（%）	2.00	27	29	10	9
技术合同成交额	2.39	30	30	10	11
农业产业化省级以上龙头企业数（家）	2.05	29	23	11	9
经济社会发展	3.21	19	30	3	3
经济增长	2.65	24	33	8	11
GDP 较上一年增长（%）	3.17	18	33	6	11
本级地方财政科技支出占本级公共财政支出比重（%）	2.13	31	29	8	8

续表

指标名称	得分（分）	全省一类县（市、区）排名		本市排名	
	2020 年	2020 年	2019 年	2020 年	2019 年
社会生活	4.06	12	11	1	1
居民人均可支配收入（元）	4.10	15	15	1	1
万人社会消费品零售额（亿元）	4.00	9	9	1	1

如表 3-65 所示，信州区科技创新能力排在全省一类县（市、区）第 35 位，较上一年下降了 1 位，排在上饶市第 10 位，较上一年下降了 2 位。在一级指标中，经济社会发展排在全省一类县（市、区）第 19 位，较上一年上升了 11 位，排在上饶市第 3 位，与上一年排名相同；创新环境排在全省一类县（市、区）第 34 位，较上一年下降了 3 位，排在上饶市第 6 位，与上一年排名相同；创新投入排在全省一类县（市、区）第 28 位，较上一年上升了 1 位，排在上饶市第 9 位，较上一年下降了 3 位；创新成效排在全省一类县（市、区）第 35 位，与上一年排名相同，排在上饶市第 12 位，较上一年下降了 2 位。

综上所述，信州区万人有效发明专利拥有量增量、万人社会消费品零售额在全省一类县（市、区）排名靠前，但规模以上工业企业中万人 R&D 人员全时当量、每万家企业法人高新技术企业数、每万家企业法人科技型中小企业数、高新技术产业增加值占规模以上工业增加值比重、规模以上工业企业新产品销售收入占营业收入比重等排名落后。建议该区加快引进和培育科技型人才，鼓励企业自主研发，加速培育高新技术企业和科技型中小企业，强化科技成果转移转化能力，推动经济高质量发展。

二、广丰区

广丰区，位于江西省东北部，其为上饶市市辖区。2020 年，该区常住人口为 77.54 万人，地区 GDP 为 451.89 亿元。居民人均可支配收入为 31 554 元，排在全省一类县（市、区）第 20 位，排在上饶市第 2 位。GDP 较上一年增长 4.0%，排在全省一类县（市、区）第 18 位，排在上饶市第 6 位。规模以上企业数为 339 家，排在全省一类县（市、区）第 10 位，排在上饶市第 1 位。规模以上工业企业建立研发机构的比例为 40.95%，排在全省一类县（市、区）6 位，排在上饶市第 1 位。规模以上工业企业中万人 R&D 人员全时当量为 13.48 人·年，排在全省一类县（市、区）第 25 位，排在上饶市第 4 位。规模以上工业企业 R&D 经费支出占营业收入比重为 0.64%、较上一年增幅 0.40%，排在全省一类县（市、区）第 22 位，排在上饶市第 6 位。每万家企业法人高新技术企业数为 70.68 家，排在全省一类县（市、区）第 21 位，排在上饶市第 5 位。技术合同成交额为 8320 万元，与 GDP 之比为 0.18%，排在全省一类县（市、区）第 32 位，排在上饶市第 12 位。本级地方财政科技支出占本级公共财政支出比重为 2.50%，排在全省一类县（市、区）第 15 位，排在上饶市第 3 位。农业产业化省级以上龙头企业数为 12 家，排在全省一类县（市、区）第 14 位，排在上饶市第 3 位（表 3-66）。

表 3-66 广丰区（一类）科技创新能力评价指标得分与排名

指标名称	得分（分）	全省一类县（市、区）排名		本市排名	
	2020 年	2020 年	2019 年	2020 年	2019 年
科技创新能力	60.91	31	35	4	10
创新环境	2.94	26	33	4	7
创新基础	3.47	15	23	1	3
规模以上企业数（家）	4.16	10	13	1	2
规模以上工业企业建立研发机构的比例（%）	3.61	6	16	1	4
当年新增省级及以上研发平台 / 创新载体（个）	2.50	33	30	6	7
科技意识	2.14	31	30	8	8
人均科普经费投入（元）	1.59	31	26	7	7
科普专题活动次数（次）	2.82	20	23	6	8
创新投入	2.99	21	33	4	12
人力投入	2.61	28	33	7	11
规模以上工业企业中万人 R&D 人员全时当量（人·年）	2.49	25	32	4	9
规模以上工业企业 R&D 人员占从业人员比重（%）	2.73	26	32	8	11

续表

指标名称	得分（分）	全省一类县（市、区）排名		本市排名	
	2020 年	2020 年	2019 年	2020 年	2019 年
财力投入	3.31	7	33	3	12
规模以上工业企业 R&D 经费支出	4.03	7	32	3	12
规模以上工业企业R&D经费支出占营业收入比重（%）	2.71	22	32	6	12
创新成效	2.62	31	30	7	6
技术创新	2.70	27	26	4	6
万人有效发明专利拥有量增量（件）	2.69	29	33	4	10
每万家企业法人高新技术企业数（家）	2.76	21	17	5	4
每万家企业法人科技型中小企业数（家）	2.67	24	25	6	7
产业化水平	2.54	29	30	8	8
规模以上工业企业新产品销售收入占营业收入比重（%）	2.25	25	32	9	11
高新技术产业增加值占规模以上工业增加值比重（%）	2.57	21	23	7	5
技术合同成交额	2.33	32	31	12	12
农业产业化省级以上龙头企业数（家）	3.34	14	13	3	3
经济社会发展	3.10	27	34	4	8
经济增长	3.08	18	30	4	8
GDP 较上一年增长（%）	3.17	18	30	6	10
本级地方财政科技支出占本级公共财政支出比重（%）	2.99	15	20	3	3
社会生活	3.14	21	21	3	3
居民人均可支配收入（元）	3.56	20	20	2	2
万人社会消费品零售额（亿元）	2.62	31	31	10	10

如表 3-66 所示，广丰区科技创新能力排在全省一类县（市、区）第 31 位，较上一年上升了 4 位，排在上饶市第 4 位，较上一年上升了 6 位。在一级指标中，经济社会发展排在全省一类县（市、区）第 27 位，较上一年上升了 7 位，排在上饶市第 4 位，较上一年上升了 4 位；创新环境排在全省一类县（市、区）第 26 位，较上一年上升了 7 位，排在上饶市第 4 位，较上一年上升了 3 位；创新投入排在全省一类县（市、区）第 21 位，较上一年上升了

12 位，排在上饶市第 4 位，较上一年上升了 8 位；创新成效排在全省一类县（市、区）第 31 位，排在上饶市第 7 位，均比上一年下降了 1 位。

综上所述，广丰区规模以上工业企业 R&D 经费支出、规模以上工业企业建立研发机构的比例、GDP 较上一年增长等排名较上一年有较大提升，在全省一类县（市、区）排名靠前，但人均科普经费投入、技术合同成交额、万人社会消费品零售额、万人有效发明专利拥有量增量等排名落后。建议该区加大科普宣传力度，适当增加科普经费投入，提高民众及企业创新意识，同时加快引进和培育科技型人才，加速培育高新技术企业和科技型中小企业，强化科技成果转移转化能力，推动经济高质量发展。

三、广信区

广信区，原上饶县，2019 年 7 月，撤销上饶县设立上饶市广信区，位于江西省东北部。2020 年，该区常住人口为 74.83 万人，地区 GDP 为 289.86 亿元。居民人均可支配收入为 21 570 元，排在全省一类县（市、区）第 35 位，排在上饶市第 8 位。GDP 较上一年增长 4.5%，排在全省一类县（市、区）第 8 位，排在上饶市第 2 位。规模以上工业企业建立研发机构的比例为 28.62%，排在全省一类县（市、区）第 17 位，排在上饶市第 6 位。科普专题活动次数为 124 次，排在全省一类县（市、区）第 3 位，排在上饶市第 1 位。规模以上工业企业中万人 R&D 人员全时当量为 38.65 人 · 年，排在全省一类县（市、区）第 11 位，排在上饶市第 1 位。规模以上工业企业 R&D 经费支出为 198 386.20 万元、较上一年增幅 41.69%，排在全省一类县（市、区）第 1 位，排在上饶市第 1 位。每万家企业法人科技型中小企业数为 70.09 家，排在全省一类县（市、区）第 19 位，排在上饶市第 2 位。高新技术产业增加值占规模以上工业增加值比重为 62.03%、较上一年下降 7.71%，排在全省一类县（市、区）第 6 位，排在上饶市第 3 位。农业产业化省级以上龙头企业数为 27 家，排在全省一类县（市、区）第 4 位，排在上饶市第 1 位（表 3-67）。

表 3-67 广信区（一类）科技创新能力评价指标得分与排名

指标名称	得分（分）	全省一类县（市、区）排名		本市排名	
	2020 年	2020 年	2019 年	2020 年	2019 年
科技创新能力	79.96	5	6	1	1
创新环境	3.15	16	17	1	2
创新基础	3.24	20	16	2	2
规模以上企业数（家）	3.90	13	14	3	3
规模以上工业企业建立研发机构的比例（%）	2.81	17	18	6	8
当年新增省级及以上研发平台 / 创新载体（个）	2.97	18	10	1	1
科技意识	3.02	18	20	2	4
人均科普经费投入（元）	1.41	35	34	9	9
科普专题活动次数（次）	4.99	3	4	1	1
创新投入	4.37	3	7	1	1
人力投入	3.68	11	16	1	1
规模以上工业企业中万人 R&D 人员全时当量（人·年）	3.80	11	18	1	1
规模以上工业企业 R&D 人员占从业人员比重（%）	3.56	10	18	2	3
财力投入	4.95	1	2	1	1
规模以上工业企业 R&D 经费支出	6.21	1	1	1	1
规模以上工业企业 R&D 经费支出占营业收入比重（%）	3.91	1	4	1	1
创新成效	3.64	6	4	1	1
技术创新	3.26	11	13	2	2
万人有效发明专利拥有量增量（件）	2.63	31	31	9	5
每万家企业法人高新技术企业数（家）	4.21	4	4	1	1
每万家企业法人科技型中小企业数（家）	2.88	19	21	2	4
产业化水平	4.02	3	1	1	1
规模以上工业企业新产品销售收入占营业收入比重（%）	5.35	3	1	1	1
高新技术产业增加值占规模以上工业增加值比重（%）	3.57	6	5	3	[illegible]
技术合同成交额	2.62	25	13	4	[illegible]
农业产业化省级以上龙头企业数（家）	5.48	4	4	1	

续表

指标名称	得分（分）	全省一类县（市、区）排名		本市排名	
	2020 年	2020 年	2019 年	2020 年	2019 年
经济社会发展	3.23	17	18	2	2
经济增长	3.73	5	6	2	1
GDP 较上一年增长（%）	3.86	8	7	2	1
本级地方财政科技支出占本级公共财政支出比重（%）	3.60	5	5	2	2
社会生活	2.48	34	34	9	9
居民人均可支配收入（元）	2.23	35	35	8	9
万人社会消费品零售额（亿元）	2.80	24	25	7	6

如表 3-67 所示，广信区科技创新能力在全省一类县（市、区）排名第 5 位，较上一年上升了 1 位，排在上饶市第 1 位，与上一年排名相同。在一级指标中，经济社会发展排在全省一类县（市、区）第 17 位，较上一年上升了 1 位，排在上饶市第 2 位，与上一年排名相同；创新环境排在全省一类县（市、区）第 16 位，排在上饶市第 1 位，均比上一年上升了 1 位；创新投入排在全省一类县（市、区）第 3 位，较上一年上升了 4 位，排在上饶市第 1 位，与上一年排名相同；创新成效排在全省一类县（市、区）第 6 位，较上一年下降了 2 位，排在上饶市第 1 位，与上一年排名相同。

综上所述，广信区规模以上工业企业 R&D 经费支出、规模以上工业企业 R&D 经费支出占营业收入比重在全省一类县（市、区）排名第一，科普专题活动次数、每万家企业法人高新技术企业数、规模以上工业企业新产品销售收入占营业收入比重、农业产业化省级以上龙头企业数、本级地方财政科技支出占本级公共财政支出比重在全省一类县（市、区）排名前五位，但人均科普经费投入、居民人均可支配收入排名落后。建议该区适当加大科普经费投入，营造良好创新环境，以科技创新引领经济发展。

四、玉山县

玉山县，位于江西省东北部，其为上饶市下辖县。2020 年，该县常住人口为51.94万人，地区GDP为225.87亿元。居民人均可支配收入为27 193元，排在全省二类县（市、区）第10位，排在上饶市第4位。GDP较上一年增长4.6%，排在全省二类县（市、区）第4位，排在上饶市第1位。规模以上企业数为328家，排在全省二类县（市、区）第1位，排在上饶市第2位。人均科普经费投入为0.62元，排在全省二类县（市、区）第23位，排在上饶市第4位。规模以上工业企业R&D经费支出为23 952.30万元、较上一年下降27.45%，排在全省二类县（市、区）第29位，排在上饶市第11位。万人有效发明专利拥有量增量为0.06件，排在全省二类县（市、区）第23位，排在上饶市第8位。每万家企业法人科技型中小企业数为66.42家，排在全省二类县（市、区）第10位，排在上饶市第3位。高新技术产业增加值占规模以上工业增加值比重为34.33%、较上一年增幅18.98%，排在全省二类县（市、区）第5位，排在上饶市第2位。技术合同成交额为8727万元，与GDP之比为0.39%，排在全省二类县（市、区）第26位，排在上饶市第7位。万人社会消费品零售额为2.49亿元，排在全省二类县（市、区）第2位，排在上饶市第2位（表3-68）。

表3-68 玉山县（二类）科技创新能力评价指标得分与排名

指标名称	得分（分）	全省二类县（市、区）排名		本市排名	
	2020年	2020年	2019年	2020年	2019年
科技创新能力	57.47	26	18	7	4
创新环境	2.91	16	9	5	3
创新基础	3.19	4	3	3	1
规模以上企业数（家）	4.07	1	1	2	1
规模以上工业企业建立研发机构的比例（%）	2.69	21	16	7	2
当年新增省级及以上研发平台/创新载体（个）	2.74	4	4	3	4
科技意识	2.49	25	18	6	5
人均科普经费投入（元）	2.42	23	16	4	4
科普专题活动次数（次）	2.57	15	11	9	6
创新投入	2.36	30	24	11	7

续表

指标名称	得分（分）	全省二类县（市、区）排名		本市排名	
	2020 年	2020 年	2019 年	2020 年	2019 年
人力投入	2.27	26	19	11	4
规模以上工业企业中万人 R&D 人员全时当量（人·年）	2.40	20	18	6	3
规模以上工业企业 R&D 人员占从业人员比重（%）	2.14	28	18	12	5
财力投入	2.44	30	25	11	9
规模以上工业企业 R&D 经费支出	2.39	29	22	11	9
规模以上工业企业 R&D 经费支出占营业收入比重（%）	2.47	29	28	11	8
创新成效	2.82	20	19	4	5
技术创新	2.66	19	12	8	4
万人有效发明专利拥有量增量（件）	2.64	23	19	8	5
每万家企业法人高新技术企业数（家）	2.54	21	14	7	5
每万家企业法人科技型中小企业数（家）	2.83	10	9	3	2
产业化水平	2.98	15	22	2	6
规模以上工业企业新产品销售收入占营业收入比重（%）	2.50	22	20	7	5
高新技术产业增加值占规模以上工业增加值比重（%）	3.78	5	28	2	7
技术合同成交额	2.46	26	20	7	7
农业产业化省级以上龙头企业数（家）	3.20	8	8	4	4
经济社会发展	3.06	12	17	5	4
经济增长	3.03	17	24	5	5
GDP 较上一年增长（%）	4.00	4	20	1	4
本级地方财政科技支出占本级公共财政支出比重（%）	2.07	31	31	10	9
社会生活	3.11	4	5	4	4
居民人均可支配收入（元）	2.98	10	11	4	4
万人社会消费品零售额（亿元）	3.27	2	2	2	2

如表 3-68 所示，玉山县科技创新能力在全省二类县（市、区）排名第 26 位，较上一年下降了 8 位，排在上饶市第 7 位，较上一年下降了 3 位。在一级指标中，经济社会发展排在全省二类县（市、区）第 12 位，较上一年上

升了5位，排在上饶市第5位，较上一年下降了1位；创新环境排在全省二类县（市、区）第16位，较上一年下降了7位，排在上饶市第5位，较上一年下降了2位；创新投入排在全省二类县（市、区）第30位，较上一年下降了6位，排在上饶市第11位，较上一年下降了4位；创新成效排在全省二类县（市、区）第20位，较上一年下降了1位，排在上饶市第4位，较上一年上升了1位。

综上所述，玉山县规模以上企业数在全省二类县（市、区）排名第一，当年新增省级及以上研发平台/创新载体、高新技术产业增加值占规模以上工业增加值比重、万人社会消费品零售额、GDP较上一年增长排名靠前，但规模以上工业企业R&D经费支出、规模以上工业企业R&D经费支出占营业收入比重、本级地方财政科技支出占本级公共财政支出比重、规模以上工业企业R&D人员占从业人员比重等排名相对偏后。建议该县增加财政科技投入，积极引进和培育科技型人才，鼓励企业加大研发投入，强化专利意识，加强科技成果转移转化，不断提升科技竞争力。

五、铅山县

铅山县，位于江西省东北部，其为上饶市下辖县。2020年，该县常住人口为38.62万人，地区GDP为160.41亿元。居民人均可支配收入为22 349元，排在全省二类县（市、区）第23位，排在上饶市第7位。GDP较上一年增长4.2%，排在全省二类县（市、区）第10位，排在上饶市第5位。规模以上企业数为150家，排在全省二类县（市、区）第24位，排在上饶市第10位。规模以上工业企业建立研发机构的比例为34.95%，排在全省二类县（市、区）第12位，排在上饶市第4位。规模以上工业企业中万人R&D人员全时当量为8.96人·年，排在全省二类县（市、区）第23位，排在上饶市第9位。规模以上工业企业R&D经费支出占营业收入比重为0.70%、较上一年增幅0.13%，排在全省二类县（市、区）第24位，排在上饶市第7位。万人有效发明专利拥有量增量为0.14件，排在全省二类县（市、区）第22位，排在上饶市第7位。技术合同成交额为7515万元，与GDP之比为0.47%，排在全省二类县（市、区）第 24 位，排在上饶市第 6 位。万人社会消费品零售额为 1.89 亿元，排在全省二类县（市、区）第 11 位，排在上饶市第 6 位（表 3-69）。

表 3-69 铅山县（二类）科技创新能力评价指标得分与排名

指标名称	得分（分）	全省二类县（市、区）排名		本市排名	
	2020 年	2020 年	2019 年	2020 年	2019 年
科技创新能力	59.94	22	23	5	5
创新环境	2.68	22	25	7	8
创新基础	2.83	17	26	8	9
规模以上企业数（家）	2.72	24	26	10	10
规模以上工业企业建立研发机构的比例（%）	3.22	12	23	4	7
当年新增省级及以上研发平台 / 创新载体（个）	2.50	15	17	6	7
科技意识	2.46	26	21	7	7
人均科普经费投入（元）	1.85	25	23	6	6
科普专题活动次数（次）	3.21	5	7	3	5
创新投入	2.93	14	20	6	5
人力投入	3.01	14	16	4	3
规模以上工业企业中万人 R&D 人员全时当量（人·年）	2.25	23	23	9	7
规模以上工业企业 R&D 人员占从业人员比重（%）	3.77	1	4	1	1
财力投入	2.86	19	23	7	8
规模以上工业企业 R&D 经费支出	3.05	13	21	6	8
规模以上工业企业 R&D 经费支出占营业收入比重（%）	2.71	24	25	7	7
创新成效	2.65	25	24	5	7
技术创新	2.42	28	24	10	9
万人有效发明专利拥有量增量（件）	2.66	22	24	7	9
每万家企业法人高新技术企业数（家）	2.38	25	23	9	9
每万家企业法人科技型中小企业数（家）	2.17	30	23	11	9
产业化水平	2.89	18	19	4	5
规模以上工业企业新产品销售收入占营业收入比重（%）	3.89	5	12	2	3

续表

指标名称	得分（分）	全省二类县（市、区）排名		本市排名	
	2020年	2020年	2019年	2020年	2019年
高新技术产业增加值占规模以上工业增加值比重（%）	2.66	23	18	5	4
技术合同成交额	2.48	24	18	6	6
农业产业化省级以上龙头企业数（家）	2.48	27	32	9	11
经济社会发展	3.27	7	6	1	1
经济增长	3.75	4	4	1	2
GDP较上一年增长（%）	3.44	10	6	5	3
本级地方财政科技支出占本级公共财政支出比重（%）	4.06	5	5	1	1
社会生活	2.55	19	20	8	8
居民人均可支配收入（元）	2.33	23	23	7	7
万人社会消费品零售额（亿元）	2.81	11	11	6	8

如表3-69所示，铅山县科技创新能力在全省二类县（市、区）排名第22位，较上一年上升了1位，排在上饶市第5位，与上一年排名相同。在一级指标中，经济社会发展排在全省二类县（市、区）第7位，较上一年下降了1位，排在上饶市第1位，与上一年排名相同；创新环境排在全省第22位，较上一年上升了3位，排在上饶市第7位，较上一年上升了1位；创新投入排在全省二类县（市、区）第14位，较上一年上升了6位，排在上饶市第6位，较上一年下降了1位；创新成效排在全省二类县（市、区）第25位，较上一年下降了1位，排在上饶市第5位，较上一年上升了2位。

综上所述，铅山县规模以上工业企业R&D人员占从业人员比重居全省二类县（市、区）首位，科普专题活动次数、规模以上工业企业新产品销售收入占营业收入比重、本级地方财政科技支出占本级公共财政支出比重等排名靠前，但每万家企业法人科技型中小企业数、农业产业化省级以上龙头企业数、每万家企业法人高新技术企业数等排名相对偏后。建议该县加速培育高新技术企业和科技型中小企业，鼓励企业加大创新研发投入，提高新产品产业化水平，提升科技竞争实力。

六、横峰县

横峰县，位于江西省东北部，其为上饶市下辖县。2020 年，该县常住人口为 18.73 万人，地区 GDP 为 86.44 亿元。居民人均可支配收入为 20 144 元，排在全省三类县（市、区）第 21 位，排在上饶市第 10 位。GDP 较上一年增长 3.7%，排在全省三类县（市、区）第 18 位，排在上饶市第 10 位。规模以上企业数为 97 家，排在全省三类县（市、区）第 17 位，排在上饶市第 12 位。人均科普经费投入为 1.0 元，排在全省三类县（市、区）第 1 位，排在上饶市第 1 位。规模以上工业企业 R&D 人员占从业人员比重为 5.8%，排在全省三类县（市、区）第 15 位，排在上饶市第 6 位。规模以上工业企业 R&D 经费支出占营业收入比重为 0.42%、较上一年增幅 0.22%，排在全省三类县（市、区）第 31 位，排在上饶市第 10 位。万人有效发明专利拥有量增量为 0.37 件，排在全省三类县（市、区）第 17 位，排在上饶市第 2 位。技术合同成交额为 4300 万元，与 GDP 之比为 0.50%，排在全省三类县（市、区）第 23 位，排在上饶市第 8 位。万人社会消费品零售额为 1.87 亿元，排在全省三类县（市、区）第 10 位，排在上饶市第 8 位（表 3-70）。

表 3-70　横峰县（三类）科技创新能力评价指标得分与排名

指标名称	得分（分）	全省三类县（市、区）排名		本市排名	
	2020 年	2020 年	2019 年	2020 年	2019 年
科技创新能力	57.33	25	32	8	9
创新环境	2.65	24	15	8	5
创新基础	2.44	27	27	11	11
规模以上企业数（家）	2.31	17	20	12	12
规模以上工业企业建立研发机构的比例（%）	2.52	23	22	10	5
当年新增省级及以上研发平台 / 创新载体（个）	2.50	13	11	6	7
科技意识	2.96	21	8	3	2
人均科普经费投入（元）	3.41	1	2	1	1
科普专题活动次数（次）	2.40	28	26	10	11

续表

指标名称	得分（分）	全省三类县（市、区）排名		本市排名	
	2020 年	2020 年	2019 年	2020 年	2019 年
创新投入	2.88	16	28	7	9
人力投入	2.66	20	30	6	7
规模以上工业企业中万人 R&D 人员全时当量（人·年）	2.46	21	27	5	5
规模以上工业企业 R&D 人员占从业人员比重（%）	2.87	15	25	6	6
财力投入	3.05	13	21	5	6
规模以上工业企业 R&D 经费支出	3.76	1	10	4	5
规模以上工业企业 R&D 经费支出占营业收入比重（%）	2.47	31	31	10	11
创新成效	2.64	27	32	6	11
技术创新	2.56	28	25	9	8
万人有效发明专利拥有量增量（件）	2.74	17	24	2	5
每万家企业法人高新技术企业数（家）	2.44	26	24	8	8
每万家企业法人科技型中小企业数（家）	2.47	27	26	7	8
产业化水平	2.72	21	32	5	12
规模以上工业企业新产品销售收入占营业收入比重（%）	1.71	31	31	12	12
高新技术产业增加值占规模以上工业增加值比重（%）	4.28	3	31	1	10
技术合同成交额	2.41	23	24	8	8
农业产业化省级以上龙头企业数（家）	1.91	31	26	12	12
经济社会发展	2.34	27	31	11	11
经济增长	2.31	28	31	11	10
GDP 较上一年增长（%）	2.75	18	28	10	8
本级地方财政科技支出占本级公共财政支出比重（%）	1.88	30	29	11	11
社会生活	2.38	18	17	10	10
居民人均可支配收入（元）	2.03	21	20	10	10
万人社会消费品零售额（亿元）	2.80	10	11	8	7

如表 3-70 所示，横峰县科技创新能力排在全省三类县（市、区）第 25 位，较上一年上升了 7 位，排在上饶市第 8 位，较上一年上升了 1 位。在一

级指标中，经济社会发展排在全省三类县（市、区）第 27 位，较上一年上升了 4 位，排在上饶市第 11 位，与上一年排名相同；创新环境排在全省三类县（市、区）第 24 位，较上一年下降了 9 位，排在上饶市第 8 位，较上一年下降了 3 位；创新投入排在全省三类县（市、区）第 16 位，较上一年上升了 12 位，排在上饶市第 7 位，较上一年上升了 2 位；创新成效排在全省三类县（市、区）第 27 位，排在上饶市第 6 位，均比上一年上升了 5 位。

综上所述，横峰县规模以上工业企业 R&D 经费支出与人均科普经费投入居全省三类县（市、区）首位，高新技术产业增加值占规模以上工业增加值比重、万人社会消费品零售额排名靠前，但科普专题活动次数、规模以上工业企业新产品销售收入占营业收入比重、农业产业化省级以上龙头企业数、本级地方财政科技支出占本级公共财政支出比重、规模以上工业企业 R&D 经费支出占营业收入比重等排名靠后。建议该县加强科普宣传，加大科技创新投入，增强产学研合作，提升新产品产业化水平，同时加速培育高新技术企业和科技型中小企业，持续促进经济的高质量发展。

七、弋阳县

弋阳县，位于江西省东北部，其为上饶市下辖县。2020 年，该县常住人口为 33.88 万人，地区 GDP 为 128.05 亿元。居民人均可支配收入为 24 766 元，排在全省二类县（市、区）第 19 位，排在上饶市第 6 位。GDP 较上一年增长 3.8%，排在全省二类县（市、区）第 23 位，排在上饶市第 9 位。规模以上企业数为 164 家，排在全省二类县（市、区）第 18 位，排在上饶市第 9 位。人均科普经费投入为 0.19 元，排在全省二类县（市、区）第 32 位，排在上饶市第 11 位。规模以上工业企业中万人 R&D 人员全时当量为 9.18 人・年，排在全省二类县（市、区）第 22 位，排在上饶市第 8 位。规模以上工业企业 R&D 经费支出为 5974.60 万元、较上一年增幅 7.53%，排在全省二类县（市、区）第 30 位，排在上饶市第 12 位。每万家企业法人科技型中小企业数为 65.45 家，排在全省二类县（市、区）第 13 位，排在上饶市第 5 位。高新技术产业增加值占规模以上工业增加值比为 12.51%、较上一年增幅 3.28%，排在全省二类县（市、区）第28位，排在上饶市第8位。规模以上工业企业新产品销售收入占营业收入比为11.15%，排在全省二类县（市、区）第21位，排在上饶市第6位。农业产业化省级龙头企业数为5家，排在全省二类县（市、区）第30位，排在上饶市第10位（表3-71）。

表3-71　弋阳县（二类）科技创新能力评价指标得分与排名

指标名称	得分（分）	全省二类县（市、区）排名		本市排名	
	2020年	2020年	2019年	2020年	2019年
科技创新能力	51.70	32	26	12	7
创新环境	2.17	33	31	12	10
创新基础	2.43	31	22	12	8
规模以上企业数（家）	2.82	18	16	9	8
规模以上工业企业建立研发机构的比例（%）	1.96	28	30	12	11
当年新增省级及以上研发平台/创新载体（个）	2.50	15	2	6	2
科技意识	1.79	33	33	12	12
人均科普经费投入（元）	1.30	32	31	11	10
科普专题活动次数（次）	2.38	31	19	11	10
创新投入	2.33	32	16	12	4
人力投入	2.24	27	26	12	8
规模以上工业企业中万人R&D人员全时当量（人·年）	2.26	22	22	8	6
规模以上工业企业R&D人员占从业人员比重（%）	2.21	25	27	11	9
财力投入	2.41	31	3	12	3
规模以上工业企业R&D经费支出	2.35	30	2	12	3
规模以上工业企业R&D经费支出占营业收入比重（%）	2.46	30	24	12	6
创新成效	2.59	27	25	8	8
技术创新	2.70	15	18	7	7
万人有效发明专利拥有量增量（件）	2.67	19	26	5	11
每万家企业法人高新技术企业数（家）	2.63	17	19	6	7
每万家企业法人科技型中小企业数（家）	2.82	13	11	5	3

续表

指标名称	得分（分）	全省二类县（市、区）排名		本市排名	
	2020 年	2020 年	2019 年	2020 年	2019 年
产业化水平	2.48	29	27	10	9
规模以上工业企业新产品销售收入占营业收入比重（%）	2.51	21	22	6	7
高新技术产业增加值占规模以上工业增加值比重（%）	2.38	28	30	8	8
技术合同成交额	2.62	17	7	3	1
农业产业化省级以上龙头企业数（家）	2.34	30	27	10	9
经济社会发展	2.73	21	30	7	9
经济增长	2.78	24	32	7	9
GDP 较上一年增长（%）	2.89	23	30	9	9
本级地方财政科技支出占本级公共财政支出比重（%）	2.67	25	28	5	6
社会生活	2.66	17	17	6	6
居民人均可支配收入（元）	2.65	19	19	6	6
万人社会消费品零售额（亿元）	2.68	16	15	9	9

如表 3-71 所示，弋阳县科技创新能力排在全省二类县（市、区）第 32 位，较上一年下降了 6 位，排在上饶市第 12 位，较上一年下降了 5 位。在一级指标中，经济社会发展排在全省二类县（市、区）第 21 位，较上一年上升了 9 位，排在上饶市第 7 位，较上一年上升了 2 位；创新环境排在全省二类县（市、区）第 33 位，排在上饶市第 12 位，均比上一年下降了 2 位；创新投入排在全省二类县（市、区）第 32 位，较上一年下降了 16 位，排在上饶市第 12 位，较上一年下降了 8 位；创新成效排在全省二类县（市、区）第 27 位，较上一年下降了 2 位，排在上饶市第 8 位，与上一年排名相同。

综上所述，弋阳县 GDP 较上一年增长、万人有效发明专利拥有量增量较上一年略有提升，但人均科普经费投入、科普专题活动次数、农业产业化省级以上龙头企业数、规模以上工业企业 R&D 经费支出、规模以上工业企业 R&D 经费支出占营业收入比重等在全省二类县（市、区）排名落后。建议该县加大科普宣传力度，适当增加科普经费投入，鼓励有条件的企业建立研发平台、自主创新，加强产学研合作，提高成果转移转化效率，同时积极引进和培育人才，促进经济高质量发展。

八、余干县

余干县，位于江西省东北部，其为上饶市下辖县。2020 年，该县常住人口为 84.05 万人，地区 GDP 为 208.22 亿元。居民人均可支配收入为 19 343 元，排在全省二类县（市、区）第 29 位，排在上饶市第 11 位。GDP 较上一年增长 4.0%，排在全省二类县（市、区）第 15 位，排在上饶市第 6 位。规模以上工业企业建立研发机构的比例为 19.31%，排在全省二类县（市、区）第 26 位，排在上饶市第 11 位。科普专题活动次数为 41 次，排在全省二类县（市、区）第 6 位，排在上饶市第 4 位。规模以上工业企业 R&D 经费支出为 12 342.20 万元、较上一年增幅 54.36%，排在全省二类县（市、区）第 21 位，排在上饶市第 7 位。万人有效发明专利拥有量增量为 0.03 件，排在全省二类县（市、区）第 27 位，排在上饶市第 10 位。每万家企业法人高新技术企业数为 32.80 家，排在全省二类县（市、区）第 31 位，排在上饶市第 11 位。技术合同成交额为 6620 万元，与 GDP 之比为 0.32%，排在全省二类县（市、区）第 28 位，排在上饶市第 11 位。农业产业化省级以上龙头企业数为 8 家，排在全省二类县（市、区）第 20 位，排在上饶市第 8 位（表 3-72）。

表 3-72 余干县（二类）科技创新能力评价指标得分与排名

指标名称	得分（分）	全省二类县（市、区）排名		本市排名	
	2020 年	2020 年	2019 年	2020 年	2019 年
科技创新能力	51.92	31	31	11	11
创新环境	2.36	30	32	11	11
创新基础	2.57	24	27	10	10
规模以上企业数（家）	3.01	11	14	7	7
规模以上工业企业建立研发机构的比例（%）	2.20	26	26	11	10
当年新增省级及以上研发平台 / 创新载体（个）	2.50	15	17	6	7
科技意识	2.04	29	30	9	10
人均科普经费投入（元）	1.11	33	33	12	12

续表

指标名称	得分（分）	全省二类县（市、区）排名		本市排名	
	2020 年	2020 年	2019 年	2020 年	2019 年
科普专题活动次数（次）	3.17	6	5	4	4
创新投入	2.53	28	11	10	2
人力投入	2.31	24	28	10	10
规模以上工业企业中万人 R&D 人员全时当量（人·年）	2.04	30	32	11	11
规模以上工业企业 R&D 人员占从业人员比重（%）	2.58	19	28	10	10
财力投入	2.70	24	2	9	2
规模以上工业企业 R&D 经费支出	2.80	21	1	7	2
规模以上工业企业 R&D 经费支出占营业收入比重（%）	2.62	26	23	8	4
创新成效	2.41	32	33	11	12
技术创新	2.32	31	32	12	12
万人有效发明专利拥有量增量（件）	2.63	27	29	10	12
每万家企业法人高新技术企业数（家）	2.24	31	31	11	11
每万家企业法人科技型中小企业数（家）	2.07	33	30	12	11
产业化水平	2.51	28	33	9	11
规模以上工业企业新产品销售收入占营业收入比重（%）	3.14	11	30	3	10
高新技术产业增加值占规模以上工业增加值比重（%）	1.99	31	32	11	11
技术合同成交额	2.36	28	27	11	10
农业产业化省级以上龙头企业数（家）	2.77	20	23	8	8
经济社会发展	2.39	29	32	10	10
经济增长	2.62	27	27	9	6
GDP 较上一年增长（%）	3.17	15	20	6	4
本级地方财政科技支出占本级公共财政支出比重（%）	2.07	30	32	9	10
社会生活	2.04	31	31	12	12
居民人均可支配收入（元）	1.93	29	29	11	11
万人社会消费品零售额（亿元）	2.19	30	30	12	12

如表 3-72 所示，余干县科技创新能力排在全省二类县（市、区）第 31 位，排在上饶市第 11 位，均与上一年排名相同。在一级指标中，经济社会发

展排在全省二类县（市、区）第 29 位，较上一年上升了 3 位，排在上饶市第 10 位，与上一年排名相同；创新环境排在全省二类县（市、区）第 30 位，较上一年上升了 2 位，排在上饶市第 11 位，与上一年排名相同；创新投入排在全省二类县（市、区）第 28 位，较上一年下降了 17 位，排在上饶市第 10 位，较上一年下降了 8 位；创新成效排在全省二类县（市、区）第 32 位，排在上饶市第 11 位，均比上一年上升了 1 位。

综上所述，余干县科普专题活动次数、规模以上企业数排名相对靠前，但人均科普经费投入、每万家企业法人科技型中小企业数、规模以上工业企业中万人 R&D 人员全时当量、每万家企业法人高新技术企业数、高新技术产业增加值占规模以上工业增加值比重、本级地方财政科技支出占本级公共财政支出比重等排名落后。建议该县加强科普宣传力度，加大科技创新投入，强化科研人才培养，鼓励有条件的企业自主研发，提高成果转移转化效率，同时加速培育高新技术企业和科技型中小企业，不断提高科技竞争力。

九、鄱阳县

鄱阳县，位于江西省东北部，其为省试点直管县，由上饶市代管。2020 年，该县常住人口为 118.41 万人，地区 GDP 为 255.81 亿元。居民人均可支配收入为 18 526 元，排在全省二类县（市、区）第 31 位，排在上饶市第 12 位。GDP 较上一年增长 4.4%，排在全省二类县（市、区）第 7 位，排在上饶市第 3 位。规模以上企业数为 196 家，排在全省二类县（市、区）第 8 位，排在上饶市第 6 位。人均科普经费投入为 0.22 元，排在全省二类县（市、区）第 31 位，排在上饶市第 10 位。规模以上工业企业中万人 R&D 全时当量为 7.09 人 · 年，排在全省二类县（市、区）第 28 位，排在上饶市第 10 位。万人有效发明专利拥有量增量为 0.03 件，排在全省二类县（市、区）第 27 位，排在上饶市第 10 位。每万家企业法人科技型中小企业为 25.92 家，排在全省二类县（市、区）第 28 位，排在上饶市第 10 位。技术合同成交额为 16 350 万元，与 GDP 之比为 0.64%，排在全省二类县（市、区）第 11 位，排在上饶市第 2 位。农业产业化省级以上龙头企业数为 22 家，排在全省二类县

（市、区）第 2 位，排在上饶市第 2 位。万人社会消费品零售额为 1.28 亿元，排在全省二类县（市、区）第 24 位，排在上饶市第 11 位（表 3-73）。

表 3-73　鄱阳县（二类）科技创新能力评价指标得分与排名

指标名称	得分（分）	全省二类县（市、区）排名		本市排名	
	2020 年	2020 年	2019 年	2020 年	2019 年
科技创新能力	59.12	24	33	6	12
创新环境	2.57	26	33	9	12
创新基础	2.98	9	31	5	12
规模以上企业数（家）	3.07	8	10	6	6
规模以上工业企业建立研发机构的比例（%）	3.30	11	31	3	12
当年新增省级及以上研发平台 / 创新载体（个）	2.50	15	17	6	7
科技意识	1.97	32	32	10	11
人均科普经费投入（元）	1.38	31	32	10	11
科普专题活动次数（次）	2.68	10	12	8	9
创新投入	3.18	8	32	2	11
人力投入	2.41	22	33	8	12
规模以上工业企业中万人 R&D 人员全时当量（人·年）	2.15	28	33	10	12
规模以上工业企业 R&D 人员占从业人员比重（%）	2.66	17	33	9	12
财力投入	3.81	4	30	2	10
规模以上工业企业 R&D 经费支出	4.41	1	26	2	10
规模以上工业企业 R&D 经费支出占营业收入比重（%）	3.32	9	29	2	9
创新成效	2.55	29	30	10	9
技术创新	2.40	29	30	11	11
万人有效发明专利拥有量增量（件）	2.63	27	19	10	5
每万家企业法人高新技术企业数（家）	2.30	30	29	10	10
每万家企业法人科技型中小企业数（家）	2.26	28	31	10	12
产业化水平	2.69	26	26	7	7
规模以上工业企业新产品销售收入占营业收入比重（%）	2.37	26	27	8	9
高新技术产业增加值占规模以上工业增加值比重（%）	1.80	33	33	12	12

续表

指标名称	得分（分）	全省二类县（市、区）排名		本市排名	
	2020 年	2020 年	2019 年	2020 年	2019 年
技术合同成交额	2.82	11	8	2	2
农业产业化省级以上龙头企业数（家）	4.76	2	2	2	2
经济社会发展	2.60	24	33	9	12
经济增长	2.95	20	33	6	12
GDP 较上一年增长（%）	3.72	7	32	3	12
本级地方财政科技支出占本级公共财政支出比重（%）	2.19	29	27	7	5
社会生活	2.06	30	30	11	11
居民人均可支配收入（元）	1.82	31	31	12	12
万人社会消费品零售额（亿元）	2.35	24	25	11	11

如表 3-73 所示，鄱阳县科技创新能力排在全省二类县（市、区）第 24 位，较上一年上升 9 位，排在上饶市第 6 位，较上一年上升了 6 位。在一级指标中，经济社会发展排在全省二类县（市、区）第 24 位，较上一年上升了 9 位，排在上饶市第 9 位，较上一年上升了 3 位；创新环境排在全省二类县（市、区）第 26 位，较上一年上升了 7 位，排在上饶市第 9 位，较上一年上升了 3 位；创新投入排在全省二类县（市、区）第 8 位，较上一年上升了 24 位，排在上饶市第 2 位，较上一年上升了 9 位；创新成效排在全省二类县（市、区）第 29 位，较上一年上升了 1 位，排在上饶市第 10 位，较上一年下降了 1 位。

综上所述，鄱阳县规模以上工业企业 R&D 经费支出居全省二类县（市、区）首位，农业产业化省级以上龙头企业数、规模以上工业企业 R&D 经费支出占营业收入比重、规模以上企业数、GDP 较上一年增长排名靠前，但人均科普经费投入、每万家企业法人高新技术企业数、高新技术产业增加值占规模以上工业增加值比重、居民人均可支配收入等排名落后。建议该县加大科普投入，提高民众及企业创新意识，加强科研人才引进和培养，加速培育高新技术企业和科技型中小企业，提高成果转移转化效率，助推经济高质量发展。

十、万年县

万年县，位于江西省东北部，其为上饶市下辖县。2020年，该县常住人口为35.74万人，地区GDP为174.26亿元。居民人均可支配收入为25 744元，排在全省二类县（市、区）第15位，排在上饶市第5位。GDP较上一年增长4.4%，排在全省二类县（市、区）第7位，排在上饶市第3位。规模以上企业数为218家，排在全省二类县（市、区）第4位，排在上饶市第4位。人均科普经费投入为1.0元，排在全省二类县（市、区）第5位，排在上饶市第1位。规模以上工业企业R&D人员占从业人员比重为6.28%，排在全省二类县（市、区）第12位，排在上饶市第4位。规模以上工业企业R&D经费支出占营业收入比重为0.69%、较上一年增幅0.30%，排在全省二类县（市、区）第22位，排在上饶市第5位。万人有效发明专利拥有量增量为0.16件，排在全省二类县（市、区）第19位，排在上饶市第5位。规模以上工业企业新产品销售收入占营业收入比重为16.66%，排在全省二类县（市、区）第13位，排在上饶市第4位。高新技术产业增加值占规模以上工业增加值比重为29.30%、较上一年下降0.61%，排在全省二类县（市、区）第21位，排在上饶市第4位。万人社会消费品零售额为1.93亿元，排在全省二类县（市、区）第10位，排在上饶市第5位（表3-74）。

表3-74　万年县（二类）科技创新能力评价指标得分与排名

指标名称	得分（分）	全省二类县（市、区）排名		本市排名	
	2020年	2020年	2019年	2020年	2019年
科技创新能力	64.03	8	17	2	3
创新环境	3.01	10	4	2	1
创新基础	2.77	19	14	9	4
规模以上企业数（家）	3.23	4	9	4	5
规模以上工业企业建立研发机构的比例（%）	2.53	24	17	9	3
当年新增省级及以上研发平台/创新载体（个）	2.50	15	4	6	4
科技意识	3.38	3	2	1	1
人均科普经费投入（元）	3.41	5	2	1	1

续表

指标名称	得分（分）	全省二类县（市、区）排名		本市排名	
	2020 年	2020 年	2019 年	2020 年	2019 年
科普专题活动次数（次）	3.34	4	3	2	2
创新投入	3.14	9	28	3	10
人力投入	3.08	12	22	3	5
规模以上工业企业中万人 R&D 人员全时当量（人·年）	3.13	9	20	3	4
规模以上工业企业 R&D 人员占从业人员比重（%）	3.02	12	22	4	7
财力投入	3.18	11	31	4	11
规模以上工业企业 R&D 经费支出	3.73	4	27	5	11
规模以上工业企业 R&D 经费支出占营业收入比重（%）	2.74	22	30	5	10
创新成效	2.87	14	14	3	3
技术创新	2.84	13	11	3	3
万人有效发明专利拥有量增量（件）	2.67	19	6	5	3
每万家企业法人高新技术企业数（家）	3.02	8	11	3	3
每万家企业法人科技型中小企业数（家）	2.82	11	15	4	5
产业化水平	2.90	17	15	3	3
规模以上工业企业新产品销售收入占营业收入比重（%）	2.94	13	13	4	4
高新技术产业增加值占规模以上工业增加值比重（%）	2.77	21	24	4	6
技术合同成交额	2.91	10	12	1	4
农业产业化省级以上龙头企业数（家）	3.05	9	12	5	5
经济社会发展	3.05	13	19	6	5
经济增长	3.21	11	22	3	4
GDP 较上一年增长（%）	3.72	7	25	3	6
本级地方财政科技支出占本级公共财政支出比重（%）	2.70	20	23	4	4
社会生活	2.81	13	13	5	5
居民人均可支配收入（元）	2.78	15	15	5	5
万人社会消费品零售额（亿元）	2.85	10	10	5	5

如表 3-74 所示，万年县科技创新能力排在全省二类县（市、区）第 8 位，较上一年上升 9 位，排在上饶市第 2 位，较上一年上升了 1 位。在一级

指标中，经济社会发展排在全省二类县（市、区）第 13 位，较上一年上升了 6 位，排在上饶市第 6 位，较上一年下降了 1 位；创新环境排在全省二类县（市、区）第 10 位，较上一年下降了 6 位，排在上饶市第 2 位，较上一年下降了 1 位；创新投入排在全省二类县（市、区）第 9 位，较上一年上升了 19 位，排在上饶市第 3 位，较上一年上升了 7 位；创新成效排在全省二类县（市、区）第 14 位，排在上饶市第 3 位，均与上一年排名相同。

综上所述，万年县规模以上企业数、规模以上工业企业 R&D 经费支出、人均科普经费投入、科普专题活动次数、每万家企业法人高新技术企业数、农业产业化省级以上龙头企业数、GDP 较上一年增长等排名靠前，但规模以上工业企业建立研发机构的比例、高新技术产业增加值占规模以上工业增加值比重、规模以上工业企业 R&D 经费支出占营业收入比重等排名相对靠后。建议该县鼓励有条件的企业建立研发平台、自主创新，提高科技产品产业化水平，助推经济高质量发展。

十一、婺源县

婺源县，位于江西省东北部，其为上饶市下辖县。2020 年，该县常住人口为31.50万人，地区GDP为135.32亿元。居民人均可支配收入为21 535元，排在全省三类县（市、区）第 16 位，排在上饶市第 9 位。GDP 较上一年增长 3.5%，排在全省三类县（市、区）第 24 位，排在上饶市第 11 位。规模以上工业企业建立研发机构的比例为 39.02%，排在全省三类县（市、区）第 11 位，排在上饶市第 2 位。规模以上工业企业中万人 R&D 人员全时当量为 10.41 人·年，排在全省三类县（市、区）第 26 位，排在上饶市第 7 位。规模以上工业企业 R&D 经费支出为 7577.40 万元、较上一年增幅 43.52%，排在全省三类县（市、区）第 17 位，排在上饶市第 9 位。每万家企业法人高新技术企业数为 84.70 家，排在全省三类县（市、区）第 13 位，排在上饶市第 4 位。高新技术产业增加值占规模以上工业增加值比为 18.08%、较上一年下降 3.89%，排在全省三类县（市、区）第 28 位，排在上饶市第 9 位。农业产业化省级以上龙头企业数为 9 家，排在全省三类县（市、区）第 7 位，排在上饶市第7位。万人社会消费品零售额2.19亿元，排在全省三类县（市、区）第8位，排在上饶市第4位（表3-75）。

表3-75　婺源县（三类）科技创新能力评价指标得分与排名

指标名称	得分（分）	全省三类县（市、区）排名		本市排名	
	2020年	2020年	2019年	2020年	2019年
科技创新能力	56.25	28	27	9	6
创新环境	2.50	30	30	10	9
创新基础	2.87	12	17	6	7
规模以上企业数（家）	2.38	16	17	11	11
规模以上工业企业建立研发机构的比例（%）	3.49	11	12	2	1
当年新增省级及以上研发平台/创新载体（个）	2.74	6	11	3	7
科技意识	1.93	32	31	11	9
人均科普经费投入（元）	1.59	31	30	7	7
科普专题活动次数（次）	2.35	30	31	12	12
创新投入	2.94	14	24	5	8
人力投入	2.89	16	29	5	6
规模以上工业企业中万人R&D人员全时当量（人·年）	2.33	26	31	7	8
规模以上工业企业R&D人员占从业人员比重（%）	3.44	8	23	3	4
财力投入	2.98	16	16	6	5
规模以上工业企业R&D经费支出	2.69	17	15	9	6
规模以上工业企业R&D经费支出占营业收入比重（%）	3.21	15	17	3	2
创新成效	2.55	30	18	9	4
技术创新	2.70	23	20	6	5
万人有效发明专利拥有量增量（件）	2.69	21	11	3	4
每万家企业法人高新技术企业数（家）	2.95	13	19	4	6
每万家企业法人科技型中小企业数（家）	2.44	29	24	8	6
产业化水平	2.39	30	15	11	2
规模以上工业企业新产品销售收入占营业收入比重（%）	2.22	28	10	10	2

续表

指标名称	得分（分）	全省三类县（市、区）排名		本市排名	
	2020 年	2020 年	2019 年	2020 年	2019 年
高新技术产业增加值占规模以上工业增加值比重（%）	2.26	28	16	9	2
技术合同成交额	2.41	24	26	9	9
农业产业化省级以上龙头企业数（家）	2.91	7	6	7	5
经济社会发展	2.25	31	22	12	6
经济增长	2.03	31	22	12	3
GDP 较上一年增长（%）	2.48	24	7	11	2
本级地方财政科技支出占本级公共财政支出比重（%）	1.58	32	32	12	12
社会生活	2.59	12	12	7	7
居民人均可支配收入（元）	2.22	16	16	9	8
万人社会消费品零售额（亿元）	3.04	8	7	4	4

如表 3-75 所示，婺源县科技创新能力排在全省三类县（市、区）28 位，较上一年下降了 1 位，排在上饶市第 9 位，较上一年下降了 3 位。在一级指标中，经济社会发展排在全省三类县（市、区）第 31 位，较上一年下降了 9 位，排在上饶市第 12 位，较上一年下降了 6 位；创新环境排在全省三类县（市、区）第 30 位，与上一年排名相同，排在上饶市第 10 位，较上一年下降了 1 位；创新投入排在全省三类县（市、区）第 14 位，较上一年上升了 10 位，排在上饶市第 5 位，较上一年上升了 3 位；创新成效排在全省三类县（市、区）第 30 位，较上一年下降了 12 位，排在上饶市第 9 位，较上一年下降了 5 位。

综上所述，婺源县当年新增省级及以上研发平台 / 创新载体、规模以上工业企业 R&D 人员占从业人员比重、农业产业化省级以上龙头企业数排名靠前，但本级地方财政科技支出占本级公共财政支出比重、人均科普经费投入、科普专题活动次数、每万家企业法人科技型中小企业数、规模以上工业企业新产品销售收入占营业收入比重、高新技术产业增加值占规模以上工业增加值比重排名落后。建议该县加强科普宣传力度，提高民众及企业科技创新意识，鼓励有条件的企业自主创新，提高成果转移转化效率，同时加速培育高新技术企业和科技型中小企业，提高科技竞争力。

十二、德兴市

德兴市，位于江西省东北部，其为省直辖县级市，由上饶市代管。2020年，该市常住人口为29.36万人，地区GDP为165.96亿元。居民人均可支配收入为29 626元，排在全省三类县（市、区）第1位，排在上饶市第3位。GDP较上一年增长3.5%，排在全省三类县（市、区）第24位，排在上饶市第11位。规模以上企业数为218家，排在全省三类县（市、区）第2位，排在上饶市第4位。科普专题活动次数为20次，排在全省三类县（市、区）第12位，排在上饶市第7位。规模以上工业企业R&D人员占从业人员比重为6.28%，排在全省三类县（市、区）第12位，排在上饶市第5位。规模以上工业企业R&D经费支出占营业收入比重为0.54%、较上一年下降0.07%，排在全省三类县（市、区）第30位，排在上饶市第9位。每万家企业法人科技型中小企业数为146.27家，排在全省三类县（市、区）第3位，排在上饶市第1位。技术合同成交额为8623万元，与GDP之比为0.52%，排在全省三类县（市、区）第16位，排在上饶市第5位。农业产业化省级以上龙头企业数为10家，排在全省三类县（市、区）第5位，排在上饶市第5位。万人社会消费品零售额为2.33亿元，排在全省三类县（市、区）第7位，排在上饶市第3位（表3-76）。

表3-76 德兴市（三类）科技创新能力评价指标得分与排名

指标名称	得分（分）	全省三类县（市、区）排名		本市排名	
	2020年	2020年	2019年	2020年	2019年
科技创新能力	62.36	16	12	3	2
创新环境	2.94	11	9	3	4
创新基础	2.99	7	14	4	5
规模以上企业数（家）	3.23	2	2	4	4
规模以上工业企业建立研发机构的比例（%）	2.96	19	23	5	6

续表

指标名称	得分（分）	全省三类县（市、区）排名		本市排名	
	2020 年	2020 年	2019 年	2020 年	2019 年
当年新增省级及以上研发平台 / 创新载体（个）	2.74	6	5	3	6
科技意识	2.87	25	14	4	3
人均科普经费投入（元）	3.00	25	11	3	3
科普专题活动次数（次）	2.71	12	9	7	6
创新投入	2.81	20	13	8	3
人力投入	3.11	11	9	2	2
规模以上工业企业中万人 R&D 人员全时当量（人・年）	3.20	9	7	2	2
规模以上工业企业 R&D 人员占从业人员比重（%）	3.02	12	11	5	2
财力投入	2.56	29	22	10	7
规模以上工业企业 R&D 经费支出	2.61	20	16	10	7
规模以上工业企业 R&D 经费支出占营业收入比重（%）	2.52	30	24	9	5
创新成效	3.11	9	11	2	2
技术创新	3.50	5	5	1	1
万人有效发明专利拥有量增量（件）	2.63	30	5	10	2
每万家企业法人高新技术企业数（家）	3.98	4	4	2	2
每万家企业法人科技型中小企业数（家）	3.96	3	7	1	1
产业化水平	2.72	22	23	6	4
规模以上工业企业新产品销售收入占营业收入比重（%）	2.83	21	22	5	6
高新技术产业增加值占规模以上工业增加值比重（%）	2.64	22	22	6	3
技术合同成交额	2.54	16	12	5	5
农业产业化省级以上龙头企业数（家）	3.05	5	7	5	7
经济社会发展	2.72	19	23	8	7
经济增长	2.37	27	28	10	7
GDP 较上一年增长（%）	2.48	24	26	11	7
本级地方财政科技支出占本级公共财政支出比重（%）	2.27	28	28	6	7
社会生活	3.23	2	2	2	2
居民人均可支配收入（元）	3.30	1	2	3	3
万人社会消费品零售额（亿元）	3.15	7	6	3	3

如表3-76所示，德兴市科技创新能力排在全省三类县（市、区）第16位，较上一年下降了4位，排在上饶市第3位，较上一年下降了1位。在一级指标中，经济社会发展排在全省三类县（市、区）第19位，较上一年上升了4位，排在上饶市第8位，较上一年下降了1位；创新环境排在全省三类县（市、区）第11位，较上一年下降了2位，排在上饶市第3位，较上一年上升了1位；创新投入排在全省三类县（市、区）第20位，较上一年下降了7位，排在上饶市第8位，较上一年下降了5位；创新成效排在全省三类县（市、区）第9位，较上一年下降了2位，排在上饶市第2位，与上一年排名相同。

综上所述，德兴市居民人均可支配收入在全省三类县（市、区）排名第一，规模以上企业数、每万家企业法人高新技术企业数、每万家企业法人科技型中小企业数、农业产业化省级以上龙头企业数等排名前五位，具有一定优势，但规模以上工业企业R&D经费支出占营业收入比重、万人有效发明专利拥有量增量、本级地方财政科技支出占本级公共财政支出比重等排名靠后。建议该市鼓励有条件的企业加大对科技创新投入力度，加强产学研合作，强化专利意识，提高成果转移转化效率，进一步提升科技水平在经济社会发展中的贡献。

第十节　吉　安　市

一、吉州区

吉州区，位于江西省中部，其为吉安市市辖区。2020年，该区常住人口为40.27万人，地区GDP为238.55亿元。居民人均可支配收入为37 713元，排在全省一类县（市、区）第12位，排在吉安市第1位。GDP较上一年增长4.9%，排在全省一类县（市、区）第2位，排在吉安市第1位。规模以上企业数为171家，排在全省一类县（市、区）第23位，排在吉安市第4位。人均科普经费投入为1.0元，排在全省一类县（市、区）第6位，排在吉安市第1位。规模以上工业企业R&D人员占从业人员比重为4.24%，排在全省一类县（市、区）第 28 位，排在吉安市第 10 位。规模以上工业企业 R&D 经费支出为 10 277.60 万元、较上一年增幅 14.86%，排在全省一类县（市、区）第 29 位，排在吉安市第 11 位。每万家企业法人科技型中小企业数为 37.96 家，排在全省一类县（市、区）第 30 位，排在吉安市第 11 位。技术合同成交额为 7570 亿元，与 GDP 之比为 0.32%，排在全省一类县（市、区）第 31 位，排在吉安市第 13 位。农业产业化省级以上龙头企业数为 8 家，排在全省一类县（市、区）第 19 位，排在吉安市第 5 位（表 3-77）。

表 3-77 吉州区（一类）科技创新能力评价指标得分与排名

指标名称	得分（分）	全省一类县（市、区）排名		本市排名	
	2020 年	2020 年	2019 年	2020 年	2019 年
科技创新能力	59.71	33	33	11	10
创新环境	3.06	22	32	5	9
创新基础	2.75	27	30	8	8
规模以上企业数（家）	2.88	23	27	4	5
规模以上工业企业建立研发机构的比例（%）	2.02	27	26	12	12
当年新增省级及以上研发平台 / 创新载体（个）	3.44	12	15	2	2
科技意识	3.54	7	22	2	6
人均科普经费投入（元）	3.41	6	26	1	12
科普专题活动次数（次）	3.70	10	7	2	2
创新投入	2.39	33	30	13	13
人力投入	2.39	30	29	10	13
规模以上工业企业中万人 R&D 人员全时当量（人・年）	2.41	27	26	11	13
规模以上工业企业 R&D 人员占从业人员比重（%）	2.37	28	28	10	12
财力投入	2.39	29	29	13	13
规模以上工业企业 R&D 经费支出	2.39	29	28	11	12
规模以上工业企业 R&D 经费支出占营业收入比重（%）	2.40	30	30	13	13
创新成效	2.75	29	26	10	9
技术创新	2.49	34	33	12	11
万人有效发明专利拥有量增量（件）	2.70	27	26	10	5

续表

指标名称	得分（分）	全省一类县（市、区）排名		本市排名	
	2020 年	2020 年	2019 年	2020 年	2019 年
每万家企业法人高新技术企业数（家）	2.33	31	30	12	12
每万家企业法人科技型中小企业数（家）	2.43	30	31	11	10
产业化水平	3.02	20	20	7	7
规模以上工业企业新产品销售收入占营业收入比重（%）	2.36	23	27	12	11
高新技术产业增加值占规模以上工业增加值比重（%）	4.31	3	2	3	3
技术合同成交额	2.39	31	20	13	5
农业产业化省级以上龙头企业数（家）	2.77	19	28	5	12
经济社会发展	3.95	4	6	1	1
经济增长	3.87	3	7	2	2
GDP 较上一年增长（%）	4.41	2	5	1	1
本级地方财政科技支出占本级公共财政支出比重（%）	3.34	10	9	2	2
社会生活	4.05	13	12	1	1
居民人均可支配收入（元）	4.38	12	12	1	1
万人社会消费品零售额（亿元）	3.65	11	12	1	1

如表 3-77 所示，吉州区科技创新能力排在全省一类县（市、区）第 33 位，与上一年排名相同，排在吉安市第 11 位，较上一年下降了 1 位。在一级指标中，经济社会发展排在全省一类县（市、区）第 4 位，较上一年上升了 2 位，排在吉安市第 1 位，与上一年排名相同；创新环境排在全省一类县（市、区）第 22 位，较上一年上升了 10 位，排在吉安市第 5 位，较上一年上升了 4 位；创新投入排在全省一类县（市、区）第 33 位，较上一年下降了 3 位，排在吉安市第 13 位，与上一年排名相同；创新成效排在全省一类县（市、区）第 29 位，较上一年下降了 3 位，排在吉安市第 10 位，较上一年下降了 1 位。

综上所述，吉州区 GDP 较上一年增长、高新技术产业增加值占规模以上工业增加值比重、人均科普经费投入排名靠前，但规模以上工业企业 R&D 经费支出占营业收入比重、每万家企业法人科技型中小企业数、技术合同成交额、每万家企业法人高新技术企业数等排名相对靠后。建议该区进一步优化科技创新环境，加大科技投入，鼓励有条件的企业建立研发平台，提高成果转移转化效率，同时加速培育高新技术企业和科技型中小企业，助推经济高质量发展。

二、青原区

青原区，位于江西省中部，其为吉安市市辖区。2020 年，该区常住人口为 24.07 万人，地区 GDP 为 125.50 亿元。居民人均可支配收入为 27 413 元，排在全省三类县（市、区）第 6 位，排在吉安市第 3 位。GDP 较上一年增长 2.7%，排在全省三类县（市、区）第 31 位，排在吉安市第 13 位。规模以上企业数为 125 家，排在全省三类县（市、区）第 10 位，排在吉安市第 11 位。人均科普经费投入为 1.0 元，排在全省三类县（市、区）第 1 位，排在吉安市第 1 位。规模以上工业企业 R&D 人员占从业人员比重为 3.06%，排在全省三类县（市、区）第 31 位，排在吉安市第 13 位。规模以上工业企业 R&D 经费支出为 9539 万元、较上一年增幅 16.51%，排在全省三类县（市、区）第 23 位，排在吉安市第 10 位。每万家企业法人高新技术企业数为 46.73 家，排在全省三类县（市、区）第 27 位，排在吉安市第 10 位。技术合同成交额为 9214 万元，与 GDP 之比为 0.73%，排在全省三类县（市、区）第 11 位，排在吉安市第 4 位。万人社会消费品零售额为 1.87 亿元，排在全省三类县（市、区）第 9 位，排在吉安市第 7 位（表 3-78）。

表 3-78 青原区（三类）科技创新能力评价指标得分与排名

指标名称	得分（分）	全省三类县（市、区）排名		本市排名	
	2020 年	2020 年	2019 年	2020 年	2019 年
科技创新能力	56.73	26	29	12	12
创新环境	3.10	4	17	4	6
创新基础	2.89	10	20	5	9
规模以上企业数（家）	2.53	10	9	11	10
规模以上工业企业建立研发机构的比例（%）	3.39	12	20	4	6
当年新增省级及以上研发平台 / 创新载体（个）	2.74	6	11	3	9

续表

指标名称	得分（分）	全省三类县（市、区）排名		本市排名	
	2020 年	2020 年	2019 年	2020 年	2019 年
科技意识	3.41	3	20	3	4
人均科普经费投入（元）	3.41	1	21	1	3
科普专题活动次数（次）	3.41	3	2	3	3
创新投入	2.52	26	27	11	12
人力投入	2.45	25	26	9	12
规模以上工业企业中万人 R&D 人员全时当量（人·年）	2.92	13	9	6	6
规模以上工业企业 R&D 人员占从业人员比重（%）	1.98	31	32	13	13
财力投入	2.58	28	25	11	12
规模以上工业企业 R&D 经费支出	2.58	23	19	10	9
规模以上工业企业 R&D 经费支出占营业收入比重（%）	2.58	28	28	11	12
创新成效	2.64	26	27	12	11
技术创新	2.64	26	30	9	13
万人有效发明专利拥有量增量（件）	2.86	9	32	5	13
每万家企业法人高新技术企业数（家）	2.43	27	25	10	10
每万家企业法人科技型中小企业数（家）	2.63	24	22	8	7
产业化水平	2.64	24	20	12	11
规模以上工业企业新产品销售收入占营业收入比重（%）	2.88	19	20	9	8
高新技术产业增加值占规模以上工业增加值比重（%）	2.47	25	10	11	8
技术合同成交额	2.68	11	17	4	7
农业产业化省级以上龙头企业数（家）	2.48	15	18	9	9
经济社会发展	2.40	26	20	13	9
经济增长	2.05	30	24	13	10
GDP 较上一年增长（%）	1.37	31	24	13	10
本级地方财政科技支出占本级公共财政支出比重（%）	2.73	17	15	9	8
社会生活	2.91	5	5	4	4
居民人均可支配收入（元）	3.01	6	5	3	3
万人社会消费品零售额（亿元）	2.80	9	10	7	7

如表 3-78 所示，青原区科技创新能力排在全省三类县（市、区）第 26 位，较上一年上升了 3 位，排在吉安市第 12 位，与上一年排名相同。在一级指标中，经济社会发展排在全省三类县（市、区）第 26 位，较上一年下降了 6 位，排在吉安市第 13 位，较上一年下降了 4 位；创新环境排在全省三类县（市、区）第 4 位，较上一年上升了 13 位，排在吉安市第 4 位，较上一年上升了 2 位；创新投入排在全省三类县（市、区）第 26 位，排在吉安市第 11 位，均比上一年上升了 1 位；创新成效排在全省三类县（市、区）第 26 位，较上一年上升了 1 位，排在吉安市第 12 位，较上一年下降了 1 位。

综上所述，青原区人均科普经费投入排名位列全省三类县（市、区）首位，科普专题活动次数、居民人均可支配收入、万人社会消费品零售额排名靠前，但规模以上工业企业 R&D 人员占从业人员比重、每万家企业法人高新技术企业数、GDP 较上一年增长、规模以上工业企业 R&D 经费支出占营业收入比重等排名靠后。建议该区加大科技创新投入，加强科技人才培养，加速培育高新技术企业和科技型中小企业，鼓励有条件的企业自主研发，提高成果转移转化效率，不断提高科技竞争力。

三、井冈山市

井冈山市，位于江西省西南部，其为省直管县级市，由吉安市代管。2020 年，该市常住人口为 15.60 万人，地区 GDP 为 75.47 亿元。居民人均可支配收入为 29 480 元，排在全省三类县（市、区）第 3 位，排在吉安市第 2 位。GDP 较上一年增长 3.9%，排在全省三类县（市、区）第 13 位，排在吉安市第 10 位。规模以上工业企业 R&D 人员占从业人员比重为 6.27%，排在全省三类县（市、区）第 13 位，排在吉安市第 4 位。规模以上工业企业中万人 R&D 人员全时当量为 19.04 人·年，排在全省三类县（市、区）第 14 位，排在吉安市第 8 位。规模以上工业企业 R&D 经费支出占营业收入比重为 1.58%、较上一年下降 0.75%，排在全省三类县（市、区）第 12 位，排在吉安市第 2 位。万人有效发明专利拥有量增量为 0.38 件，排在全省三类县（市、区）第 14 位，排在吉安市第 9 位。技术合同成交额为 8053.45 万元，与 GDP 之比为 1.07%，排在全省三类县（市、区）第 9 位，排在吉安市第 2 位。本级地方财政科技支出占本级公共财政支出比重为 2.45%，排在全省三类县（市、区）第 13 位，排在吉安市第 6 位。万人社会消费品零售额为 2.75 亿元，排在全省三类县（市、区）第 1 位，排在吉安市第 2 位（表 3-79）。

表 3-79　井冈山市（三类）科技创新能力评价指标得分与排名

指标名称	得分（分）	全省三类县（市、区）排名		本市排名	
	2020 年	2020 年	2019 年	2020 年	2019 年
科技创新能力	60.01	20	18	8	8
创新环境	3.29	2	4	3	2
创新基础	3.34	2	4	3	3
规模以上企业数（家）	1.95	31	31	13	13
规模以上工业企业建立研发机构的比例（%）	5.24	1	3	1	1
当年新增省级及以上研发平台 / 创新载体（个）	2.74	6	5	3	6
科技意识	3.21	6	12	5	2
人均科普经费投入（元）	3.41	1	11	1	2
科普专题活动次数（次）	2.97	6	5	5	5
创新投入	2.85	18	15	4	9
人力投入	2.90	15	18	5	9
规模以上工业企业中万人 R&D 人员全时当量（人·年）	2.78	14	13	8	11
规模以上工业企业 R&D 人员占从业人员比重（%）	3.02	13	22	4	8
财力投入	2.81	19	12	5	7
规模以上工业企业 R&D 经费支出	2.17	31	29	13	13
规模以上工业企业 R&D 经费支出占营业收入比重（%）	3.33	12	6	2	1
创新成效	2.43	32	28	13	12
技术创新	2.33	32	29	13	12
万人有效发明专利拥有量增量（件）	2.75	14	27	9	12
每万家企业法人高新技术企业数（家）	2.07	31	30	13	13
每万家企业法人科技型中小企业数（家）	2.13	32	27	13	9
产业化水平	2.54	26	22	13	12
规模以上工业企业新产品销售收入占营业收入比重（%）	1.71	32	30	13	13

续表

指标名称	得分（分）	全省三类县（市、区）排名		本市排名	
	2020 年	2020 年	2019 年	2020 年	2019 年
高新技术产业增加值占规模以上工业增加值比重（%）	2.95	19	25	9	11
技术合同成交额	2.85	9	4	2	1
农业产业化省级以上龙头企业数（家）	2.48	15	7	9	5
经济社会发展	3.14	6	6	4	3
经济增长	3.00	14	20	10	7
GDP 较上一年增长（%）	3.03	13	20	10	7
本级地方财政科技支出占本级公共财政支出比重（%）	2.96	13	12	6	5
社会生活	3.37	1	1	2	2
居民人均可支配收入（元）	3.28	3	3	2	2
万人社会消费品零售额（亿元）	3.47	1	1	2	2

如表 3-79 所示，井冈山市科技创新能力排在全省三类县（市、区）第 20 位，较上一年下降了 2 位，排在吉安市第 8 位，与上一年排名相同。在一级指标中，经济社会发展排在全省三类县（市、区）第 6 位，与上一年排名相同，排在吉安市第 4 位，较上一年下降了 1 位；创新环境排在全省三类县（市、区）第 2 位，较上一年上升了 2 位，排在吉安市第 3 位，较上一年下降了 1 位；创新投入排在全省三类县（市、区）第 18 位，较上一年下降了 3 位，排在吉安市第 4 位，较上一年上升了 5 位；创新成效排在全省三类县（市、区）第 32 位，较上一年下降了 4 位，排在吉安市第 13 位，较上一年下降了 1 位。

综上所述，井冈山市规模以上工业企业建立研发机构的比例、人均科普经费投入、万人社会消费品零售额排名排在全省三类县（市、区）首位，在创新环境、经济社会发展方面具有较大优势，但规模以上企业数、规模以上工业企业 R&D 经费支出、每万家企业法人科技型中小企业数、每万家企业法人高新技术企业数、规模以上工业企业新产品销售收入占营业收入比重排名落后。建议该市加大财政对科研经费的投入力度，发展壮大规模以上企业，鼓励引导高新技术企业和科技型中小企业创新发展，进一步优化技术创新与产业化水平。

四、吉安县

吉安县，位于江西省中部，其为吉安市下辖县。2020年，该县常住人口为46.95万人，地区GDP为208.98亿元。居民人均可支配收入为24 20[illegible]元，排在全省一类县（市、区）第32位，排在吉安市第8位。GDP较上一年增长4.4%，排在全省一类县（市、区）第9位，排在吉安市第4位。规模以上企业数为315家，排在全省一类县（市、区）第11位，排在吉安市第1位。当年新增省级及以上研发平台/创新载体共3个，其中国家级1个、省级2个，排在全省一类县（市、区）第10位，排在吉安市第1位。人均科普经费投入为1.0元，排在全省一类县（市、区）第6位，排在吉安市第1位。规模以上工业企业中万人R&D人员全时当量为136.87人·年，排在全省一类县（市、区）第1位，排在吉安市第1位。规模以上工业企业R&D经费支出占营业收入比重为0.85%、较上一年增幅0.18%，排在全省一类县（市、区）第16位，排在吉安市第4位。万人有效发明专利拥有量增量为0.88件，排在全省一类县（市、区）第17位，排在吉安市第2位。技术合同成交额为15 469.93万元，与GDP之比为0.74%，排在全省一类县（市、区）第19位，排在吉安市第1位。农业产业化省级以上龙头企业数为9家，排在全省一类县（市、区）第17位，排在吉安市第2位。本级地方财政科技支出占本级公共财政支出比重为2.22%，排在全省一类县（市、区）第19位，排在吉安市第7位。万人社会消费品零售额为1.85亿元，排在全省一类县（市、区）第25位，排在吉安市第8位（表3-80）。

表3-80　吉安县（一类）科技创新能力评价指标得分与排名

指标名称	得分（分）	全省一类县（市、区）排名		本市排名	
	2020年	2020年	2019年	2020年	2019年
科技创新能力	84.57	4	8	1	1

续表

指标名称	得分（分）	全省一类县（市、区）排名		本市排名	
	2020 年	2020 年	2019 年	2020 年	2019 年
创新环境	3.43	8	15	2	4
创新基础	3.73	7	9	1	1
规模以上企业数（家）	3.98	11	7	1	1
规模以上工业企业建立研发机构的比例（%）	3.53	9	14	3	8
当年新增省级及以上研发平台 / 创新载体（个）	3.68	10	7	1	1
科技意识	2.98	19	29	11	11
人均科普经费投入（元）	3.41	6	22	1	9
科普专题活动次数（次）	2.44	26	30	11	12
创新投入	4.98	1	5	1	1
人力投入	6.20	2	6	1	1
规模以上工业企业中万人 R&D 人员全时当量（人·年）	8.91	1	2	1	1
规模以上工业企业 R&D 人员占从业人员比重（%）	3.49	12	25	2	10
财力投入	3.99	3	6	1	1
规模以上工业企业 R&D 经费支出	5.36	3	4	1	1
规模以上工业企业 R&D 经费支出占营业收入比重（%）	2.87	16	21	4	10
创新成效	3.55	8	10	1	1
技术创新	3.35	10	14	1	1
万人有效发明专利拥有量增量（件）	2.92	17	32	2	11
每万家企业法人高新技术企业数（家）	4.08	5	7	1	1
每万家企业法人科技型中小企业数（家）	3.00	15	18	4	5
产业化水平	3.75	5	6	1	2
规模以上工业企业新产品销售收入占营业收入比重（%）	4.53	5	5	1	3
高新技术产业增加值占规模以上工业增加值比重（%）	4.41	2	1	2	2
技术合同成交额	2.85	19	17	1	4
农业产业化省级以上龙头企业数（家）	2.91	17	14	2	2

续表

指标名称	得分（分）	全省一类县（市、区）排名		本市排名	
	2020 年	2020 年	2019 年	2020 年	2019 年
经济社会发展	3.03	29	24	6	4
经济增长	3.27	14	10	6	3
GDP 较上一年增长（%）	3.72	9	10	4	3
本级地方财政科技支出占本级公共财政支出比重（%）	2.81	19	12	7	3
社会生活	2.67	32	31	9	9
居民人均可支配收入（元）	2.58	32	32	8	8
万人社会消费品零售额（亿元）	2.79	25	26	8	8

如表 3-80 所示，吉安县科技创新能力在全省一类县（市、区）排名第 4 位，较上一年上升了 4 位，排在吉安市第 1 位，与上一年排名相同。在一级指标中，经济社会发展排在全省一类县（市、区）第 29 位，较上一年下降了 5 位，排在吉安市第 6 位，比上一年下降了 2 位；创新环境排在全省一类县（市、区）第 8 位，较上一年上升了 7 位，排在吉安市第 2 位，较上一年上升了 2 位；创新投入排在全省一类县（市、区）第 1 位，较上一年上升了 4 位，排在吉安市第 1 位，与上一年排名相同；创新成效排在全省一类县（市、区）第 8 位，较上一年上升了 2 位，排在吉安市第 1 位，与上一年排名相同。

综上所述，吉安县规模以上工业企业中万人 R&D 人员全时当量排在全省一类县（市、区）首位，高新技术产业增加值占规模以上工业增加值比重、规模以上工业企业 R&D 经费支出、规模以上工业企业新产品销售收入占营业收入比重排名前五位，但居民人均可支配收入、万人社会消费品零售额、科普专题活动次数等排名靠后。建议该县加大科普宣传力度，提高民众及企业科技意识，加强产学研合作，提高科技成果转移转化效率，助推经济高质量发展。

五、新干县

新干县，位于江西省中部、吉安市北部，其为吉安市下辖县。2020 年，该县常住人口为28.61万人，地区GDP为174.66亿元。居民人均可支配收入为25 542元，排在全省二类县（市、区）第16位，排在吉安市第6位。GDP较上一年增长4.2%，排在全省二类县（市、区）第10位，排在吉安市第6位。规模以上企业数为255家，排在全省二类县（市、区）第2位，排在吉安市第2位。人均科普经费投入为1.0元，排在全省二类县（市、区）第5位，排在吉安市第1位。规模以上工业企业R&D经费支出为20 935.40万元、较上一年增幅11.59%，排在全省二类县（市、区）第22位，排在吉安市第7位。万人有效发明专利拥有量增量为0.43件，排在全省二类县（市、区）第11位，排在吉安市第8位。每万家企业法人科技型中小企业数为99.42家，排在全省二类县（市、区）第2位，排在吉安市第2位。技术合同成交额为8400.89万元，与GDP之比为0.48%，排在全省二类县（市、区）第20位，排在吉安市第10位。农业产业化省级以上龙头企业数为16家，排在全省二类县（市、区）第4位，排在吉安市第1位。万人社会消费品零售额为2.39亿元，排在全省二类县（市、区）第5位，排在吉安市第4位（表3-81）。

表3-81 新干县（二类）科技创新能力评价指标得分与排名

指标名称	得分（分）	全省二类县（市、区）排名		本市排名	
	2020年	2020年	2019年	2020年	2019年
科技创新能力	60.93	18	7	5	4
创新环境	2.95	14	7	6	3
创新基础	2.93	12	9	4	5
规模以上企业数（家）	3.52	2	2	2	2
规模以上工业企业建立研发机构的比例（%）	2.70	20	13	9	5
当年新增省级及以上研发平台/创新载体（个）	2.50	15	9	8	6
科技意识	2.98	17	7	11	1
人均科普经费投入（元）	3.41	5	2	1	1
科普专题活动次数（次）	2.44	24	22	11	10
创新投入	2.74	22	8	7	4
人力投入	2.74	16	6	7	4
规模以上工业企业中万人R&D人员全时当量（人·年）	3.03	13	6	4	3

续表

指标名称	得分（分）	全省二类县（市、区）排名		本市排名	
	2020 年	2020 年	2019 年	2020 年	2019 年
规模以上工业企业 R&D 人员占从业人员比重（%）	2.46	21	11	8	5
财力投入	2.73	23	14	9	6
规模以上工业企业 R&D 经费支出	2.79	22	11	7	5
规模以上工业企业 R&D 经费支出占营业收入比重（%）	2.68	25	19	10	8
创新成效	2.90	11	15	6	6
技术创新	3.00	8	15	3	5
万人有效发明专利拥有量增量（件）	2.77	11	21	8	10
每万家企业法人高新技术企业数（家）	2.98	12	12	4	6
每万家企业法人科技型中小企业数（家）	3.30	2	14	2	6
产业化水平	2.80	21	14	10	10
规模以上工业企业新产品销售收入占营业收入比重（%）	2.41	24	24	11	12
高新技术产业增加值占规模以上工业增加值比重（%）	2.86	18	14	10	10
技术合同成交额	2.51	20	17	10	8
农业产业化省级以上龙头企业数（家）	3.91	4	4	1	1
经济社会发展	3.02	14	10	7	6
经济增长	3.07	14	14	7	5
GDP 较上一年增长（%）	3.44	10	13	6	5
本级地方财政科技支出占本级公共财政支出比重（%）	2.69	21	14	10	7
社会生活	2.95	9	9	3	3
居民人均可支配收入（元）	2.76	16	16	6	6
万人社会消费品零售额（亿元）	3.19	5	6	4	4

如表 3-81 所示，新干县科技创新能力排在全省二类县（市、区）第 18 位，较上一年下降了 11 位，排在吉安市第 5 位，较上一年下降了 1 位。在一级指标中，经济社会发展排在全省二类县（市、区）第 14 位，较上一年下降了 4 位，排在吉安市第 7 位，较上一年下降了 1 位；创新环境排在全省第 14 位，较上一年下降了 7 位，排在吉安市第 6 位，较上一年下降了 3 位；创新投入排在全省二类县（市、区）第 22 位，较上一年下降了 14 位，排在吉安市第 7 位，较上一年下降了 3 位；创新成效排在全省二类县（市、区）第 11

位，较上一年上升了 4 位，排在吉安市第 6 位，与上一年排名相同。

综上所述，新干县规模以上企业数、每万家企业法人科技型中小企业数、农业产业化省级以上龙头企业数、人均科普经费投入、万人社会消费品零售额在全省二类县（市、区）排名前五位，但科普专题活动次数、规模以上工业企业 R&D 经费支出占营业收入比重、规模以上工业企业新产品销售收入占营业收入比重、本级地方财政科技支出占本级公共财政支出比重排名相对靠后。建议该县加大科普宣传力度，鼓励有条件的企业建立研发平台，开展研发活动，同时加强产学研合作，提高成果转移转化效率，促进科技经济社会融合发展。

六、永丰县

永丰县，位于江西省中部、吉安市东北面，其为吉安市下辖县。2020 年，该县常住人口为 38.85 万人，地区 GDP 为 190.90 亿元。居民人均可支配收入为 26 001 元，排在全省二类县（市、区）第 14 位，排在吉安市第 5 位。GDP 较上一年增长 4.7%，排在全省二类县（市、区）第 3 位，排在吉安市第 2 位。规模以上工业企业建立研发机构的比例为 27.45%，排在全省二类县（市、区）第 19 位，排在吉安市第 8 位。科普专题活动次数为 15 次，排在全省二类县（市、区）第 13 位，排在吉安市第 6 位。规模以上工业企业中万人 R&D 人员全时当量为 14.62 人・年，排在全省二类县（市、区）第 18 位，排在吉安市第 9 位。规模以上工业企业 R&D 经费支出为 19 816.70 万元、较上一年增幅 14.85%，排在全省二类县（市、区）第 23 位，排在吉安市第 8 位。每万家企业法人高新技术企业数为 87.19 家，排在全省二类县（市、区）第 11 位，排在吉安市第 3 位。技术合同成交额为 8400.80 万元，与 GDP 之比为 0.44%，排在全省二类县（市、区）第 23 位，排在吉安市第 11 位。农业产业化省级以上龙头企业数为 9 家，排在全省二类县（市、区）第 13 位，排在吉安市第 2 位。万人社会消费品零售额为 1.79 亿元，排在全省二类县（市、区）第 13 位，排在吉安市第 9 位（表 3-82）。

表 3-82 永丰县（二类）科技创新能力评价指标得分与排名

指标名称	得分（分）	全省二类县（市、区）排名		本市排名	
	2020 年	2020 年	2019 年	2020 年	2019 年
科技创新能力	61.91	13	9	4	5
创新环境	2.91	15	17	8	5
创新基础	2.82	18	7	7	4
规模以上企业数（家）	2.98	12	6	3	3
规模以上工业企业建立研发机构的比例（%）	2.73	19	17	8	9
当年新增省级及以上研发平台 / 创新载体（个）	2.74	4	2	3	2
科技意识	3.05	10	25	6	9
人均科普经费投入（元）	3.41	5	22	1	8
科普专题活动次数（次）	2.60	13	18	6	9
创新投入	2.72	23	18	8	8
人力投入	2.62	19	17	8	8
规模以上工业企业中万人 R&D 人员全时当量（人·年）	2.55	18	16	9	9
规模以上工业企业 R&D 人员占从业人员比重（%）	2.69	16	13	6	6
财力投入	2.80	21	21	6	9
规模以上工业企业 R&D 经费支出	2.73	23	20	8	10
规模以上工业企业 R&D 经费支出占营业收入比重（%）	2.86	17	17	5	6
创新成效	3.06	8	5	4	3
技术创新	2.87	11	4	5	2
万人有效发明专利拥有量增量（件）	2.70	14	16	10	9
每万家企业法人高新技术企业数（家）	2.98	11	2	3	2
每万家企业法人科技型中小企业数（家）	2.93	8	5	5	2
产业化水平	3.24	9	7	3	4
规模以上工业企业新产品销售收入占营业收入比重（%）	3.78	6	5	6	5
高新技术产业增加值占规模以上工业增加值比重（%）	3.72	7	5	5	5
技术合同成交额	2.48	23	23	11	10
农业产业化省级以上龙头企业数（家）	2.91	13	12	2	3

续表

指标名称	得分（分）	全省二类县（市、区）排名		本市排名	
	2020 年	2020 年	2019 年	2020 年	2019 年
经济社会发展	3.07	11	16	5	8
经济增长	3.27	10	21	5	9
GDP 较上一年增长（%）	4.14	3	16	2	7
本级地方财政科技支出占本级公共财政支出比重（%）	2.40	27	26	13	13
社会生活	2.78	14	14	7	7
居民人均可支配收入（元）	2.82	14	14	5	5
万人社会消费品零售额（亿元）	2.74	13	13	9	9

如表 3-82 所示，永丰县科技创新能力排在全省二类县（市、区）第 13 位，较上一年下降了 4 位，排在吉安市第 4 位，较上一年上升了 1 位。在一级指标中，经济社会发展排在全省二类县（市、区）第 11 位，较上一年上升了 5 位，排在吉安市第 5 位，较上一年上升了 3 位；创新环境排在全省第 15 位，较上一年上升了 2 位，排在吉安市第 8 位，较上一年下降了 3 位；创新投入排在全省二类县（市、区）第 23 位，较上一年下降了 5 位，排在吉安市第 8 位，与上一年排名相同；创新成效排在全省二类县（市、区）第 8 位，较上一年下降了 3 位，排在吉安市第 4 位，较上一年下降了 1 位。

综上所述，永丰县 GDP 较上一年增长、人均科普经费投入、当年新增省级及以上研发平台 / 创新载体、规模以上工业企业新产品销售收入占营业收入比重在全省二类县（市、区）排名靠前，具有一定优势，但本级地方财政科技支出占本级公共财政支出比重、规模以上工业企业 R&D 经费支出、技术合同成交额等排名相对靠后。建议该县鼓励企业加大研发投入，加强产学研合作，提高科技成果转移转化效率，助推经济高质量发展。

七、峡江县

峡江县，位于江西省中部、吉安市北部，其为吉安市下辖县。2020 年，该县常住人口为 15 万人，地区 GDP 为 77.78 亿元。居民人均可支配收入为

21 838元，排在全省二类县（市、区）第25位，排在吉安市第10位。GDP较上一年增长4.1%，排在全省二类县（市、区）第14位，排在吉安市第7位。规模以上企业数为147家，排在全省二类县（市、区）第25位，排在吉安市第9位。规模以上工业企业建立研发机构的比例为29.81%，排在全省二类县（市、区）第16位，排在吉安市第6位。科普专题活动次数为15次，排在全省二类县（市、区）第13位，排在吉安市第6位。规模以上工业企业中万人R&D人员全时当量为22.81人·年，排在全省二类县（市、区）第14位，排在吉安市第5位。规模以上工业企业R&D经费支出为8529.40万元、较上一年增幅29.25%，排在全省二类县（市、区）第20位，排在吉安市第5位。每万家企业法人科技型中小企业数为63.34家，排在全省二类县（市、区）第16位，排在吉安市第7位。高新技术产业增加值占规模以上工业增加值比例为18.53%、较上一年增幅0.45%，排在全省二类县（市、区）第26位，排在吉安市第12位。万人社会消费品零售额为1.99亿元，排在全省二类县（市、区）第9位，排在吉安市第6位（表3-83）。

表3-83　峡江县（二类）科技创新能力评价指标得分与排名

指标名称	得分（分）	全省二类县（市、区）排名		本市排名	
	2020年	2020年	2019年	2020年	2019年
科技创新能力	60.46	20	25	6	13
创新环境	2.84	18	27	9	12
创新基础	2.70	22	20	10	10
规模以上企业数（家）	2.69	25	25	9	9
规模以上工业企业建立研发机构的比例（%）	2.88	16	24	6	11
当年新增省级及以上研发平台/创新载体（个）	2.50	15	9	8	6
科技意识	3.05	10	27	6	12
人均科普经费投入（元）	3.41	5	26	1	11
科普专题活动次数（次）	2.60	13	9	6	6
创新投入	2.84	21	14	6	7
人力投入	3.07	13	12	3	7

续表

指标名称	得分（分）	全省二类县（市、区）排名		本市排名	
	2020 年	2020 年	2019 年	2020 年	2019 年
规模以上工业企业中万人 R&D 人员全时当量（人·年）	2.97	14	14	5	7
规模以上工业企业 R&D 人员占从业人员比重（%）	3.17	9	9	3	4
财力投入	2.65	26	22	10	10
规模以上工业企业 R&D 经费支出	2.88	20	17	5	8
规模以上工业企业 R&D 经费支出占营业收入比重（%）	2.47	28	27	12	11
创新成效	2.84	18	27	8	13
技术创新	2.67	17	20	7	8
万人有效发明专利拥有量增量（件）	2.69	17	14	13	5
每万家企业法人高新技术企业数（家）	2.54	19	22	9	9
每万家企业法人科技型中小企业数（家）	2.79	16	21	7	8
产业化水平	3.01	14	28	8	13
规模以上工业企业新产品销售收入占营业收入比重（%）	4.47	1	21	2	10
高新技术产业增加值占规模以上工业增加值比重（%）	2.46	26	31	12	13
技术合同成交额	2.76	12	5	3	2
农业产业化省级以上龙头企业数（家）	2.20	33	32	12	11
经济社会发展	2.85	17	26	10	11
经济增长	3.05	16	23	8	11
GDP 较上一年增长（%）	3.31	14	27	7	10
本级地方财政科技支出占本级公共财政支出比重（%）	2.80	14	19	8	9
社会生活	2.55	20	19	10	10
居民人均可支配收入（元）	2.26	25	25	10	10
万人社会消费品零售额（亿元）	2.89	9	9	6	6

如表 3-83 所示，峡江县科技创新能力排在全省二类县（市、区）第 20 位，较上一年上升了 5 位，排在吉安市第 6 位，较上一年上升了 7 位。在一级指标中，经济社会发展排在全省二类县（市、区）第 17 位，较上一年上升

了9位，排在吉安市第10位，较上一年上升了1位；创新环境排在全省二类县（市、区）第18位，较上一年上升了9位，排在吉安市第9位，较上一年上升了3位；创新投入排在全省二类县（市、区）第21位，较上一年下降了7位，排在吉安市第6位，较上一年上升了1位；创新成效排在全省二类县（市、区）第18位，较上一年上升了9位，排在吉安市第8位，较上一年上升了5位。

综上所述，峡江县规模以上工业企业新产品销售收入占营业收入比排名居全省二类县（市、区）首位，人均科普经费投入、规模以上工业企业R&D人员占从业人员比重、万人社会消费品零售额排名靠前，但农业产业化省级以上龙头企业数、规模以上企业数、规模以上工业企业R&D经费支出占营业收入比重、高新技术产业增加值占规模以上工业增加值比等排名靠后。建议该县加强创新平台建设，鼓励企业加大科研投入，提升高新技术产品附加值，促进产业转型升级和经济可持续发展。

八、吉水县

吉水县，位于江西省中部，其为吉安市下辖县。2020年，该县常住人口为42.18万人，地区GDP为181.10亿元。居民人均可支配收入为26 109元，排在全省二类县（市、区）第13位，排在吉安市第4位。GDP较上一年增长3.8%，排在全省二类县（市、区）第23位，排在吉安市第12位。规模以上工业企业建立研发机构的比例为28.24%，排在全省二类县（市、区）第18位，排在吉安市第7位。规模以上企业数为166家，排在全省二类县（市、区）第17位，排在吉安市第5位。人均科普经费投入为1.0元，排在全省二类县（市、区）第5位，排在吉安市第1位。规模以上工业企业R&D人员占从业人员比重为5.69%，排在全省二类县（市、区）第14位，排在吉安市第5位。规模以上工业企业R&D经费支出为22 272.30万元、较上一年增幅20.85%，排在全省二类县（市、区）第19位，排在吉安市第4位。万人有效发明专利拥有量增量为0.23件，排在全省二类县（市、区）第14位，排在吉安市第10位。规模以上工业企业新产品销售收入占营业收入比为19.84%，排在全省二类县（市、区）第 10 位，排在吉安市第 7 位。农业产业化省级以上龙头企业数为 6 家，排在全省二类县（市、区）第 27 位，排在吉安市第 9 位。万人社会消费品零售额为 2.04 亿元，排在全省二类县（市、区）第 8 位，排在吉安市第 5 位（表 3-84）。

表 3-84　吉水县（二类）科技创新能力评价指标得分与排名

指标名称	得分（分）	全省二类县（市、区）排名		本市排名	
	2020 年	2020 年	2019 年	2020 年	2019 年
科技创新能力	60.37	21	14	7	7
创新环境	2.84	19	18	10	7
创新基础	2.72	21	11	9	6
规模以上企业数（家）	2.84	17	15	5	4
规模以上工业企业建立研发机构的比例（%）	2.78	18	5	7	3
当年新增省级及以上研发平台 / 创新载体（个）	2.50	15	17	8	9
科技意识	3.02	14	24	10	8
人均科普经费投入（元）	3.41	5	18	1	6
科普专题活动次数（次）	2.53	19	22	10	10
创新投入	2.86	20	9	3	5
人力投入	2.87	15	8	6	5
规模以上工业企业中万人 R&D 人员全时当量（人·年）	2.91	15	11	7	5
规模以上工业企业 R&D 人员占从业人员比重（%）	2.84	14	7	5	3
财力投入	2.85	20	9	4	4
规模以上工业企业 R&D 经费支出	2.88	19	8	4	2
规模以上工业企业 R&D 经费支出占营业收入比重（%）	2.82	19	11	6	4
创新成效	2.82	19	20	9	10
技术创新	2.62	20	23	11	9
万人有效发明专利拥有量增量（件）	2.70	14	10	10	2
每万家企业法人高新技术企业数（家）	2.58	18	18	8	8
每万家企业法人科技型中小企业数（家）	2.58	24	29	9	13

续表

指标名称	得分（分）	全省二类县（市、区）排名		本市排名	
	2020 年	2020 年	2019 年	2020 年	2019 年
产业化水平	3.02	13	12	6	8
规模以上工业企业新产品销售收入占营业收入比重（%）	3.19	10	15	7	7
高新技术产业增加值占规模以上工业增加值比重（%）	3.57	9	8	7	7
技术合同成交额	2.60	18	24	6	11
农业产业化省级以上龙头企业数（家）	2.48	27	17	9	5
经济社会发展	2.82	19	11	11	7
经济增长	2.78	23	15	12	6
GDP 较上一年增长（%）	2.89	23	15	12	6
本级地方财政科技支出占本级公共财政支出比重（%）	2.67	24	21	11	10
社会生活	2.87	11	11	6	5
居民人均可支配收入（元）	2.83	13	13	4	4
万人社会消费品零售额（亿元）	2.93	8	8	5	5

如表 3-84 所示，吉水县科技创新能力排在全省二类县（市、区）第 21 位，较上一年下降了 7 位，排在吉安市第 7 位，与上一年排名相同。在一级指标中，经济社会发展排在全省二类县（市、区）第 19 位，较上一年下降了 8 位，排在吉安市第 11 位，较上一年下降了 4 位；创新环境排在全省二类县（市、区）第 19 位，较上一年下降了 1 位，排在吉安市第 10 位，较上一年下降了 3 位；创新投入排在全省二类县（市、区）第 20 位，较上一年下降了 11 位，排在吉安市第 3 位，较上一年上升了 2 位；创新成效排在全省二类县（市、区）第 19 位，排在吉安市第 9 位，都比上一年上升了 1 位。

综上所述，吉水县人均科普经费投入、万人社会消费品零售额、高新技术产业增加值占规模以上工业增加值比重在全省二类县（市、区）排名靠前，但农业产业化省级以上龙头企业数、本级地方财政科技支出占本级公共财政支出比重、每万家企业法人科技型中小企业数等排名相对靠后。建议该县加大财政对科技投入力度，提高民众及企业创新意识，加大高新技术企业和科技型中小企业培育力度，助推经济高质量发展。

九、泰和县

泰和县，位于江西省中南部，其为吉安市下辖县。2020 年，该县常住人口为 46.78 万人，地区 GDP 为 202.37 亿元。居民人均可支配收入为 24 943 元，排在全省二类县（市、区）第 18 位，排在吉安市第 7 位。GDP 较上一年增长 3.9%，排在全省二类县（市、区）第 19 位，排在吉安市第 10 位。规模以上企业数为 156 家，排在全省二类县（市、区）第 21 位，排在吉安市第 8 位。人均科普经费投入为 1.0 元，排在全省二类县（市、区）第 5 位，排在吉安市第 1 位。规模以上工业企业 R&D 人员占从业人员比重为 3.67%，排在全省二类县（市、区）第 27 位，排在吉安市第 12 位。规模以上工业企业 R&D 经费支出为 23 994.30 万元、较上一年增幅 3.59%，排在全省二类县（市、区）第 24 位，排在吉安市第 9 位。万人有效发明专利拥有量增量为 0.77 件，排在全省二类县（市、区）第 8 位，排在吉安市第 4 位。高新技术产业增加值占规模以上工业增加值比重为 73.38%、较上一年增幅 3.54%，排在全省二类县（市、区）第 1 位，排在吉安市第 1 位。农业产业化省级以上龙头企业数为 7 家，排在全省二类县（市、区）第 23 位，排在吉安市第 8 位。万人社会消费品零售额为 1.77 亿元，排在全省二类县（市、区）第 14 位，排在吉安市第 10 位（表 3-85）。

表 3-85　泰和县（二类）科技创新能力评价指标得分与排名

指标名称	得分（分）	全省二类县（市、区）排名		本市排名	
	2020 年	2020 年	2019 年	2020 年	2019 年
科技创新能力	59.81	23	13	10	6
创新环境	2.64	25	29	13	13
创新基础	2.38	32	28	13	13
规模以上企业数（家）	2.76	21	18	8	8
规模以上工业企业建立研发机构的比例（%）	1.69	30	33	13	13
当年新增省级及以上研发平台 / 创新载体（个）	2.74	4	4	3	4

续表

指标名称	得分（分）	全省二类县（市、区）排名		本市排名	
	2020 年	2020 年	2019 年	2020 年	2019 年
科技意识	3.04	12	28	8	13
人均科普经费投入（元）	3.41	5	23	1	9
科普专题活动次数（次）	2.57	15	29	8	13
创新投入	2.57	26	19	10	10
人力投入	2.35	23	18	11	10
规模以上工业企业中万人 R&D 人员全时当量（人·年）	2.51	19	15	10	8
规模以上工业企业 R&D 人员占从业人员比重（%）	2.18	27	20	12	11
财力投入	2.76	22	13	8	5
规模以上工业企业 R&D 经费支出	2.72	24	12	9	6
规模以上工业企业 R&D 经费支出占营业收入比重（%）	2.80	20	15	7	5
创新成效	3.12	7	3	2	2
技术创新	2.66	18	16	8	6
万人有效发明专利拥有量增量（件）	2.89	8	9	4	1
每万家企业法人高新技术企业数（家）	2.71	15	9	6	5
每万家企业法人科技型中小企业数（家）	2.34	27	24	12	11
产业化水平	3.58	2	2	2	1
规模以上工业企业新产品销售收入占营业收入比重（%）	4.46	2	1	3	1
高新技术产业增加值占规模以上工业增加值比重（%）	4.43	1	1	1	[illegible]
技术合同成交额	2.47	25	25	12	[illegible]
农业产业化省级以上龙头企业数（家）	2.62	23	12	8	[illegible]
经济社会发展	2.90	16	28	8	[illegible]
经济增长	3.03	18	30	9	[illegible]
GDP 较上一年增长（%）	3.03	19	30	10	[illegible]
本级地方财政科技支出占本级公共财政支出比重（%）	3.03	9	9	4	4
社会生活	2.70	16	16	8	3
居民人均可支配收入（元）	2.68	18	18	7	7
万人社会消费品零售额（亿元）	2.73	14	14	10	10

如表 3-85 所示，泰和县科技创新能力排在全省二类县（市、区）第 23 位，较上一年下降了 10 位，排在吉安市第 10 位，较上一年下降了 4 位。在一级指标中，经济社会发展排在全省二类县（市、区）第 16 位，较上一年上升了 12 位，排在吉安市第 8 位，较上一年上升了 4 位；创新环境排在全省二类县（市、区）第 25 位，较上一年上升了 4 位，排在吉安市第 13 位，与上一年排名相同；创新投入排在全省二类县（市、区）第 26 位，较上一年下降了 7 位，排在吉安市第 10 位，与上一年排名相同；创新成效排在全省二类县（市、区）第 7 位，较上一年下降了 4 位，排在吉安市第 2 位，与上一年排名相同。

综上所述，泰和县高新技术产业增加值占规模以上工业增加值比重在全省二类县（市、区）排名第一，当年新增省级及以上研发平台 / 创新载体、规模以上工业企业新产品销售收入占营业收入比重排名靠前，但规模以上工业企业建立研发机构的比例、规模以上工业企业 R&D 人员占从业人员比重、每万家企业法人科技型中小企业数、技术合同成交额等排名相对靠后。建议该县加速研发平台 / 创新载体建设，增强科技成果转移转化能力，加大对科技型中小企业的培育力度，引导企业转型升级、做大做强，提升经济实力。

十、万安县

万安县，位于江西省中南部、吉安市南部，其为吉安市下辖县。2020 年，该县常住人口为 25.10 万人，地区 GDP 为 93.09 亿元。居民人均可支配收入为 20 036 元，排在全省三类县（市、区）第 24 位，排在吉安市第 12 位。GDP 较上一年增长 4.3%，排在全省三类县（市、区）第 4 位，排在吉安市第 5 位。规模以上工业企业建立研发机构的比例为 23.7%，排在全省三类县（市、区）第 24 位，排在吉安市第 10 位。规模以上工业企业中万人 R&D 人员全时当量为 32.79 人 · 年，排在全省三类县（市、区）第 3 位，排在吉安市第 2 位。规模以上工业企业 R&D 经费支出占营业收入比重为 1.62%、较上一年增幅 0.35%，排在全省三类县（市、区）第 8 位，排在吉安市第 1 位。每万家企业法人高新技术企业数为 82.60 家，排在全省三类县（市、区）第

17位，排在吉安市第5位。技术合同成交额为6820亿元，与GDP之比为0.73%，排在全省三类县（市、区）第13位，排在吉安市第5位。农业产业化省级以上龙头企业数为8家，排在全省三类县（市、区）第10位，排在吉安市第5位。本级地方财政科技支出占本级公共财政支出比重为4.44%，排在全省三类县（市、区）第2位，排在吉安市第1位（表3-86）。

表3-86　万安县（三类）科技创新能力评价指标得分与排名

指标名称	得分（分）	全省三类县（市、区）排名		本市排名	
	2020年	2020年	2019年	2020年	2019年
科技创新能力	67.18	5	6	2	2
创新环境	2.68	21	29	12	11
创新基础	2.52	23	21	11	11
规模以上企业数（家）	2.58	8	11	10	11
规模以上工业企业建立研发机构的比例（%）	2.49	24	21	10	7
当年新增省级及以上研发平台/创新载体（个）	2.50	13	11	8	9
科技意识	2.93	24	28	13	10
人均科普经费投入（元）	3.41	1	31	1	13
科普专题活动次数（次）	2.33	32	3	13	4
创新投入	3.52	3	4	2	2
人力投入	3.63	4	2	2	2
规模以上工业企业中万人R&D人员全时当量（人·年）	3.49	3	2	2	2
规模以上工业企业R&D人员占从业人员比重（%）	3.77	6	6	1	2
财力投入	3.42	6	8	2	2
规模以上工业企业R&D经费支出	3.18	3	6	2	3
规模以上工业企业R&D经费支出占营业收入比重（%）	3.62	8	14	1	2
创新成效	3.05	12	10	5	4
技术创新	2.91	13	13	4	4
万人有效发明专利拥有量增量（件）	2.82	11	20	7	[illegible]
每万家企业法人高新技术企业数（家）	2.92	17	8	5	[illegible]

续表

指标名称	得分（分）	全省三类县（市、区）排名		本市排名	
	2020 年	2020 年	2019 年	2020 年	2019 年
每万家企业法人科技型中小企业数（家）	3.02	14	20	3	4
产业化水平	3.18	5	5	4	3
规模以上工业企业新产品销售收入占营业收入比重（%）	2.98	15	8	8	6
高新技术产业增加值占规模以上工业增加值比重（%）	4.11	7	3	4	4
技术合同成交额	2.62	13	10	5	3
农业产业化省级以上龙头企业数（家）	2.77	10	10	5	7
经济社会发展	3.23	4	2	3	2
经济增长	3.93	2	1	1	1
GDP 较上一年增长（%）	3.58	4	7	5	2
本级地方财政科技支出占本级公共财政支出比重（%）	4.27	2	2	1	1
社会生活	2.19	26	29	12	13
居民人均可支配收入（元）	2.02	24	24	12	12
万人社会消费品零售额（亿元）	2.40	23	26	12	12

如表3-86所示，万安县科技创新能力排在全省三类县（市、区）第5位，较上一年上升了1位，排在吉安市第2位，与上一年排名相同。在一级指标中，经济社会发展排在全省三类县（市、区）第4位，较上一年下降了2位，排在吉安市第3位，较上一年下降了1位；创新环境排在全省三类县（市、区）第21位，较上一年上升了8位，排在吉安市第12位，较上一年下降了1位；创新投入排在全省三类县（市、区）第3位，较上一年上升了1位，排在吉安市第2位，与上一年排名相同；创新成效排在全省三类县（市、区）第12位，较上一年下降了2位，排在吉安市第5位，较上一年下降了1位。

综上所述，万安县人均科普经费投入居全省三类县（市、区）首位，规模以上工业企业R&D经费支出、本级地方财政科技支出占本级公共财政支出比重、规模以上工业企业中万人R&D人员全时当量排名前五位，但规模以上工业企业建立研发机构的比例、科普专题活动次数、居民人均可支配收入等排名相对靠后。建议该县加大科普宣传力度，提高企业及民众科技意识，加快科技创新平台/载体建设，鼓励企业开展科研活动，促进经济社会发展。

十一、遂川县

遂川县，位于江西省西南边缘，其为吉安市下辖县。2020年，该县常住人口为51.21万人，地区GDP为171.13亿元。居民人均可支配收入为20 124元，排在全省三类县（市、区）第22位，排在吉安市第11位。GDP较上一年增长4.1%，排在全省三类县（市、区）第5位，排在吉安市第7位。规模以上工业企业建立研发机构的比例36.13%，排在全省三类县（市、区）第15位，排在吉安市第5位。人均科普经费投入为1.0元，排在全省三类县（市、区）第1位，排在吉安市第1位。规模以上工业企业R&D经费支出为21 953.60万元，较上一年增幅17.61%，排在全省三类县（市、区）第8位，排在吉安市第3位。万人有效发明专利拥有量增量为0.82件，排在全省三类县（市、区）第8位，排在吉安市第3位。技术合同成交额为9051万元，与GDP之比为0.53%，排在全省三类县（市、区）第14位，排在吉安市第7位。农业产业化省级以上龙头企业数为9家，排在全省三类县（市、区）第7位，排在吉安市第2位。万人社会消费品零售额为1.30亿元，排在全省三类县（市、区）第25位，排在吉安市第13位（表3-87）。

表3-87 遂川县（三类）科技创新能力评价指标得分与排名

指标名称	得分（分）	全省三类县（市、区）排名		本市排名	
	2020年	2020年	2019年	2020年	2019年
科技创新能力	59.94	21	25	9	11
创新环境	2.94	10	18	7	8
创新基础	2.88	11	9	6	7
规模以上企业数（家）	2.80	4	5	6	7
规模以上工业企业建立研发机构的比例（%）	3.30	15	14	5	4
当年新增省级及以上研发平台/创新载体（个）	2.50	13	11	8	9

续表

指标名称	得分（分）	全省三类县（市、区）排名		本市排名	
	2020 年	2020 年	2019 年	2020 年	2019 年
科技意识	3.03	14	27	9	7
人均科普经费投入（元）	3.41	1	27	1	6
科普专题活动次数（次）	2.55	19	18	9	8
创新投入	2.65	23	22	9	11
人力投入	2.34	29	22	12	11
规模以上工业企业中万人 R&D 人员全时当量（人·年）	2.35	25	19	12	12
规模以上工业企业 R&D 人员占从业人员比重（%）	2.34	28	24	11	9
财力投入	2.90	18	23	3	11
规模以上工业企业 R&D 经费支出	2.89	8	21	3	11
规模以上工业企业 R&D 经费支出占营业收入比重（%）	2.92	19	21	3	7
创新成效	2.90	17	19	7	7
技术创新	2.80	17	19	6	7
万人有效发明专利拥有量增量（件）	2.90	8	17	3	3
每万家企业法人高新技术企业数（家）	2.63	20	21	7	7
每万家企业法人科技型中小企业数（家）	2.88	19	19	6	3
产业化水平	3.00	16	19	9	9
规模以上工业企业新产品销售收入占营业收入比重（%）	2.79	22	21	10	9
高新技术产业增加值占规模以上工业增加值比重（%）	3.65	10	7	6	6
技术合同成交额	2.55	14	29	7	13
农业产业化省级以上龙头企业数（家）	2.91	7	14	2	8
经济社会发展	2.87	9	25	9	10
经济增长	3.32	7	21	4	8
GDP 较上一年增长（%）	3.31	5	20	7	7
本级地方财政科技支出占本级公共财政支出比重（%）	3.33	6	21	3	12
社会生活	2.18	27	28	13	12
居民人均可支配收入（元）	2.03	22	23	11	11
万人社会消费品零售额（亿元）	2.37	25	27	13	13

如表 3-87 所示，遂川县科技创新能力排在全省三类县（市、区）第 21 位，较上一年上升了 4 位，排在吉安市第 9 位，较上一年上升了 2 位。在一级指标中，经济社会发展排在全省三类县（市、区）第 9 位，较上一年上升了 16 位，排在吉安市第 9 位，较上一年上升了 1 位；创新环境排在全省三类县（市、区）第 10 位，较上一年上升了 8 位，排在吉安市第 7 位，较上一年上升了 1 位；创新投入排在全省三类县（市、区）第 23 位，较上一年下降了 1 位，排在吉安市第 9 位，较上一年上升了 2 位；创新成效排在全省三类县（市、区）第 17 位，较上一年上升了 2 位，排在吉安市第 7 位，与上一年排名相同。

综上所述，遂川县人均科普经费投入在全省三类县（市、区）排名第一，规模以上企业数、GDP 较上一年增长、本级地方财政科技支出占本级公共财政支出比重排名靠前，但规模以上工业企业中万人 R&D 人员全时当量、规模以上工业企业 R&D 人员占从业人员比重、规模以上工业企业新产品销售收入占营业收入比重、居民人均可支配收入、万人社会消费品零售额等排名相对靠后。建议该县加大科技创新投入，大力引进和培育科技人才，同时加速培育高新技术企业和科技型中小企业，持续促进经济高质量发展。

十二、安福县

安福县，位于江西省中南部、吉安市西部，其为吉安市下辖县。2020 年，该县常住人口为 32.91 万人，地区 GDP 为 163.69 亿元。居民人均可支配收入为 23 898 元，排在全省三类县（市、区）第 11 位，排在吉安市第 9 位。GDP 较上一年增长 4.6%，排在全省三类县（市、区）第 2 位，排在吉安市第 3 位。规模以上企业数为 159 家，排在全省三类县（市、区）第 5 位，排在吉安市第 7 位。科普专题活动次数为 92 次，排在全省三类县（市、区）第 2 位，排在吉安市第 1 位。规模以上工业企业 R&D 经费支出占营业收入比重为 0.72%、较上一年增幅 0.12%，排在全省三类县（市、区）第 22 位，排在吉安市第 8 位。每万家企业法人高新技术企业数为 95.98 家，排在全省三类县（市、区）第 10 位，排在吉安市第 2 位。技术合同成交额为 8350 万元，与 GDP 之比为 0.51%，排在全省三类县（市、区）第 17 位，排在吉安市第 9 位。本级地方财政科技支出占本级公共财政支出比重为 2.53%，排在全省三类县（市、区）第 12 位，排在吉安市第 5 位。万人社会消费品零售额为 2.52亿元，排在全省三类县（市、区）第4位，排在吉安市第3位（表3-88）。

表 3-88　安福县（三类）科技创新能力评价指标得分与排名

指标名称	得分（分）	全省三类县（市、区）排名		本市排名	
	2020 年	2020 年	2019 年	2020 年	2019 年
科技创新能力	66.21	8	7	3	3
创新环境	3.60	1	3	1	1
创新基础	3.46	1	3	2	2
规模以上企业数（家）	2.78	5	4	7	6
规模以上工业企业建立研发机构的比例（%）	4.74	3	4	2	2
当年新增省级及以上研发平台 / 创新载体（个）	2.74	6	3	3	4
科技意识	3.81	2	13	1	3
人均科普经费投入（元）	3.41	1	26	1	5
科普专题活动次数（次）	4.29	2	1	1	1
创新投入	2.85	19	12	5	6
人力投入	2.94	13	10	4	6
规模以上工业企业中万人 R&D 人员全时当量（人 · 年）	3.29	7	4	3	4
规模以上工业企业 R&D 人员占从业人员比重（%）	2.58	25	19	7	7
财力投入	2.78	21	14	7	8
规模以上工业企业 R&D 经费支出	2.83	11	11	6	7
规模以上工业企业R&D经费支出占营业收入比重（%）	2.73	22	23	8	9
创新成效	3.06	11	13	3	5
技术创新	3.08	10	9	2	3
万人有效发明专利拥有量增量（件）	2.84	10	17	6	3
每万家企业法人高新技术企业数（家）	3.10	10	7	2	3

续表

指标名称	得分（分）	全省三类县（市、区）排名		本市排名	
	2020 年	2020 年	2019 年	2020 年	2019 年
每万家企业法人科技型中小企业数（家）	3.34	10	8	1	1
产业化水平	3.03	14	11	5	5
规模以上工业企业新产品销售收入占营业收入比重（%）	3.82	5	4	5	4
高新技术产业增加值占规模以上工业增加值比重（%）	3.02	18	20	8	9
技术合同成交额	2.52	17	19	9	9
农业产业化省级以上龙头企业数（家）	2.77	10	18	5	9
经济社会发展	3.25	3	10	2	5
经济增长	3.51	6	17	3	4
GDP 较上一年增长（%）	4.00	2	12	3	4
本级地方财政科技支出占本级公共财政支出比重（%）	3.02	12	13	5	6
社会生活	2.88	6	6	5	6
居民人均可支配收入（元）	2.54	11	11	9	9
万人社会消费品零售额（亿元）	3.29	4	4	3	3

如表 3-88 所示，安福县科技创新能力在全省三类县（市、区）排名第 8 位，较上一年下降了 1 位，排在吉安市第 3 位，与上一年排名相同。在一级指标中，经济社会发展排在全省三类县（市、区）第 3 位，较上一年上升了 7 位，排在吉安市第 2 位，较上一年上升了 3 位；创新环境排在全省三类县（市、区）第 1 位，较上一年上升了 2 位，排在吉安市第 1 位，与上一年排名相同；创新投入排在全省三类县（市、区）第 19 位，较上一年下降了 7 位，排在吉安市第 5 位，较上一年上升了 1 位；创新成效排在全省三类县（市、区）第 11 位，排在吉安市第 3 位，均较上一年上升了 2 位。

综上所述，安福县人均科普经费投入、GDP 较上一年增长、规模以上工业企业建立研发机构的比例、科普专题活动次数、规模以上工业企业新产品销售收入占营业收入比重、万人社会消费品零售额排名居全省三类县（市、区）前五位，创新环境和经济社会发展优势明显，但规模以上工业企业 R&D 人员占从业人员比重、规模以上工业企业 R&D 经费支出占营业收入比重、高新技术产业增加值占规模以上工业增加值比重排名相对靠后。建议该县加快引进和培育科技人才，鼓励企业加大科研投入，提升产品性能，不断提高科技竞争力。

十三、永新县

永新县，位于江西省西部，其为吉安市下辖县。2020 年，该县常住人口为 39.40 万人，地区 GDP 为 115.13 亿元。居民人均可支配收入为 19 739 元，排在全省三类县（市、区）第 26 位，排在吉安市第 13 位。GDP 较上一年增长 4.1%，排在全省三类县（市、区）第 5 位，排在吉安市第 7 位。规模以上企业数为 117 家，排在全省三类县（市、区）第 12 位，排在吉安市第 12 位。规模以上工业企业建立研发机构的比例为 22.89%，排在全省三类县（市、区）第 25 位，排在吉安市第 11 位。规模以上工业企业 R&D 经费支出占营业收入比重为 0.75%、较上一年下降 0.13%，排在全省三类县（市、区）第 25 位，排在吉安市第 9 位。万人有效发明专利拥有量增量为 1.02 件，排在全省三类县（市、区）第 5 位，排在吉安市第 1 位。高新技术产业增加值占规模以上工业增加值比重为 19.25%、较上一年下降 2.67%，排在全省三类县（市、区）第 27 位，排在吉安市第 13 位。技术合同成交额为 7000 万元，与 GDP 之比为 0.61%，排在全省三类县（市、区）第 15 位，排在吉安市第 8 位。万人社会消费品零售额为 1.52 亿元，排在全省三类县（市、区）第 16 位，排在吉安市第 11 位（表 3-89）。

表 3-89 永新县（三类）科技创新能力评价指标得分与排名

指标名称	得分（分）	全省三类县（市、区）排名		本市排名	
	2020 年	2020 年	2019 年	2020 年	2019 年
科技创新能力	55.87	30	19	13	9
创新环境	2.78	18	25	11	10
创新基础	2.46	26	24	12	12
规模以上企业数（家）	2.46	12	13	12	12
规模以上工业企业建立研发机构的比例（%）	2.43	25	24	11	10

续表

指标名称	得分（分）	全省三类县（市、区）排名		本市排名	
	2020 年	2020 年	2019 年	2020 年	2019 年
当年新增省级及以上研发平台 / 创新载体（个）	2.50	13	11	8	9
科技意识	3.24	5	25	4	5
人均科普经费投入（元）	3.41	1	21	1	3
科普专题活动次数（次）	3.04	5	15	4	7
创新投入	2.45	28	8	12	3
人力投入	2.33	30	5	13	3
规模以上工业企业中万人 R&D 人员全时当量（人·年）	2.22	29	12	13	10
规模以上工业企业 R&D 人员占从业人员比重（%）	2.44	27	4	9	1
财力投入	2.56	30	11	12	3
规模以上工业企业 R&D 经费支出	2.38	29	8	12	4
规模以上工业企业 R&D 经费支出占营业收入比重（%）	2.70	25	15	9	3
创新成效	2.70	23	22	11	8
技术创新	2.63	27	27	10	10
万人有效发明专利拥有量增量（件）	2.97	5	20	1	5
每万家企业法人高新技术企业数（家）	2.38	28	26	11	11
每万家企业法人科技型中小企业数（家）	2.53	25	30	10	12
产业化水平	2.77	20	12	11	6
规模以上工业企业新产品销售收入占营业收入比重（%）	3.90	4	2	4	2
高新技术产业增加值占规模以上工业增加值比重（%）	2.35	27	27	13	12
技术合同成交额	2.55	15	16	8	6
农业产业化省级以上龙头企业数（家）	2.20	26	29	12	13
经济社会发展	2.66	20	29	12	13
经济增长	2.95	16	26	11	13
GDP 较上一年增长（%）	3.31	5	27	7	12
本级地方财政科技支出占本级公共财政支出比重（%）	2.59	24	19	12	11
社会生活	2.23	24	25	11	11
居民人均可支配收入（元）	1.98	26	26	13	13
万人社会消费品零售额（亿元）	2.53	16	19	11	11

如表 3-89 所示，永新县科技创新能力排在全省三类县（市、区）第 30 位，较上一年下降了 11 位，排在吉安市第 13 位，较上一年下降了 4 位。在一级指标中，经济社会发展排在全省三类县（市、区）第 20 位，较上一年上升了 9 位，排在吉安市第 12 位，较上一年上升了 1 位；创新环境排在全省三类县（市、区）18 位，较上一年上升了 7 位，排在吉安市第 11 位，较上一年下降了 1 位；创新投入排在全省三类县（市、区）第 28 位，较上一年下降了 20 位，排在吉安市第 12 位，较上一年下降了 9 位；创新成效排在全省三类县（市、区）第 23 位，较上一年下降了 1 位，排在吉安市第 11 位，较上一年下降了 3 位。

综上所述，永新县人均科普经费投入、科普专题活动次数、万人有效发明专利拥有量增量、规模以上工业企业新产品销售收入占营业收入比重、GDP 较上一年增长在全省三类县（市、区）排名前五位，但规模以上工业企业中万人 R&D 人员全时当量、规模以上工业企业 R&D 人员占从业人员比重、规模以上工业企业 R&D 经费支出、每万家企业法人高新技术企业数、农业产业化省级以上龙头企业数等排名相对靠后。建议该县加快引进和培育科技人才，鼓励企业加大科研投入，加强产学研合作，提高成果转移转化效率，同时加速培育高新技术企业和科技型中小企业，促进经济高质量发展。

第十一节　抚　州　市

一、临川区

临川区，位于江西省东部，其为抚州市市辖区。2020 年，该区常住人口为 110.24 万人，地区 GDP 为 486.14 亿元。居民人均可支配收入为 33 180 元，排在全省一类县（市、区）第 17 位，排在抚州市第 1 位。GDP 较上一年增长 3.6%，排在全省一类县（市、区）第 24 位，排在抚州市第 8 位。规模以上企业数为 311 家，排在全省一类县（市、区）第 12 位，排在抚州市第 1 位。人均科普经费投入为 1.0 元，排在全省一类县（市、区）第 6 位，排在抚州市第 2 位。规模以上工业企业 R&D 经费支出占营业收入比重为 1.12%、较上一年增幅 0.02%，排在全省一类县（市、区）第 9 位，排在抚州市第 9 位。万人有效发明专利拥有量增量为 1.12 件，排在全省一类县（市、区）第 12 位，排在抚州市第 4 位。高新技术产业增加值占规模以上工业增加值比 42.02%、较上一年下降 9.77%，排在全省一类县（市、区）第 19 位，排在抚州市第 4 位。本级地方财政科技支出占本级公共财政支出比重为 2.57%，排在全省一类县（市、区）第 14 位，排在抚州市第 6 位。农业产业化省级以上龙头企业数为 20 家，排在全省一类县（市、区）第 5 位，排在抚州市第 1 位。万人社会消费品零售额为 1.69 亿元，排在全省一类县（市、区）第 29 位，排在抚州市第 3 位（表 3-90）。

表 3-90　临川区（一类）科技创新能力评价指标得分与排名

指标名称	得分（分）	全省一类县（市、区）排名		本市排名	
	2020 年	2020 年	2019 年	2020 年	2019 年
科技创新能力	68.16	12	11	2	2
创新环境	3.48	7	4	1	1
创新基础	3.62	12	3	1	1
规模以上企业数（家）	3.94	12	10	1	1
规模以上工业企业建立研发机构的比例（%）	3.85	5	1	5	5
当年新增省级及以上研发平台 / 创新载体（个）	2.97	18	17	3	1
科技意识	3.27	12	7	1	1
人均科普经费投入（元）	3.41	6	4	2	2
科普专题活动次数（次）	3.10	17	14	1	1
创新投入	3.18	15	10	4	3
人力投入	3.31	15	11	3	4
规模以上工业企业中万人 R&D 人员全时当量（人·年）	2.91	21	19	3	4
规模以上工业企业 R&D 人员占从业人员比重（%）	3.71	7	4	3	3
财力投入	3.07	13	14	6	1
规模以上工业企业 R&D 经费支出	3.07	18	14	3	1

续表

指标名称	得分（分）	全省一类县（市、区）排名		本市排名	
	2020 年	2020 年	2019 年	2020 年	2019 年
规模以上工业企业 R&D 经费支出占营业收入比重（%）	3.08	9	8	9	5
创新成效	3.13	15	12	6	2
技术创新	2.89	18	21	8	7
万人有效发明专利拥有量增量（件）	3.01	12	16	4	2
每万家企业法人高新技术企业数（家）	2.82	19	21	8	9
每万家企业法人科技型中小企业数（家）	2.83	21	15	9	9
产业化水平	3.36	11	4	4	1
规模以上工业企业新产品销售收入占营业收入比重（%）	3.37	8	3	4	1
高新技术产业增加值占规模以上工业增加值比重（%）	2.81	19	6	4	2
技术合同成交额	3.34	13	12	5	6
农业产业化省级以上龙头企业数（家）	4.48	5	6	1	1
经济社会发展	3.01	31	29	5	7
经济增长	2.83	21	23	10	9
GDP 较上一年增长（%）	2.61	24	23	8	10
本级地方财政科技支出占本级公共财政支出比重（%）	3.04	14	22	6	10
社会生活	3.28	19	19	1	1
居民人均可支配收入（元）	3.78	17	17	1	1
万人社会消费品零售额（亿元）	2.66	29	28	3	3

如表 3-90 所示，临川区科技创新能力排在全省一类县（市、区）第 12 位，较上一年下降了 1 位，排在抚州市第 2 位，与上一年排名相同。在一级指标中，经济社会发展排在全省一类县（市、区）第 31 位，较上一年下降了 2 位，排在抚州市第 5 位，较上一年上升了 2 位；创新环境排在全省一类县（市、区）第 7 位，较上一年下降了 3 位，排在抚州市第 1 位，与上一年排名相同；创新投入排在全省一类县（市、区）第 15 位，较上一年下降了 5 位，排在抚州市第 4 位，较上一年下降了 1 位；创新成效排在全省一类县（市、区）第 15 位，较上一年下降了 3 位，排在抚州市第 6 位，较上一年下

降了4位。

综上所述，临川区规模以上工业企业建立研发机构的比例、农业产业化省级以上龙头企业数、人均科普经费投入、规模以上工业企业R&D人员占从业人员比重等指标均排在全省一类县（市、区）前列，但万人社会消费品零售额、GDP较上一年增长、每万家企业法人科技型中小企业、高新技术产业增加值占规模以上工业增加值比重排名相对偏后。建议该区加快引进和培育科技人才，加速培育科技型中小企业，助力经济更好更快发展。

二、南城县

南城县，位于江西省东部、抚州市中部，其为抚州市下辖县。2020年，该县常住人口为28.63万人，地区GDP为152.97亿元。居民人均可支配收入为29 130元，排在全省二类县（市、区）第4位，排在抚州市第4位。GDP较上一年增长3.9%，排在全省二类县（市、区）第19位，排在抚州市第5位。规模以上企业数为153家，排在全省二类县（市、区）第23位，排在抚州市第4位。人均科普经费投入为1.0元，排在全省二类县（市、区）第5位，排在抚州市第2位。规模以上工业企业中万人R&D人员全时当量为19.91人·年，排在全省二类县（市、区）第16位，排在抚州市第4位。规模以上工业企业R&D经费支出占营业收入比重为1.11%、较上一年增幅0.24%，排在全省二类县（市、区）第11位，排在抚州市第7位。每万家企业法人高新技术企业数为86.85家，排在全省二类县（市、区）第13位，排在抚州市第6位。规模以上工业企业新产品销售收入占营业收入比为21.04%，排在全省二类县（市、区）第9位，排在抚州市第5位。农业产业化省级以上龙头企业数为9家，排在全省二类县（市、区）第13位，排在抚州市第4位。本级地方财政科技支出占本级公共财政支出比重为2.54%，排在全省二类县（市、区）第10位，排在抚州市第7位（表3-91）。

表 3-91　南城县（二类）科技创新能力评价指标得分与排名

指标名称	得分（分）	全省二类县（市、区）排名		本市排名	
	2020 年	2020 年	2019 年	2020 年	2019 年
科技创新能力	67.06	7	11	5	7
创新环境	3.06	7	8	5	6
创新基础	3.09	7	10	5	6
规模以上企业数（家）	2.74	23	19	4	3
规模以上工业企业建立研发机构的比例（%）	3.96	4	4	2	8
当年新增省级及以上研发平台 / 创新载体（个）	2.50	15	17	6	5
科技意识	3.01	15	8	8	6
人均科普经费投入（元）	3.41	5	2	2	2
科普专题活动次数（次）	2.51	20	24	7	8
创新投入	3.13	10	21	5	7
人力投入	3.19	9	15	5	6
规模以上工业企业中万人 R&D 人员全时当量（人·年）	2.82	16	17	4	6
规模以上工业企业 R&D 人员占从业人员比重（%）	3.56	4	10	5	7
财力投入	3.08	12	26	5	9
规模以上工业企业 R&D 经费支出	3.02	16	25	6	5
规模以上工业企业 R&D 经费支出占营业收入比重（%）	3.12	11	21	7	10
创新成效	3.28	2	12	3	8
技术创新	3.12	2	6	3	4
万人有效发明专利拥有量增量（件）	3.21	1	2	1	1
每万家企业法人高新技术企业数（家）	2.98	13	15	6	6
每万家企业法人科技型中小企业数（家）	3.19	3	8	3	6
产业化水平	3.44	4	20	2	11
规模以上工业企业新产品销售收入占营业收入比重（%）	3.29	9	17	5	11
高新技术产业增加值占规模以上工业增加值比重（%）	3.82	4	22	3	7
技术合同成交额	3.46	7	28	3	10
农业产业化省级以上龙头企业数（家）	2.91	13	12	4	3

续表

指标名称	得分（分）	全省二类县（市、区）排名		本市排名	
	2020 年	2020 年	2019 年	2020 年	2019 年
经济社会发展	2.97	15	9	6	4
经济增长	3.03	19	11	6	6
GDP 较上一年增长（%）	3.03	19	6	5	3
本级地方财政科技支出占本级公共财政支出比重（%）	3.02	10	22	7	8
社会生活	2.89	10	10	3	3
居民人均可支配收入（元）	3.24	4	4	4	4
万人社会消费品零售额（亿元）	2.46	21	20	6	6

如表 3-91 所示，南城县科技创新能力排在全省二类县（市、区）第 7 位，较上一年上升了 4 位，排在抚州市第 5 位，较上一年上升了 2 位。在一级指标中，经济社会发展排在全省二类县（市、区）第 15 位，较上一年下降了 6 位，排在抚州市第 6 位，较上一年下降了 2 位；创新环境排在全省二类县（市、区）第 7 位，排在抚州市第 5 位，均比上一年上升了 1 位；创新投入排在全省二类县（市、区）第 10 位，较上一年上升了 11 位，排在抚州市第 5 位，较上一年上升了 2 位；创新成效排在全省二类县（市、区）第 2 位，较上一年上升了 10 位，排在抚州市第 3 位，较上一年上升了 5 位。

综上所述，南城县万人有效发明专利拥有量增量排在全省二类县（市、区）首位，规模以上工业企业 R&D 人员占从业人员比重、人均科普经费投入、每万家企业法人科技型中小企业数、高新技术产业增加值占规模以上工业增加值比重、规模以上工业企业建立研发机构的比例等排名靠前，具有一定优势，但规模以上企业数、科普专题活动次数、当年新增省级及以上研发平台 / 创新载体、万人社会消费品零售额等排名相对偏后。建议该县加强科技创新载体建设，加大科普宣传力度，提高民众及企业创新意识，同时积极引进和培育科技人才，助力经济高质量发展。

三、黎川县

黎川县，位于江西省中部偏东，其为抚州市下辖县。2020 年，该县常住人口为 20.52 万人，地区 GDP 为 85.45 亿元。居民人均可支配收入为 23 507 元，排在全省三类县（市、区）第 13 位，排在抚州市第 6 位。规模以上工业企业建立研发机构的比例为 47.46%，排在全省三类县（市、区）第 6 位，排在抚州市第 1 位。人均科普经费投入为 1.0 元，排在全省三类县（市、区）第 1 位，排在抚州市第 2 位。规模以上工业企业 R&D 人员占从业人员比重为 5.65%，排在全省三类县（市、区）第 18 位，排在抚州市第 8 位。规模以上工业企业 R&D 经费支出占营业收入比重为 1.28%、较上一年增幅 0.18%，排在全省三类县（市、区）第 13 位，排在抚州市第 5 位。每万家企业法人高新技术企业数为 84.14 家，排在全省三类县（市、区）第 15 位，排在抚州市第 7 位。规模以上工业企业新产品销售收入占营业收入比为 17.01%，排在全省三类县（市、区）第 18 位，排在抚州市第 8 位。本级地方财政科技支出占本地公共财政支出比重为 2.03%，排在全省三类县（市、区）第 19 位，排在抚州市第 9 位。农业产业化省级以上龙头企业数为 5 家，排在全省三类县（市、区）第 22 位，排在抚州市第 10 位（表 3-92）。

表 3-92　黎川县（三类）科技创新能力评价指标得分与排名

指标名称	得分（分）	全省三类县（市、区）排名		本市排名	
	2020 年	2020 年	2019 年	2020 年	2019 年
科技创新能力	62.60	15	10	7	5
创新环境	2.99	8	5	6	7
创新基础	2.92	9	11	6	8
规模以上企业数（家）	2.17	21	21	7	8
规模以上工业企业建立研发机构的比例（%）	4.04	6	9	1	7
当年新增省级及以上研发平台 / 创新载体（个）	2.50	13	11	6	5
科技意识	3.10	9	3	5	2
人均科普经费投入（元）	3.41	1	2	2	2
科普专题活动次数（次）	2.71	12	14	4	3

续表

指标名称	得分（分）	全省三类县（市、区）排名		本市排名	
	2020 年	2020 年	2019 年	2020 年	2019 年
创新投入	2.95	13	16	7	6
人力投入	2.76	18	15	7	7
规模以上工业企业中万人 R&D 人员全时当量（人·年）	2.70	15	15	6	5
规模以上工业企业 R&D 人员占从业人员比重（%）	2.82	18	15	8	8
财力投入	3.11	10	24	4	7
规模以上工业企业 R&D 经费支出	2.92	7	23	7	7
规模以上工业企业 R&D 经费支出占营业收入比重（%）	3.26	13	19	5	7
创新成效	2.72	21	9	9	5
技术创新	2.91	14	10	7	3
万人有效发明专利拥有量增量（件）	2.66	24	8	10	4
每万家企业法人高新技术企业数（家）	2.94	15	9	7	3
每万家企业法人科技型中小企业数（家）	3.17	12	10	5	3
产业化水平	2.53	27	9	10	4
规模以上工业企业新产品销售收入占营业收入比重（%）	2.97	18	13	8	9
高新技术产业增加值占规模以上工业增加值比重（%）	1.90	31	29	10	10
技术合同成交额	2.87	8	3	7	1
农业产业化省级以上龙头企业数（家）	2.34	22	18	10	9
经济社会发展	3.60	1	15	1	6
经济增长	4.38	1	12	1	5
GDP 较上一年增长（%）	6.07	1	7	1	1
本级地方财政科技支出占本级公共财政支出比重（%）	2.69	19	18	9	7
社会生活	2.42	17	16	7	7
居民人均可支配收入（元）	2.48	13	12	6	6
万人社会消费品零售额（亿元）	2.35	26	29	8	8

如表 3-92 所示，黎川县科技创新能力排在全省三类县（市、区）第 15 位，较上一年下降了 5 位，排在抚州市第 7 位，较上一年下降了 2 位。在一

级指标中，经济社会发展排在全省三类县（市、区）第1位，较上一年上升了14位，排在抚州市第1位，较上一年上升了5位；创新环境排在全省三类县（市、区）第8位，较上一年下降了3位，排在抚州市第6位，较上一年上升了1位；创新投入排在全省三类县（市、区）第13位，较上一年上升3位，排在抚州市第7位，较上一年下降了1位；创新成效排在全省三类县（市、区）第21位，较上一年下降了12位，排在抚州市第9位，较上一年下降了4位。

综上所述，黎川县人均科普经费投入排名排在全省三类县（市、区）首位，规模以上工业企业建立研发机构的比例、规模以上工业企业R&D经费支出、技术合同成交额排名靠前，但万人有效发明专利拥有量增量、高新技术产业增加值占规模以上工业增加值比重、万人社会消费品零售额、农业产业化省级以上龙头企业等排名相对靠后。建议该县加强科研人员引进和培养，强化专利意识，支持企业自主创新，提高产品科技含量，同时加强产学研合作，提高科技成果转移转化效率，助推经济高质量发展。

四、南丰县

南丰县，位于江西省东南部、抚州市南部，其为抚州市下辖县。2020年，该县常住人口为27.19万人，地区GDP为142.39亿元。居民人均可支配收入为29 600元，排在全省三类县（市、区）第2位，排在抚州市第2位。GDP较上一年增长3.4%，排在全省三类县（市、区）第28位，排在抚州市第11位。规模以上工业企业建立研发机构的比例为45.24%，排在全省三类县（市、区）第8位，排在抚州市第4位。科普专题活动次数为27次，排在全省三类县（市、区）第9位，排在抚州市第2位。规模以上工业企业R&D经费支出占营业收入比重为1.77%、较上一年增幅0.43%，排在全省三类县（市、区）第5位，排在抚州市第2位。规模以上工业企业R&D人员占从业人员比重为9.99%，排在全省三类县（市、区）第3位，排在抚州市第1位。万人有效发明专利拥有量增量为0.13件，排在全省三类县（市、区）第25位，排在抚州市第11位。高新技术产业增加值占规模以上工业增加值比重为

16.65%、较上一年下降11.58%，排在全省三类县（市、区）第32位，排在抚州市第11位。本级地方财政科技支出占本级公共财政支出比重为2.99%，排在全省三类县（市、区）第7位，排在抚州市第5位（表3-93）。

表3-93　南丰县（三类）科技创新能力评价指标得分与排名

指标名称	得分（分）	全省三类县（市、区）排名		本市排名	
	2020年	2020年	2019年	2020年	2019年
科技创新能力	63.40	13	15	6	6
创新环境	2.98	9	12	7	9
创新基础	2.86	13	7	7	7
规模以上企业数（家）	2.14	22	18	9	7
规模以上工业企业建立研发机构的比例（%）	3.89	8	6	4	6
当年新增省级及以上研发平台/创新载体（个）	2.50	13	11	6	5
科技意识	3.16	8	22	2	10
人均科普经费投入（元）	3.41	1	20	2	10
科普专题活动次数（次）	2.86	9	8	2	2
创新投入	3.30	6	10	2	5
人力投入	3.28	7	6	4	5
规模以上工业企业中万人R&D人员全时当量（人·年）	2.33	27	24	8	8
规模以上工业企业R&D人员占从业人员比重（%）	4.23	3	3	1	5
财力投入	3.32	7	20	3	6
规模以上工业企业R&D经费支出	2.76	16	24	9	8
规模以上工业企业R&D经费支出占营业收入比重（%）	3.78	5	13	2	3
创新成效	2.70	24	17	10	7
技术创新	2.79	18	17	9	8
万人有效发明专利拥有量增量（件）	2.66	25	19	11	8
每万家企业法人高新技术企业数（家）	2.70	19	17	9	7
每万家企业法人科技型中小企业数（家）	3.05	13	15	7	7
产业化水平	2.61	25	10	9	6
规模以上工业企业新产品销售收入占营业收入比重（%）	3.13	12	11	6	7

续表

指标名称	得分（分）	全省三类县（市、区）排名		本市排名	
	2020 年	2020 年	2019 年	2020 年	2019 年
高新技术产业增加值占规模以上工业增加值比重（%）	1.88	32	19	11	5
技术合同成交额	3.03	6	8	6	3
农业产业化省级以上龙头企业数（家）	2.34	22	10	10	5
经济社会发展	2.84	12	26	7	10
经济增长	2.83	18	27	9	11
GDP 较上一年增长（%）	2.34	28	28	11	11
本级地方财政科技支出占本级公共财政支出比重（%）	3.32	7	20	5	9
社会生活	2.86	8	7	5	4
居民人均可支配收入（元）	3.30	2	1	2	2
万人社会消费品零售额（亿元）	2.31	27	30	9	9

如表 3-93 所示，南丰县科技创新能力在全省三类县（市、区）排名第 13 位，较上一年上升了 2 位，排在抚州市第 6 位，与上一年排名相同。在一级指标中，经济社会发展排在全省三类县（市、区）第 12 位，较上一年上升了 14 位，排在抚州市第 7 位，较上一年上升了 3 位；创新环境排在全省三类县（市、区）第 9 位，较上一年上升了 3 位，排在抚州市第 7 位，较上一年上升了 2 位；创新投入排在全省三类县（市、区）第 6 位，较上一年上升了 4 位，排在抚州市第 2 位，较上一年上升了 3 位；创新成效排在全省三类县（市、区）第 24 位，较上一年下降了 7 位，排在抚州市第 10 位，较上一年下降了 3 位。

综上所述，南丰县规模以上工业企业 R&D 人员占从业人员比重、技术合同成交额、居民人均可支配收入、规模以上工业企业 R&D 经费支出占营业收入比重等指标排名靠前，具有较大优势，但高新技术产业增加值占规模以上工业增加值比重、规模以上工业企业中万人 R&D 人员全时当量、GDP 较上一年增长、万人社会消费品零售额排名靠后。建议该县加强科技人才培养和引进，强化专利意识，支持企业自主创新、做大做强，提高产品科技含量，助推经济高质量发展。

五、崇仁县

崇仁县，位于江西省中部偏东、抚州西部，其为抚州市下辖县。2020年，该县常住人口为30.22万人，地区GDP为134.53万元。居民人均可支配收入为25 500元，排在全省二类县（市、区）第17位，排在抚州市第5位。GDP较上一年增长4.2%，排在全省二类县（市、区）第10位，排在抚州市第2位。规模以上企业数为154家，排在全省二类县（市、区）第22位，排在抚州市第3位。当年新增国家级研发平台/创新载体1个，排在全省二类县（市、区）第2位，排在抚州市第2位。规模以上工业企业中万人R&D人员全时当量为24.42人·年，排在全省二类县（市、区）第11位，排在抚州市第2位。规模以上工业企业R&D经费支出占营业收入比重为1.39%、较上一年增幅0.18%，排在全省二类县（市、区）第7位，排在抚州市第4位。每万家企业法人科技型中小企业数为194.04家，排在全省二类县（市、区）第1位，排在抚州市第1位。高新技术产业增加值占规模以上工业增加值比重为64.51%、较上一年增幅1.82%，排在全省二类县（市、区）第3位，排在抚州市第2位。万人社会消费品零售额为1.02亿元，排在全省二类县（市、区）第31位，排在抚州市第11位（表3-94）。

表3-94　崇仁县（二类）科技创新能力评价指标得分与排名

指标名称	得分（分）	全省二类县（市、区）排名		本市排名	
	2020年	2020年	2019年	2020年	2019年
科技创新能力	72.71	1	1	1	1
创新环境	3.12	4	2	3	3
创新基础	3.22	3	2	3	3
规模以上企业数（家）	2.75	22	21	3	4
规模以上工业企业建立研发机构的比例（%）	3.70	6	1	6	2
当年新增省级及以上研发平台/创新载体（个）	3.21	2	9	2	[illegible]
科技意识	2.97	19	6	10	[illegible]
人均科普经费投入（元）	3.41	5	2	2	2
科普专题活动次数（次）	2.42	27	21	9	5

续表

指标名称	得分（分）	全省二类县（市、区）排名		本市排名	
	2020年	2020年	2019年	2020年	2019年
创新投入	3.32	4	3	1	4
人力投入	3.32	3	2	2	3
规模以上工业企业中万人R&D人员全时当量（人·年）	3.06	11	4	2	3
规模以上工业企业R&D人员占从业人员比重（%）	3.58	3	2	4	4
财力投入	3.33	9	11	2	3
规模以上工业企业R&D经费支出	3.28	9	13	1	3
规模以上工业企业R&D经费支出占营业收入比重（%）	3.36	7	9	4	6
创新成效	3.78	1	1	1	1
技术创新	3.99	1	1	1	1
万人有效发明专利拥有量增量（件）	3.01	4	33	3	10
每万家企业法人高新技术企业数（家）	4.40	1	1	1	1
每万家企业法人科技型中小企业数（家）	4.63	1	1	1	1
产业化水平	3.57	3	5	1	2
规模以上工业企业新产品销售收入占营业收入比重（%）	3.49	7	3	3	3
高新技术产业增加值占规模以上工业增加值比重（%）	4.06	3	3	2	1
技术合同成交额	3.40	8	11	4	8
农业产业化省级以上龙头企业数（家）	3.05	9	23	3	7
经济社会发展	3.08	10	21	4	9
经济增长	3.49	7	20	3	8
GDP较上一年增长（%）	3.44	10	20	2	7
本级地方财政科技支出占本级公共财政支出比重（%）	3.53	7	12	4	6
社会生活	2.48	21	21	6	6
居民人均可支配收入（元）	2.75	17	17	5	5
万人社会消费品零售额（亿元）	2.16	31	32	11	11

如表3-94所示，崇仁县科技创新能力排在全省二类县（市、区）第1位，排在抚州市第1位，均与上一年排名相同。在一级指标中，经济社会发展排

在全省二类县（市、区）第 10 位，较上一年上升了 11 位，排在抚州市第 4 位，较上一年上升了 5 位；创新环境排在全省二类县（市、区）第 4 位，较上一年下降了 2 位，排在抚州市第 3 位，与上一年排名相同；创新投入排在全省二类县（市、区）第 4 位，较上一年下降了 1 位，排在抚州市第 1 位，较上一年上升了 3 位；创新成效排在全省二类县（市、区）第 1 位，排在抚州市第 1 位，均与上一年排名相同。

综上所述，崇仁县每万家企业法人高新技术企业数、每万家企业法人科技型中小企业数排在全省二类县（市、区）首位，当年新增省级及以上研发平台 / 创新载体、规模以上工业企业建立研发机构的比例、人均科普经费投入、规模以上工业企业 R&D 人员占从业人员比重等排名靠前，具有一定优势，但规模以上企业数、万人社会消费品零售额、科普专题活动次数排名相对靠后。建议该县加大科普宣传力度，提高民众及企业创新意识，积极引导企业自主研发、做大做强，不断提升科技竞争力。

六、乐安县

乐安县，位于江西省中部、抚州市西南部，其为抚州市下辖县。2020 年，该县常住人口为 30.79 万人，地区 GDP 为 76.02 亿元。居民人均可支配收入为 17 711 元，排在全省二类县（市、区）第 32 位，排在抚州市第 11 位。GDP 较上一年增长 3.5%，排在全省二类县（市、区）第 27 位，排在抚州市第 10 位。规模以上工业企业建立研发机构的比例为 34.15%，排在全省二类县（市、区）第 13 位，排在抚州市第 11 位。规模以上工业企业 R&D 经费支出为 4747.30 万元、较上一年增幅 89.95%，排在全省二类县（市、区）第 11 位，排在抚州市第 2 位。规模以上工业企业 R&D 经费支出占营业收入比重为 1.98%、较上一年增幅 0.30%，排在全省二类县（市、区）第 4 位，排在抚州市第 1 位。每万家企业法人科技型中小企业数为 64.44 家，排在全省二类县（市、区）第 15 位，排在抚州市第 10 位。规模以上工业企业新产品销售收入占营业收入比重为 11.70%，排在全省二类县（市、区）第 20 位，排在抚州市第 10 位。技术合同成交额为 6450 万元，与 GDP 之比为 0.85%，排在全省二类县（市、区）第 14 位，排在抚州市第 9 位。万人社会消费品零售额为 1.34 亿元，排在全省二类县（市、区）第 23 位，排在抚州市第 7 位（表 3-95）。

表 3-95 乐安县（二类）科技创新能力评价指标得分与排名

指标名称	得分（分）	全省二类县（市、区）排名		本市排名	
	2020 年	2020 年	2019 年	2020 年	2019 年
科技创新能力	60.57	19	29	10	11
创新环境	2.78	20	28	10	11
创新基础	2.55	25	32	10	11
规模以上企业数（家）	1.98	33	33	10	10
规模以上工业企业建立研发机构的比例（%）	3.17	13	19	11	10
当年新增省级及以上研发平台 / 创新载体（个）	2.50	15	17	6	5
科技意识	3.12	7	19	3	11
人均科普经费投入（元）	3.41	5	17	2	11
科普专题活动次数（次）	2.77	8	29	3	10
创新投入	2.87	18	30	8	11
人力投入	2.02	32	31	10	11
规模以上工业企业中万人 R&D 人员全时当量（人 · 年）	2.00	32	31	10	11
规模以上工业企业 R&D 人员占从业人员比重（%）	2.03	30	29	10	11
财力投入	3.57	6	24	1	8
规模以上工业企业 R&D 经费支出	3.11	11	30	2	9
规模以上工业企业 R&D 经费支出占营业收入比重（%）	3.95	4	5	1	1
创新成效	3.04	9	13	7	9
技术创新	2.96	9	19	6	9
万人有效发明专利拥有量增量（件）	2.88	9	29	8	9
每万家企业法人高新技术企业数（家）	3.17	5	17	3	8
每万家企业法人科技型中小企业数（家）	2.80	15	17	10	10
产业化水平	3.13	12	9	6	5
规模以上工业企业新产品销售收入占营业收入比重（%）	2.56	20	11	10	10
高新技术产业增加值占规模以上工业增加值比重（%）	4.16	2	6	1	3

续表

指标名称	得分（分）	全省二类县（市、区）排名		本市排名	
	2020 年	2020 年	2019 年	2020 年	2019 年
技术合同成交额	2.67	14	9	9	7
农业产业化省级以上龙头企业数（家）	2.91	13	17	4	4
经济社会发展	2.21	31	31	11	11
经济增长	2.34	30	26	11	10
GDP 较上一年增长（%）	2.48	27	24	10	8
本级地方财政科技支出占本级公共财政支出比重（%）	2.20	28	30	11	11
社会生活	2.02	33	33	11	11
居民人均可支配收入（元）	1.71	32	32	11	11
万人社会消费品零售额（亿元）	2.40	23	22	7	7

如表 3-95 所示，乐安县科技创新能力排在全省二类县（市、区）第 19 位，较上一年上升了 10 位，排在抚州市第 10 位，较上一年上升了 1 位。在一级指标中，经济社会发展排在全省二类县（市、区）第 31 位，排在抚州市第 11 位，均与上一年排名相同；创新环境排在全省二类县（市、区）第 20 位，较上一年上升了 8 位，排在抚州市第 10 位，较上一年上升了 1 位；创新投入排在全省二类县（市、区）第 18 位，较上一年上升了 12 位，排在抚州市第 8 位，较上一年上升了 3 位；创新成效排在全省二类县（市、区）第 9 位，较上一年上升了 4 位，排在抚州市第 7 位，较上一年上升了 2 位。

综上所述，乐安县高新技术产业增加值占规模以上工业增加值比重、每万家企业法人高新技术企业数、规模以上工业企业 R&D 经费支出占营业收入比重、人均科普经费投入等指标排名靠前，但规模以上企业数、规模以上工业企业中万人 R&D 人员全时当量、规模以上工业企业 R&D 人员占从业人员比重、本级地方财政科技支出占本级公共财政支出比重、居民人均可支配收入等指标排名靠后。建议该县加大科技创新投入，加快引进和培育科技型人才，鼓励有条件的企业自主创新、做大做强，促进产业转型升级和经济高质量发展。

七、宜黄县

宜黄县，位于江西省中部偏东、抚州市南部，其为抚州市下辖县。2020年，该县常住人口为20.11万人，地区GDP为85.91亿万元。居民人均可支配收入为21 292元，排在全省三类县（市、区）第18位，排在抚州市第9位。GDP较上一年增长4.1%，排在全省三类县（市、区）第5位，排在抚州市第3位。规模以上企业数为112家，排在全省三类县（市、区）第14位，排在抚州市第5位。人均科普经费投入为1.0元，排在全省三类县（市、区）第1位，排在抚州市第2位。规模以上工业企业中万人R&D人员全时当量为33.26人·年，排在全省三类县（市、区）第2位，排在抚州市第1位。规模以上工业企业R&D经费支出占营业收入比重为0.84%、较上一年增幅0.07%，排在全省三类县（市、区）第20位，排在抚州市第11位。每万家企业法人高新技术企业数为163.89家，排在全省三类县（市、区）第3位，排在抚州市第2位。高新技术产业增加值占规模以上工业增加值比重为21.17%、较上一年增幅5.97%，排在全省三类县（市、区）第21位，排在抚州市第5位。技术合同成交额为4350万元，与GDP之比为0.51%，排在全省三类县（市、区）第21位，排在抚州市第11位（表3-96）。

表3-96　宜黄县（三类）科技创新能力评价指标得分与排名

指标名称	得分（分）	全省三类县（市、区）排名		本市排名	
	2020年	2020年	2019年	2020年	2019年
科技创新能力	67.53	3	1	4	4
创新环境	3.07	6	1	4	4
创新基础	3.11	5	1	4	4
规模以上企业数（家）	2.43	14	14	5	5
规模以上工业企业建立研发机构的比例（%）	3.90	7	1	3	1
当年新增省级及以上研发平台/创新载体（个）	2.97	2	11	3	5
科技意识	3.02	16	7	7	4
人均科普经费投入（元）	3.41	1	2	2	2
科普专题活动次数（次）	2.53	21	23	6	5

续表

指标名称	得分（分）	全省三类县（市、区）排名		本市排名	
	2020 年	2020 年	2019 年	2020 年	2019 年
创新投入	3.21	8	1	3	2
人力投入	3.70	3	1	1	1
规模以上工业企业中万人 R&D 人员全时当量（人·年）	3.52	2	1	1	1
规模以上工业企业 R&D 人员占从业人员比重（%）	3.89	4	1	2	2
财力投入	2.80	20	15	11	4
规模以上工业企业 R&D 经费支出	2.77	15	12	8	4
规模以上工业企业 R&D 经费支出占营业收入比重（%）	2.82	20	20	11	9
创新成效	3.33	6	6	2	3
技术创新	3.63	4	6	2	2
万人有效发明专利拥有量增量（件）	2.95	7	7	7	3
每万家企业法人高新技术企业数（家）	4.04	3	5	2	2
每万家企业法人科技型中小企业数（家）	3.96	2	5	2	2
产业化水平	3.03	15	13	8	8
规模以上工业企业新产品销售收入占营业收入比重（%）	4.39	3	3	2	2
高新技术产业增加值占规模以上工业增加值比重（%）	2.78	21	28	5	9
技术合同成交额	2.41	21	30	11	11
农业产业化省级以上龙头企业数（家）	2.48	15	18	8	9
经济社会发展	2.72	18	12	9	5
经济增长	2.99	15	8	7	4
GDP 较上一年增长（%）	3.31	5	15	3	[illegible]
本级地方财政科技支出占本级公共财政支出比重（%）	2.67	21	5	10	[illegible]
社会生活	2.32	21	23	9	[illegible]
居民人均可支配收入（元）	2.19	18	17	9	[illegible]
万人社会消费品零售额（亿元）	2.48	18	21	5	5

如表 3-96 所示，宜黄县科技创新能力排在全省三类县（市、区）3[illegible]位，较上一年下降了 2 位，排在抚州市第 4 位，与上一年排名相同。在一级指

标中，经济社会发展排在全省三类县（市、区）第 18 位，较上一年下降了 6 位，排在抚州市第 9 位，较上一年下降了 4 位；创新环境排在全省三类县（市、区）第 6 位，较上一年下降了 5 位，排在抚州市第 4 位，与上一年排名相同；创新投入排在全省三类县（市、区）第 8 位，较上一年下降了 7 位，排在抚州市第 3 位，较上一年下降了 1 位；创新成效排在全省三类县（市、区）第 6 位，与上一年排名相同，排在抚州市第 2 位，较上一年上升了 1 位。

综上所述，宜黄县人均科普经费投入居全省三类县（市、区）首位，当年新增省级及以上研发平台 / 创新载体、规模以上工业企业中万人 R&D 人员全时当量、规模以上工业企业 R&D 人员占从业人员比重、每万家企业法人科技型中小企业数、每万家企业法人高新技术企业数等指标排名靠前，但本级地方财政科技支出占本级公共财政支出比重、科普专题活动次数排名相对偏后。建议该县加大科普宣传力度，增强民众及企业科技创新意识，鼓励有条件的企业自主创新，同时加强产学研合作，提高科技成果转移转化效率，促进经济的高质量发展。

八、金溪县

金溪县，位于江西省中部，其为抚州市下辖县。2020 年，该县常住人口为 25.38 万人，地区 GDP 为 95.89 亿元。居民人均可支配收入为 23 444 元，排在全省二类县（市、区）第 21 位，排在抚州市第 7 位。GDP 较上一年增长 3.9%，排在全省二类县（市、区）第 19 位，排在抚州市第 5 位。规模以上工业企业建立研发机构的比例为 41.27%，排在全省二类县（市、区）第 7 位，排在抚州市第 7 位。人均科普经费投入为 1.0 元，排在全省二类县（市、区）第 5 位，排在抚州市第 2 位。规模以上工业企业 R&D 经费支出为 7202.80 万元、较上一年增幅 16.14%，排在全省二类县（市、区）第 26 位，排在抚州市第 10 位。每万家企业法人高新技术企业数为 88.39 家，排在全省二类县（市、区）第 10 位，排在抚州市第 5 位。万人有效发明专利拥有量增量为 0.96 件，排在全省二类县（市、区）第 6 位，排在抚州市第 6 位。高新技术产业增加值占规模以上工业增加值比为 20.33%、较上一年下降 12.40%，排在全省二类县（市、区）第 32 位，排在抚州市第 9 位。本级地方财政科技支出占本级公共财政支出比重为2.24%，排在全省二类县（市、区）第13位，排在抚州市第 8 位（表 3-97）。

表 3-97　金溪县（二类）科技创新能力评价指标得分与排名

指标名称	得分（分）	全省二类县（市、区）排名		本市排名	
	2020 年	2020 年	2019 年	2020 年	2019 年
科技创新能力	61.42	15	15	8	8
创新环境	2.88	17	10	8	8
创新基础	2.85	16	18	8	9
规模以上企业数（家）	2.16	32	32	8	9
规模以上工业企业建立研发机构的比例（%）	3.63	7	8	7	9
当年新增省级及以上研发平台 / 创新载体（个）	2.74	4	9	5	3
科技意识	2.93	21	10	11	8
人均科普经费投入（元）	3.41	5	2	2	2
科普专题活动次数（次）	2.33	32	31	11	11
创新投入	2.67	24	25	10	10
人力投入	2.41	21	20	9	10
规模以上工业企业中万人 R&D 人员全时当量（人·年）	2.18	25	24	9	10
规模以上工业企业 R&D 人员占从业人员比重（%）	2.65	18	12	9	9
财力投入	2.89	18	29	10	10
规模以上工业企业 R&D 经费支出	2.58	26	32	10	11
规模以上工业企业 R&D 经费支出占营业收入比重（%）	3.14	10	12	6	8
创新成效	3.16	5	9	5	6
技术创新	3.04	6	7	5	5
万人有效发明专利拥有量增量（件）	2.95	6	13	6	6
每万家企业法人高新技术企业数（家）	3.00	10	6	5	4
每万家企业法人科技型中小企业数（家）	3.17	4	6	4	4
产业化水平	3.28	8	11	5	7
规模以上工业企业新产品销售收入占营业收入比重（%）	3.11	12	9	7	8

续表

指标名称	得分（分）	全省二类县（市、区）排名		本市排名	
	2020 年	2020 年	2019 年	2020 年	2019 年
高新技术产业增加值占规模以上工业增加值比重（%）	1.97	32	16	9	6
技术合同成交额	4.98	1	6	1	4
农业产业化省级以上龙头企业数（家）	2.77	20	23	6	7
经济社会发展	2.71	22	20	10	8
经济增长	2.92	21	16	8	7
GDP 较上一年增长（%）	3.03	19	16	5	6
本级地方财政科技支出占本级公共财政支出比重（%）	2.82	13	11	8	5
社会生活	2.38	23	24	8	8
居民人均可支配收入（元）	2.48	21	21	7	7
万人社会消费品零售额（亿元）	2.25	27	29	10	10

如表 3-97 所示，金溪县科技创新能力排在全省二类县（市、区）第 15 位，排在抚州市第 8 位，均与上一年排名相同。在一级指标中，经济社会发展排在全省二类县（市、区）第 22 位，排在抚州市第 10 位，都比上一年下降了 2 位；创新环境排在全省二类县（市、区）第 17 位，较上一年下降了 7 位，排在抚州市第 8 位，与上一年排名相同；创新投入排在全省二类县（市、区）第 24 位，较上一年上升了 1 位，排在抚州市第 10 位，与上一年排名相同；创新成效排在全省二类县（市、区）第 5 位，较上一年上升了 4 位，排在抚州市第 5 位，较上一年上升了 1 位。

综上所述，金溪县技术合同成交额在全省二类县（市、区）排名第一，当年新增省级及以上研发平台 / 创新载体、人均科普经费投入、每万家企业法人科技型中小企业数、万人有效发明专利拥有量增量等指标排名靠前，但规模以上企业数、科普专题活动次数、规模以上工业企业 R&D 经费支出、高新技术产业增加值占规模以上工业增加值比重排名偏后。建议该县加大科普宣传力度，增强民众及企业科技创新意识，鼓励企业自主研发、做大做强，提高产品科技含量，推动经济高质量发展。

九、资溪县

资溪县，位于江西省中部偏东、抚州市东部，其为抚州市下辖县。2020年，该县常住人口为9.58万人，地区GDP为44.97亿元。居民人均可支配收入为23 178元，排在全省三类县（市、区）第14位，排在抚州市第8位。GDP较上一年增长3.8%，排在全省三类县（市、区）第15位，排在抚州市第7位。规模以上工业企业建立研发机构的比例为34.78%，排在全省三类县（市、区）第16位，排在抚州市第10位。规模以上工业企业中万人R&D人员全时当量为1.36人·年，排在全省三类县（市、区）第32位，排在抚州市第11位。规模以上工业企业R&D经费支出占营业收入比重为1.57%、较上一年增幅0.19%，排在全省三类县（市、区）第9位，排在抚州市第3位。万人有效发明专利拥有量增量为1.11件，排在全省三类县（市、区）第4位，排在抚州市第5位。高新技术产业增加值占规模以上工业增加值比为5.78%、较上一年增幅2.58%，排在全省三类县（市、区）第29位，排在抚州市第8位。本级地方财政科技支出占本级公共财政支出比重为4.86%，排在全省三类县（市、区）第1位，排在抚州市第1位。万人社会消费品零售额为2.57亿元，排在全省三类县（市、区）第3位，排在抚州市第1位（表3-98）。

表3-98 资溪县（三类）科技创新能力评价指标得分与排名

指标名称	得分（分）	全省三类县（市、区）排名		本市排名	
	2020年	2020年	2019年	2020年	2019年
科技创新能力	54.67	31	20	11	9
创新环境	2.73	20	2	11	5
创新基础	2.51	24	2	11	5
规模以上企业数（家）	1.82	32	32	11	1[illegible]
规模以上工业企业建立研发机构的比例（%）	3.21	16	2	10	2
当年新增省级及以上研发平台/创新载体（个）	2.50	13	11	6	5
科技意识	3.06	11	4	6	3
人均科普经费投入（元）	3.41	1	1	2	1
科普专题活动次数（次）	2.62	15	16	5	4

续表

指标名称	得分（分）	全省三类县（市、区）排名		本市排名	
	2020 年	2020 年	2019 年	2020 年	2019 年
创新投入	2.37	31	19	11	8
人力投入	1.51	32	21	11	9
规模以上工业企业中万人 R&D 人员全时当量（人·年）	1.86	32	29	11	9
规模以上工业企业 R&D 人员占从业人员比重（%）	1.17	32	17	11	10
财力投入	3.07	12	18	7	5
规模以上工业企业 R&D 经费支出	2.51	24	22	11	6
规模以上工业企业 R&D 经费支出占营业收入比重（%）	3.53	9	12	3	2
创新成效	2.45	31	29	11	11
技术创新	2.50	29	32	11	11
万人有效发明专利拥有量增量（件）	3.01	4	14	5	6
每万家企业法人高新技术企业数（家）	2.03	32	32	11	11
每万家企业法人科技型中小企业数（家）	2.46	28	29	11	11
产业化水平	2.39	31	25	11	10
规模以上工业企业新产品销售收入占营业收入比重（%）	2.26	26	5	11	4
高新技术产业增加值占规模以上工业增加值比重（%）	2.12	29	32	8	11
技术合同成交额	2.72	10	9	8	5
农业产业化省级以上龙头企业数（家）	2.48	15	10	8	5
经济社会发展	3.38	2	3	2	2
经济增长	3.72	3	6	2	3
GDP 较上一年增长（%）	2.89	15	25	7	9
本级地方财政科技支出占本级公共财政支出比重（%）	4.56	1	1	1	1
社会生活	2.87	7	8	4	5
居民人均可支配收入（元）	2.44	14	14	8	8
万人社会消费品零售额（亿元）	3.40	3	3	1	1

如表 3-98 所示，资溪县科技创新能力排在全省三类县（市、区）第 31 位，较上一年下降了 11 位，排在抚州市第 11 位，较上一年下降了 2 位。在

一级指标中，经济社会发展排在全省三类县（市、区）第 2 位，较上一年上升了 1 位，排在抚州市第 2 位，与上一年排名相同；创新环境排在全省三类县（市、区）第 20 位，较上一年下降了 18 位，排在抚州市第 11 位，较上一年下降了 6 位；创新投入排在全省三类县（市、区）第 31 位，较上一年下降了 12 位，排在抚州市第 11 位，较上一年下降了 3 位；创新成效排在全省三类县（市、区）第 31 位，较上一年下降了 2 位，排在抚州市第 11 位，与上一年排名相同。

综上所述，资溪县人均科普经费投入、本级地方财政科技支出占本级公共财政支出比重在全省三类县（市、区）排名第一，万人有效发明专利拥有量增量、万人社会消费品零售额排名靠前，但规模以上企业数、规模以上工业企业中万人 R&D 人员全时当量、规模以上工业企业 R&D 人员占从业人员比重、每万家企业法人高新技术企业数、每万家企业法人科技型中小企业数、规模以上工业企业新产品销售收入占营业收入比重等排名落后。建议该县加大科技创新投入，加快引进和培育科技型人才，鼓励企业自主研发，加速培育高新技术企业和科技型中小企业，强化科技成果转移转化能力，推动经济高质量发展。

十、广昌县

广昌县，位于江西省抚州市南部，其为抚州市下辖县。2020 年，该县常住人口为 20.44 万人，地区 GDP 为 82.29 亿元。居民人均可支配收入为 19 697 元，排在全省三类县（市、区）第 27 位，排在抚州市第 10 位。GDP 较上一年增长 3.6%，排在全省三类县（市、区）第 21 位，排在抚州市第 8 位。规模以上企业数为 107 家，排在全省三类县（市、区）第 15 位，排在抚州市第 6 位。人均科普经费投入为 1.0 元，排在全省三类县（市、区）第 1 位，排在抚州市第 2 位。规模以上工业企业 R&D 经费支出为 7016.30 万元、较上一年增幅 65.78%，排在全省三类县（市、区）第 5 位，排在抚州市第 5 位。规模以上工业企业 R&D 经费支出占营业收入比重为 1.01%、较上一年增幅 0.33%，排在全省三类县（市、区）第 16 位，排在抚州市第 10 位。每万家企业法人科技型中小企业数为 70.53 家，排在全省三类县（市、区）第 18 位，排在抚州市第 8 位。技术合同成交额为 4420 万元，与 GDP 之比为 0.54%，排在全省三类县（市、区）第 19 位，排在抚州市第 10 位。农业产业化省级以上龙头企业数为 8 家，排在全省三类县（市、区）第 10 位，排在抚州市第 6 位（表 3-99）。

表 3-99　广昌县（三类）科技创新能力评价指标得分与排名

指标名称	得分（分）	全省三类县（市、区）排名		本市排名	
	2020 年	2020 年	2019 年	2020 年	2019 年
科技创新能力	60.86	19	26	9	10
创新环境	2.86	14	24	9	10
创新基础	2.76	17	26	9	10
规模以上企业数（家）	2.39	15	15	6	6
规模以上工业企业建立研发机构的比例（%）	3.36	13	25	9	11
当年新增省级及以上研发平台 / 创新载体（个）	2.50	13	11	6	5
科技意识	3.00	18	21	9	9
人均科普经费投入（元）	3.41	1	19	2	9
科普专题活动次数（次）	2.49	24	25	8	7
创新投入	2.87	17	26	9	9
人力投入	2.65	22	17	8	8
规模以上工业企业中万人 R&D 人员全时当量（人·年）	2.45	22	22	7	7
规模以上工业企业 R&D 人员占从业人员比重（%）	2.85	17	12	7	6
财力投入	3.04	14	31	9	11
规模以上工业企业 R&D 经费支出	3.04	5	30	5	10
规模以上工业企业 R&D 经费支出占营业收入比重（%）	3.05	16	26	10	11
创新成效	2.88	18	23	8	10
技术创新	2.71	22	24	10	10
万人有效发明专利拥有量增量（件）	2.73	19	31	9	11
每万家企业法人高新技术企业数（家）	2.55	25	20	10	10
每万家企业法人科技型中小企业数（家）	2.89	18	17	8	8

续表

指标名称	得分（分）	全省三类县（市、区）排名		本市排名	
	2020年	2020年	2019年	2020年	2019年
产业化水平	3.04	13	17	7	9
规模以上工业企业新产品销售收入占营业收入比重（%）	4.58	2	6	1	5
高新技术产业增加值占规模以上工业增加值比重（%）	2.49	24	18	6	4
技术合同成交额	2.44	19	28	10	9
农业产业化省级以上龙头企业数（家）	2.77	10	24	6	11
经济社会发展	2.79	15	9	8	3
经济增长	3.17	8	4	5	1
GDP较上一年增长（%）	2.61	21	11	8	2
本级地方财政科技支出占本级公共财政支出比重（%）	3.73	4	4	2	2
社会生活	2.22	25	26	10	10
居民人均可支配收入（元）	1.97	27	25	10	10
万人社会消费品零售额（亿元）	2.52	17	20	4	4

如表3-99所示，广昌县科技创新能力排在全省三类县（市、区）第19位，较上一年上升了7位，排在抚州市第9位，较上一年上升了1位。在一级指标中，经济社会发展排在全省三类县（市、区）第15位，较上一年下降了6位，排在抚州市第8位，较上一年下降了5位；创新环境排在全省三类县（市、区）第14位，较上一年上升了10位，排在抚州市第9位，较上一年上升了1位；创新投入排在全省三类县（市、区）第17位，较上一年上升了9位，排在抚州市第9位，与上一年排名相同；创新成效排在全省三类县（市、区）第18位，较上一年上升了5位，排在抚州市第8位，较上一年上升了2位。

综上所述，广昌县人均科普经费投入、规模以上工业企业R&D经费支出、规模以上工业企业新产品销售收入占营业收入比重、本级地方财政科技支出占本级公共财政支出比重在全省三类县（市、区）排名靠前，但每万家企业法人高新技术企业数、居民人均可支配收入、高新技术产业增加值占规模以上工业增加值比重等排名相对偏后。建议该县大力支持、引导企业开展科技创新，持续加强对高新技术企业、科技型中小企业的培育入库工作，促进经济的高质量发展。

十一、东乡区

东乡区，原东乡县，2017 年 12 月撤销东乡县设立东乡区，位于江西省东部，其为抚州市市辖区。2020 年，该区常住人口为 38.38 万人，地区 GDP 为 185.94 亿元。居民人均可支配收入为 29 452 元，排在全省二类县（市、区）第 3 位，排在抚州市第 3 位。GDP 较上一年增长 4.0%，排在全省二类县（市、区）第 15 位，排在抚州市第 4 位。规模以上工业企业建立研发机构的比例为 39.10%，排在全省二类县（市、区）第 9 位，排在抚州市第 8 位。当年新增省级及以上研发平台 / 创新载体共 5 个，其中国家级 1 个、省级 4 个，排在全省二类县（市、区）第 1 位，排在抚州市第 1 位。规模以上工业企业中万人 R&D 人员全时当量为 19.88 人 · 年，排在全省二类县（市、区）第 17 位，排在抚州市第 5 位。规模以上工业企业 R&D 经费支出为 29 252.10 万元、较上一年增幅 16.98%，排在全省二类县（市、区）第 14 位，排在抚州市第 4 位。每万家企业法人科技型中小企业数为 88.33 家，排在全省二类县（市、区）第 5 位，排在抚州市第 6 位。高新技术产业增加值占规模以上工业增加值比重为 18.69%、较上一年下降 1.53%，排在全省二类县（市、区）第 27 位，排在抚州市第 7 位。技术合同成交额为 43 246.60 万元，与 GDP 之比为 2.33%，排在全省二类县（市、区）第 2 位，排在抚州市第 2 位。万人社会消费品零售额为 1.72 亿元，排在全省二类县（市、区）第 15 位，排在抚州市第 2 位（表 3-100）。

表 3-100　东乡区（二类）科技创新能力评价指标得分与排名

指标名称	得分（分）	全省二类县（市、区）排名		本市排名	
	2020 年	2020 年	2019 年	2020 年	2019 年
科技创新能力	68.14	5	2	3	3
创新环境	3.35	1	1	2	2

续表

指标名称	得分（分）	全省二类县（市、区）排名		本市排名	
	2020 年	2020 年	2019 年	2020 年	2019 年
创新基础	3.51	1	1	2	2
规模以上企业数（家）	2.98	13	12	2	2
规模以上工业企业建立研发机构的比例（%）	3.49	9	2	8	4
当年新增省级及以上研发平台 / 创新载体（个）	4.15	1	4	1	1
科技意识	3.10	8	9	4	7
人均科普经费投入（元）	3.67	2	2	1	2
科普专题活动次数（次）	2.40	28	26	10	9
创新投入	3.08	12	2	6	1
人力投入	3.09	11	1	6	2
规模以上工业企业中万人 R&D 人员全时当量（人·年）	2.82	17	3	5	2
规模以上工业企业 R&D 人员占从业人员比重（%）	3.36	6	1	6	1
财力投入	3.07	13	7	8	2
规模以上工业企业 R&D 经费支出	3.05	14	6	4	2
规模以上工业企业 R&D 经费支出占营业收入比重（%）	3.08	12	6	8	4
创新成效	3.24	4	6	4	4
技术创新	3.11	3	8	4	6
万人有效发明专利拥有量增量（件）	3.07	2	12	2	5
每万家企业法人高新技术企业数（家）	3.11	6	7	4	5
每万家企业法人科技型中小企业数（家）	3.14	5	7	6	5
产业化水平	3.37	6	6	3	3
规模以上工业企业新产品销售收入占营业收入比重（%）	2.83	15	6	9	6
高新技术产业增加值占规模以上工业增加值比重（%）	2.38	27	25	7	8
技术合同成交额	4.54	2	2	2	2
农业产业化省级以上龙头企业数（家）	3.91	4	6	2	2
经济社会发展	3.23	8	4	3	1
经济增长	3.38	8	5	4	2

续表

指标名称	得分（分）	全省二类县（市、区）排名		本市排名	
	2020 年	2020 年	2019 年	2020 年	2019 年
GDP 较上一年增长（%）	3.17	15	6	4	3
本级地方财政科技支出占本级公共财政支出比重（%）	3.59	6	6	3	3
社会生活	3.01	8	8	2	2
居民人均可支配收入（元）	3.28	3	3	3	3
万人社会消费品零售额（亿元）	2.69	15	16	2	2

如表 3-100 所示，东乡区科技创新能力排在全省二类县（市、区）第 5 位，较上一年下降了 3 位，排在抚州市第 3 位，与上一年排名相同。在一级指标中，经济社会发展排在全省二类县（市、区）第 8 位，较上一年下降了 4 位，排在抚州市第 3 位，较上一年下降了 2 位；创新环境排在全省二类县（市、区）第 1 位，排在抚州市第 2 位，均与上一年排名相同；创新投入排在全省二类县（市、区）第 12 位，较上一年下降了 10 位，排在抚州市第 6 位，较上一年下降了 5 位；创新成效排在全省二类县（市、区）第 4 位，较上一年上升了 2 位，排在抚州市第 4 位，与上一年排名相同。

综上所述，东乡区当年新增省级及以上研发平台 / 创新载体排名居全省二类县（市、区）首位，人均科普经费投入、万人有效发明专利拥有量增量、技术合同成交额、居民人均可支配收入、农业产业化省级以上龙头企业数等指标排名前五位，具有较大优势，但科普专题活动次数、高新技术产业增加值占规模以上工业增加值比重排名相对偏后。建议该区加强科普宣传，提高民众及企业创新意识，鼓励有条件的企业自主研发，提高产品科技含量，助推经济高质量发展。

附录1

创新能力得分计算方法[①]

第一步，将三级指标原始数据进行标准化：

$$S_{ijk}=\frac{X_{ijk}-\overline{X}}{\sigma}$$

其中，S_{ijk} 为三级指标标准化后的数值；X_{ijk} 为第 i 个一级指标下、第 j 个二级指标下的第 k 个三级指标；$\overline{X}$ 为三级指标各区县的均值；σ 为标准差。

第二步，二级指标得分：

$$S_{ij}=\sum_{k=1}^{n_j}(S_{ijk}+\partial)W_{ijk}$$

其中，S_{ij} 为二级指标得分；∂ 为三级指标得分修正值；W_{ijk} 为各三级指标对应权重；n_j 为第 j 个二级指标下设的三级指标个数。

第三步，一级指标得分：

$$S_i=\sum_{j=1}^{n_i}S_{ij}W_{ij}$$

其中，S_i 为一级指标得分；W_{ij} 为各二级指标对应权重；n_i 为第 i 个一级指标下设的二级指标个数。

第四步，综合得分：

---

① 陈勇，李政刚，张欣 . 2014 年度重庆市区县科技竞争力评价报告 . 重庆：重庆出版集团，2016. 各级指标权重由专家打分综合确定。数值保留小数点后两位。

$$S = \sum_{i=1}^{n} S_i W_i$$

其中，S 为综合得分；W_i 为各一级指标对应权重；n 为一级指标个数。

第五步，百分制转换后总得分：

$$S_{总} = \frac{S}{t}$$

其中，$S_{总}$为百分制转换后的总得分；S 为综合得分；t 为转换系数。

附录2

江西省科学院科技战略研究所

江西省科学院科技战略研究所（简称战略所）成立于2013年12月，直属于江西省科学院，是江西省首个集科技战略研究、科技决策咨询、科技信息服务为一体的智库型科学研究机构。2016年成为全国地方科技智库联盟副理事长单位，2017年入选“中国智库索引”（CTTI）来源智库，同年当选国际科学院协会科学与科学学学会理事单位，2021年成为中国工程科技发展战略江西研究院运行管理单位，同年被评为省级重点高端智库，2022年入选首批江西省科学技术协会高端科技创新智库研究基地。

战略所按照“服务区域创新、支撑战略决策、促进产业发展”的定位，围绕江西省委、省人民政府重大决策及全省经济和社会发展的重大需求，为全省各级政府、行业企业、科研院所、高等院校等社会各界提供科技战略研究、科技咨询、科技查新及知识产权分析评议等科技服务，为江西省科技、经济、社会发展的宏观决策、创新驱动发展提供有效的决策支撑。

战略所采取靠大联强、借梯登高的方式，先后与中国科学院文献情报中心、中国科学院科技战略咨询研究院和中国科学技术发展战略研究院签订合作协议，在国内一流智库的支持帮助下，组建了一支多学科专业研究团队和国内外专家库；搭建了3个国家级平台、6个省级平台和3个与中国科学院共建平台；构建了多个海量情报信息的专业数据库；推出了一批应用对策性研究成果并得到实施，先后获得江西省委、省人民政府领导重要批示近200

次，为省领导、省直部门、地方政府的决策咨询发挥了科技支撑作用。

战略所先后完成了《全国地方科学院科技竞争力分析》《中部六省科技竞争力比较分析报告》《长江经济带内陆开放经济科技创新战略研究》《加快融入长三角 G60 科创走廊，深化科技创新共建共享》《依托国家级大院大所增强江西科技创新驱动力的建议》等报告，得到省领导和有关部门的肯定，在科技创新评价领域形成了自己的优势和特色，发挥了“思想库、智囊团”作用。